OEUVRES
COMPLÈTES
DE CONDILLAC.

TOME XVI.

A PARIS,

Chez
{
GRATIOT, cul-de-sac Pecquay, rue des Blancs-Manteaux.
HOUEL, rue du Bacq, N°. 940.
GUILLAUME, rue de l'Eperon, N°. 12.
POUGIN, rue des Pères, N°. 61.
GIDE, place St.-Sulpice.
}

Et A STRASBOURG,
Chez LEVRAULT, libraire.

ŒUVRES
DE CONDILLAC,

Revues, corrigées par l'Auteur, imprimées sur ses manuscrits autographes, et augmentées de LA LANGUE DES CALCULS, ouvrage posthume.

COURS D'ÉTUDES
POUR L'INSTRUCTION
DU PRINCE DE PARME.

HISTOIRE MODERNE.

TOME II.

A PARIS,

DE L'IMPRIMERIE DE CH. HOUEL.

AN VI. — 1798. (E. vulg.)

INTRODUCTION A L'ÉTUDE DE L'HISTOIRE.

HISTOIRE MODERNE.
LIVRE CINQUIÈME.

CHAPITRE PREMIER.

De l'Allemagne et de l'Italie jusqu'à Rodolphe de Habsbourg, empereur, et jusqu'à Charles d'Anjou, roi de Sicile.

Henri VI qui avoit été couronné du vivant de son père, fut reconnu empereur, aussitôt qu'on eut appris la mort de Frédéric. Guillaume II, roi de Sicile, venoit

1190.
Henri VI, empereur, acquiert le royaume de Sicile.

aussi de mourir; et ce royaume étoit divisé entre plusieurs concurrens, qui prétendoient à la couronne. Tancrède, du sang des princes normands, parce qu'il étoit fils naturel de Roger, l'emporta d'abord sur les prétendans qui s'étoient élevés en Sicile : mais il lui restoit à se défendre contre l'empereur, qui se préparoit à faire valoir les droits de Constance sa femme. Henri, ayant échoué dans une première tentative, revint avec de plus grandes forces, et conquit ce royaume sur Guillaume III, fils de Tancrède. Ce prince mourut peu d'années après: s'il eut quelques bonnes qualités, il fut cruel et perfide : sa conduite avec Richard suffiroit pour ternir la mémoire d'un plus grand homme.

1194. 1197.

Sa conduite avec Richard.

Le roi d'Angleterre ayant été jeté par la tempête sur la côte de Venise, entreprit d'achever son voyage par terre, et eut l'imprudence de passer par les états du duc d'Autriche, qu'il avoit offensé en Palestine. Il fut arrêté et livré à l'empereur, qui eut la lâcheté de le tenir dans les fers, et de lui vendre cher la liberté.

Philippe est chargé de gouverner

Frédéric, fils de Henri, avoit été élu roi

des Romains; et comme il étoit encore dans l'enfance, les Allemands confièrent le gouvernement de l'empire à Philippe de Suabe, duc d'Alsace, frère du dernier empereur. D'un autre côté, Constance conserva la Sicile à son fils, y maintint la tranquillité pendant un an qu'elle la gouverna, et laissa, en mourant, Frédéric et le royaume sous la tutelle du pape Innocent III.

L'empire pendant l'enfance de son neveu Frédéric II.

Mais en Sicile et en Allemagne, les grands ne songeoient qu'à profiter de la jeunesse du prince; et Innocent méditoit la ruine de la maison de Suabe, dont la puissance l'enveloppoit de toutes parts, et qu'il regardoit comme l'ennemie du saint siége.

Innocent III, qui médite la ruine de la maison de Suabe,

Plusieurs factions déchiroient la Sicile; les ministres et les généraux désunis prenoient les armes sous divers prétextes. Gautier, comte de Brienne, qui avoit épousé une fille de Tancrède, entreprit de soutenir ses prétentions à la tête d'une armée: le pape qui protégeoit celui-ci, prononçoit des excommunications contre ceux qui refusoient de reconnoître sa tutelle; et pendant qu'il entretenoit ces troubles, il

Fomente les troubles en Sicile,

en produisoit encore de plus grands en Allemagne.

Et ensuite en Allemagne, où il fait élire Othon.

Son dessein étant de faire passer l'empire dans une autre maison, il excita les peuples à la révolte, il les délia du serment fait au prince Frédéric, et il réussit à former un parti, qui élut Othon duc de Saxe : toute l'Allemagne fut en armes pendant plusieurs années.

Othon fuit en Angleterre.

Philippe, excommunié, eut d'abord des revers, et il fut réduit à la dernière extrémité : mais il se releva, et eut de si grands succès, qu'Othon fut contraint de céder et de s'enfuir en Angleterre.

Philippe, qui s'assure l'empire, le reconnoît pour son successeur.

Ce vainqueur, pour s'assurer l'empire, récompensa ceux qui lui avoient été attachés, gagna, par des faveurs, les partisans de son ennemi, mit le pape dans ses intérêts, en cédant au saint siége le duché de Spolette et la Marche d'Ancone, et se réconcilia avec Othon, à qui il donna sa fille Béatrix, et qu'il reconnut pour son successeur à l'empire. Il fut assassiné l'année suivante.

1108.

Innocent se flatte que le règne d'Othon sera favorable aux préten-

Le pape avoit profité de ces guerres civiles pour établir sa souveraineté dans plusieurs villes d'Italie ; il voulut encore profiter des commencemens du règne d'Othon, pour s'assurer de nouveaux droits ; comptant sur la reconnoissance de ce prince, et sur l'intérêt qu'il avoit alors de ménager le saint siége. Dans cette vue, il projeta de le lier par des sermens ; et comme la cérémonie du couronnement en fournissoit l'occasion, il offrit de le couronner, s'il vouloit passer en Italie.

Othon fut donc couronné ; et sans trop considérer les conséquences il prononça un serment tel que le pape le desiroit. Dans l'article qui concernoit le patrimoine de S. Pierre, et par lequel il promettoit de conserver à l'église de Rome tous les domaines qu'elle possédoit, on avoit compris les terres de la comtesse Mathilde, et plusieurs autres qui appartenoient à l'empire. Ce fut aussi une des premières choses dont l'empereur se repentit ; et il ne songea plus qu'à saisir un prétexte, pour rompre avec le pape. Il se présenta bientôt, à l'occasion d'une dispute survenue entre les Romains et les soldats Allemands : car il exigea des satisfactions ; et mécontent de celles qu'on lui fit, il entreprit de recouvrer, par les armes, tout ce qu'il avoit cédé; disant que ses premiers sermens étoient de conserver les droits de l'empire. Alors le pape qui, pendant dix ans, avoit employé des excommunications pour l'élever sur le trône, employa de pareilles excommunications pour l'en faire descendre; et l'archevêque de Mayence, qui les publia par son ordre, indiqua une diète, où Frédéric, roi de Sicile, fut élu empereur.

Othon défait à Bovines ne peut plus recouvrer l'empire.

Othon se hâta de retourner en Allemagne, où s'étant trouvé assez puissant pour réduire et punir les rebelles, il arma contre Phillippe Auguste pour le roi d'Angleterre, son oncle. On dit que son armée étoit de deux cents mille hommes. Cependant Frédéric arriva; et il se faisoit reconnoître, lorsque Othon se faisoit battre à Bovines. Cette défaite assura l'empire au roi de Sicile, et mit son ennemi hors d'état de faire de nouveaux efforts pour le recouvrer. Othon mourut peu d'années après.

1214.

1218. Pourquoi Frédéric II dans son couronnement, fait vœu d'aller à la Terre sainte.

Frédéric fut couronné à Aix-la-Chapelle, en 1215, en même temps, il fit vœu d'aller à la Terre sainte, comme pour rendre cette cérémonie plus solemnelle, et se concilier plus sûrement la cour de Rome. Le fanatisme étoit tel alors, qu'un prince qui auroit montré de l'éloignement pour se croiser, auroit à peine paru catholique. Un empereur eût été plus suspect qu'un autre : comme son absence pouvoit être favorable aux prétentions des papes, ils desiroient de le voir partir pour la Terre sainte parce qu'ils desiroient de l'éloigner. Frédéric sentoit combien cela étoit vrai sur-tout pour lui. Son père et sa mère lui avoient laissé de grands états : à la mort de Philippe, son oncle, il avoit hérité du duché de Suabe, de celui de Rotenbourg, et de plusieurs autres domaines : en un mot, il étoit le plus puissant monarque de l'Europe. Les papes devoient donc appréhender qu'il n'eût que trop de moyens pour faire valoir les droits de l'empire sur l'Italie; et par conséquent, il lui importoit de paroître ne songer d'abord qu'à la Terre sainte.

Il y avoit long-temps que les querelles du sacerdoce et de l'empire avoient formé en Allemagne les factions Guelfes et Gi- *Faction des Guelfes et Gibelins.*

belines : la première étoit déclarée pour le saint siége, et la seconde étoit toujours attachée au parti des empereurs. Ces deux noms de factions passèrent en Italie, et les deux partis, qui la divisoient déjà, n'en furent que plus animés : car en pareil cas, les noms font toujours quelque chose.

Désordres partout.

Toutes les villes d'ailleurs étoient divisées. Les unes vouloient être indépendantes: d'autres restoient encore sous la domination de l'empereur; et plusieurs formoient des ligues sous la protection des papes, qu'elles craignoient moins que Frédéric, et qui avoient avec elles les mêmes intérêts. Mais aucune ne jouissoit d'un état assuré ; parce que les factions Guelfes et Gibelines prévaloient tour-à-tour dans chacune, et causoient des révolutions continuelles. Ainsi dans tous les coins de l'Italie, on étoit en armes, ou au moment d'y être. Le désordre n'étoit pas moins grand en Allemagne, où l'on voyoit de toutes parts des tyrans toujours en guerre, se faire un droit du brigandage.

Frédéric, après avoir réglé les affaires d'Allemagne, passa les Alpes, reçut la couronne des mains d'Honorius III, successeur d'Innocent, et fit des promesses au saint siége comme ses prédécesseurs. Cependant le pape entretenoit la division, pour avoir moins à redouter un prince si puissant; et les ordres de l'empereur étoient mal exécutés dans les villes où le parti des Guelfes prévaloit. Frédéric dissimula d'abord, parce que les désordres du royaume de Sicile lui donnoient assez d'occupation.

Deux frères du feu pape Innocent avoient excité un soulèvement dans ce royaume. L'empereur les chassa avec quelques évêques, qui avoient eu part à la sédition, et il nomma aux siéges vacans. Honorius, qui accueillit les rebelles, exigea qu'ils fussent rétablis; reprochant à Frédéric d'avoir osé porter la main sur le sanctuaire, et prétendant que c'étoit au saint siége seul à prendre connoissance des injures dont il pouvoit se plaindre. S'il fut facile à l'empereur de prouver qu'il usoit de ses droits, il étoit aussi facile au pape d'abuser des siens; mais l'espérance de voir bientôt partir Frédéric pour la Terre sainte, suspendit les excommunications.

10 HISTOIRE

1223.
Frédéric II acquiert, par un mariage, des droits sur le royaume de Jérusalem.

Sur ces entrefaites, on proposa à Frédéric, alors veuf, d'épouser Yolande, fille unique de Jean de Brienne, et de feue Marie, reine de Jérusalem. Il se laissa persuader, regardant comme une dot solide, des droits sur un royaume qu'il falloit conquérir. Le pape ne manqua pas d'applaudir à un mariage, qui concouroit si bien avec ses vues.

C'est une chose bien étonnante, que dans un temps où il étoit si difficile d'être véritablement souverain quelque part, on eût l'ambition de l'être dans des royaumes aussi séparés. Il est vrai que Frédéric, par sa conduite sage et active, pouvoit être à-la-fois en Palestine, en Sicile et en Allemagne : il fera plus sans combattre, que toute l'Europe armée.

Il arrive en Palestine avec deux excommunications de Grégoire IX.

Cependant il ne se hâtoit pas de partir, qu'il n'eût assuré la tranquillité de la Sicile. Honorius, qui ne cessoit de le presser, eut le temps de mourir. Grégoire IX monta sur le saint siége, et le pressa encore. Il s'embarqua, mais l'état de sa santé ne lui ayant pas permis de supporter la mer, il fut obligé de revenir à Brindes, après trois jours de navigation. Le pape l'excommunia, comme ayant pris un faux prétexte pour ne pas accomplir son vœu. Frédéric se rembarqua l'année suivante, et acheva son voyage. Grégoire l'excommunia encore, parce que ce prince, disoit-il, étoit parti avant d'obtenir l'absolution des premières censures. Il écrivit même au patriarche de Jérusalem, pour défendre de communiquer avec Frédéric. Combien de croisés ont échoué avec des indulgences! Et cet excommunié va réussir.

Saladin étoit mort en 1193; et son empire, que son frère, ses fils et plusieurs gouverneurs de provinces se partagèrent, fut troublé par des guerres civiles, dont les Chrétiens, toujours de plus en plus divisés, ne profitèrent pas. Il y avoit eu, après la mort de Saladin, une quatrième croisade en 1195.

En 1195, à la sollicitation de Célestin III, qui faisoit prêcher une quatrième croisade, l'empereur Henri VI avoit pris la croix, avec beaucoup de seigneurs et d'évêques allemands. L'armée fut très-nombreuse : mais ce prince en employa une partie contre les Normands du royaume de Sicile, et il envoya le reste en Palestine sans y aller lui-même. Ces Allemands n'eurent pas de grands succès. Ils repartirent aussitôt qu'ils eurent appris la mort de Henri VI, et ils laissèrent la Palestine dans l'état où ils l'avoient trouvée : ils ne revinrent pas eux-mêmes dans celui où ils étoient partis.

Il y en avoit eu une cinquième en 1202.

La retraite des Allemands excita le zèle d'Innocent III, qui venoit de monter sur la chaire de S. Pierre. On prêcha une cinquième croisade; parmi les prédicateurs, Foulques, curé de Neuilly, eut des succès dignes d'un S. Bernard. Les Vénitiens équipèrent des vaisseaux pour le transport de tous les croisés. Plusieurs chefs néanmoins s'embarquèrent à Marseille avec leurs troupes; impatiens d'arriver en Palestine, où ils périrent par la peste et par les armes des Mahométans.

1202.

Une partie des croisés s'étoit engagée au service des Vénitiens.

Ceux qui se rendirent à Venise ne pouvant pas payer aux Vénitiens la somme dont on étoit convenu, paroissoient déterminés à s'en retourner; lorsque le doge Dandolo eut l'adresse d'en employer la plus grande partie contre les chrétiens de Zara, qui s'étoient soustraits à sa république. Il leur promit qu'après cette guerre, il leur fourniroit des vaisseaux pour les indulgences de la Palestine : et cette guerre ayant engagé dans une autre, on ne songea plus aux indulgences.

Le règne d'Isaac l'Ange, dont j'ai eu occasion de parler, n'avoit été qu'une suite de révoltes, occasionnées par la foiblesse et la timidité de ce prince : et Alexis l'Ange, son frère, lui avoit enlevé la couronne en 1195. Mais comme il n'étoit pas moins lâche, il défendit mal l'empire contre les Bulgares. Il se rendit tributaire de Henri VI, pour éviter la guerre, et devint si méprisable, que le jeune Alexis, fils d'Isaac, put se flatter de rétablir son père sur le trône. Il s'adressa aux croisés, qui le proclamèrent lui-même empereur à Durazzo, le conduisirent à Constantinople, chassèrent l'usurpateur; et le peuple, ayant tiré Isaac de sa prison, lui rendit l'empire.

Ils avoient ensuite rétabli le jeune Alexis sur le trône de Constantinople.

L'empereur rétabli fut fort étonné d'apprendre que son fils avoit promis aux croisés de leur fournir des vivres pendant un an, de leur donner deux cent mille marcs d'argent, d'entretenir, pendant un an, la flotte des Vénitiens, d'accompagner les croisés avec autant de troupes qu'il pourroit, de rendre au pape l'obéissance que les empereurs catholiques lui avoient rendue, d'employer tout son pouvoir pour réunir les églises d'orient et d'occident, enfin d'entretenir pendant sa vie, dans la Terre sainte, cinq cents chevaliers. Il ratifia le traité, en déclarant qu'il ne paroissoit pas possible de remplir toutes ces conditions.

Le jeune Alexis, dans la nécessité de gagner au moins du temps, proposa aux croisés de rester un an sur les terres de l'Empire, promettant de fournir à leur entretien. Ils acceptèrent cette proposition, et lui donnèrent même encore des secours contre son oncle qui s'étoit fortifié dans Andrinople.

Cependant quelques croisés, ayant par leurs brigandages soulevé le peuple contre eux, arment et mettent le feu à la ville. L'incendie dura huit jours. Au milieu de ces désordres, Alexis, à qui on reprochoit d'avoir attiré ces étrangers, est assassiné, et un nommé Murtzulphe prend la pourpre.

Le légat et les évêques, qui jusqu'alors avoient désapprouvé ce qui avoit été fait, parce qu'on avoit agi sans attendre le consentement du pape, déclarèrent qu'il falloit poursuivre l'usurpateur, et promirent aux croisés qu'ils trouveroient dans l'Empire les mêmes indulgences que dans la Terre sainte, s'ils pouvoient le soumettre au saint siége.

Constantinople fut prise, pillée, saccagée, consumée en partie : les églises même ne furent pas respectées.

<small>1204. Enfin ils avoient pris Constantinople, et partagé l'empire.</small>

Les croisés partagèrent entre eux un butin immense, et procédèrent à l'élection d'un empereur. Le choix tomba sur Baudouin, comte de Flandre, qui investit Boniface, marquis de Montferrat, du royaume de Thessalonique, et qui vendit l'île de Candie aux Vénitiens. Mais il fut arrêté que Baudouin n'auroit que la quatrième partie de Constantinople et de l'Empire, et que les trois autres quarts seroient également partagés entre les Vénitiens et les Français. On ne vit plus que des troubles. Il s'éleva des souverains de toutes parts. Baudouin, pris par le roi des

Bulgares que les Grecs avoient appelés, perdit la vie, et Henri, son frère, lui fut donné pour successeur. Cependant il y avoit encore un empereur à Trébisonde, un autre à Nicée, un autre en Paphlagonie : mais il suffit de montrer les commencemens de ces troubles. Revenons aux croisades, puisque l'histoire de Frédéric II le demande.

Une multitude d'enfans s'étoit croisée.

Une multitude d'enfans allemands et français prit la croix, persuadés que Dieu les destinoit à délivrer la Terre sainte. Une partie périt en chemin, et les autres furent vendus en Egypte par les marchands qui s'étoient chargés de les passer en Palestine. Voilà le premier effet des prédications que fit faire Innocent III, dans le temps que Frédéric recouvroit l'empire d'Allemagne.

Et toutes les nations chrétiennes avoient envoyé des armées en Palestine.

Cependant cette nouvelle croisade entraîna une multitude étonnante de personnes de toutes nations. Les armées, qui ne cessoient de se succéder, arrivèrent toujours à propos l'une après l'autre, pour réparer les pertes qu'on venoit de faire ; et les croisés se soutinrent jusqu'à l'arrivée de la dernière armée qui ne pouvoit pas être réparée. Les plus grands efforts tombèrent sur l'Egypte. On prit Damiette après dix-huit mois de siége. On ne peut pas dire ce que cette conquête coûta ; mais il fallut bientôt l'abandonner pour sauver le peu qui restoit de tant de croisés. Un moine espagnol, cardinal et légat, avoit voulu commander, fondé sur ce que cette guerre étoit entreprise par les ordres du pape. Le saint siége approuva ces prétentions ridicules. Les troupes marchèrent sous le moine général, et ce fut la principale cause des malheureux succès de cette expédition : tel étoit l'état des choses, lorsqu'en 1222 Jean de Brienne vint en Europe pour obtenir de nouveaux secours, et donna sa fille à Frédéric. Ce roi étoit un cadet de Champagne, que Philippe Auguste avoit envoyé en Judée, pour épouser l'héritière du royaume de Jérusalem.

Frédéric ne conduisit en Palestine que très-peu de monde, et cependant il n'y trouva que dix mille hommes, les hospitaliers, les templiers et les chevaliers

Frédéric II avoit mené peu de monde en Palestine.

teunoniques. Ce dernier ordre avoit été créé en faveur des Allemands, peu de temps après la troisième croisade : il deviendra très-puissant.

<small>Moyens dont il se sert pour se faire obéir.</small>

Le patriarche et le clergé refusèrent de communiquer avec l'empereur : les templiers et les hospitaliers déclarèrent qu'ils ne pouvoient pas obéir à un prince excommunié ; et les chevaliers teutoniques parurent seuls lui être soumis. Pour réunir tous ces esprits divisés, il imagina de donner ses ordres au nom de Dieu et de la chrétienté, sans se nommer lui-même ; et ce tempérament lui réussit.

Il vouloit moins faire la guerre que négocier ; et il paroît qu'il avoit déjà pris secrètement ses mesures d'avance. Cependant il n'étoit pas facile de réussir, parce que le sultan d'Egypte vouloit profiter de la situation où il le voyoit embarrassé ; mais le sultan lui-même n'étoit pas sans embarras.

<small>Il recouvre les saints lieux.</small>

Les divisions des princes musulmans, qui ne cessoient de se faire la guerre, favorisèrent les projets de Frédéric ; il en sut si bien tirer avantage, qu'il conclut une trêve de dix ans, et qu'on lui céda Jérusalem, Bethléem, Nazareth, Thoron, Sidon et les villages par où ces lieux communiquoient les uns aux autres : on lui permit même de fortifier ces places ; de son côté, il consentit que les mahométans conservassent le temple de Jérusalem, pour y faire les exercices de leur religion.

Par ce traité il recouvroit les saints lieux, sans avoir répandu une goutte de sang. Le patriarche néanmoins y refusa son consentement, et jeta un interdit sur toutes les églises de Jérusalem. L'empereur fit cependant son entrée dans cette ville ; et comme aucun prêtre ne se présenta pour faire la cérémonie du couronnement, il entra dans la principale église, et se couronna lui-même en présence des Allemands qui l'accompagnoient.

Il se hâta de revenir en Italie, où sa présence étoit nécessaire. Grégoire IX avoit porté la guerre dans la Pouille ; il avoit levé une armée qu'il nommoit la milice de Jésus-Christ ; il avoit excité à la révolte tous les peuples de Lombardie ; il avoit sollicité tous les souverains à prendre les armes

1228.

Le traité qu'il a fait est désapprouvé par le patriarche de Jérusalem.

Grégoire, qui avoit soulevé toute l'Italie, l'excommunie une troisième fois, et veut armer contre lui tous les princes chrétiens.

contre l'empereur : et Jean de Brienne avoit pris le commandement des troupes du pape contre son propre gendre, portant son ambition jusqu'à vouloir enlever l'Empire à Frédéric.

Les princes de l'Europe ne se prêtèrent point aux sollicitations de Grégoire. Mais toute l'Italie fut en combustion. Alors éclatèrent, plus que jamais, les factions des Guelfes et des Gibelins : on se battoit en même temps par-tout. Le fanatisme, que les excommunications précédoient, traînoit après lui la perfidie, la cruauté, et des horreurs de toute espèce. Le pape, qui causoit tous ces désordres en Italie, prétendit cependant que le traité, fait par l'empereur en Palestine, étoit préjudiciable aux chrétiens. Il excommunia de nouveau ce prince ; il délia tous ses sujets du serment de fidélité ; son légat convoqua une diète en Allemagne ; il y parla contre Frédéric, sans aucune retenue ; en un mot, Grégoire ne négligea rien pour faire élire un autre empereur.

Frédéric fait échouer tous les projets de Grégoire. Les grands hommes subjuguent jusqu'aux préjugés de leur siècle. Si nous avons vu des princes plier sous des excommunications injustes, ce n'étoit pas seulement parce que les peuples étoient superstitieux; c'étoit sur-tout parce que les princes eux-mêmes étoient ignorans ou foibles : Frédéric n'étoit ni l'un ni l'autre. Il savoit choisir ses ministres ; il savoit leur communiquer ses lumières ; il faisoit penser l'Europe. Le légat, avec toutes ses intrigues, ne souleva les Allemands que contre le pape : le clergé même resta fidelle.

Ces mauvais succès déterminèrent Grégoire à la paix : il en fit même les premières avances. Il voyoit que ses intrigues tournoient contre lui-même. On se soulevoit à Rome; il n'y étoit plus en sûreté, et il fut même bientôt obligé d'en sortir. Tel étoit le sort des papes; ils prétendoient disposer des royaumes, et ils troubloient l'Europe, sans pouvoir s'assurer à eux-mêmes un seul village.

Grégoire est forcé à demander la paix.

Jean de Brienne, général de Grégoire, étoit plus heureux, car, par une suite de révolutions qu'on ne voit que dans des temps de troubles, il venoit d'être élu

Jean de Brienne, empereur de Constantinople.

empereur de Constantinople. Il est vrai que cet empire se bornoit presque à cette seule capitale; et que trois autres souverains se disoient encore empereurs, l'un à Nicée, l'autre à Trébisonde, et un autre à Thessalonique.

Révolte de Henri. La paix ayant été faite, Frédéric ne s'occupa que des moyens de rétablir la tranquillité. Il y réussissoit, lorsque son fils Henri, qu'il avoit eu de son premier mariage, et qu'il avoit fait couronner roi des Romains, se souleva, et entraîna dans sa révolte plusieurs seigneurs allemands et plusieurs villes de Lombardie; mais tout se *1234.* soumit à l'approche de Frédéric : il déposa son fils dans une diète tenue à Mayence, et il le condamna à une prison perpétuelle.

Ligue des Lombards. Les Lombards cependant formoient une ligue puissante. En vain l'empereur tenta de les réduire par la voie des négociations : il fallut enfin prendre les armes. La victoire célèbre de Cortenuova, qu'il remporta sur les Milanois, jeta la terreur, et toutes les villes se soumirent, à la réserve de Milan, de Bologne, de Plaisance et de Faenza.

Comme la trève, qu'il avoit faite avec le soudan d'Egypte, alloit expirer, le pape se pro posa de prêcher une nouvele croisade, et de donner sur-tout la croix à Frédéric ; moins sans doute pour secourir la Terre sainte, que pour occuper, par-tout ailleurs qu'en Lombardie, le courage de l'empereur. Il ne vouloit que l'éloigner ; mais une nouvelle trève de dix ans, que ce prince fit avec le soudan, para ce coup.

Seconde trève de dix ans, avec le Soudan d'Egypte.

Un autre sujet de querelle s'élève entre le pape et l'empereur, Grégoire prétendant que la Sardaigne étoit un fief du saint siége, et Frédéric soutenant que cette île devoit relever de l'empire. On arme. L'empereur, excommunié, entre sur les terres du saint siége. Le pape publie une croisade contre ce prince : car enfin il falloit bien qu'on se croisât pour la défense du patrimoine de S. Pierre, comme pour la conquête de la Palestine. Mais les croisés, si souvent malheureux contre les infidelles mêmes, ne sont pas plus heureux contre un prince chrétien tel que Frédéric ; et Grégoire en conçoit un chagrin dont il meurt.

Grégoire prêche une croisade contre Frédéric.

1241.
Innocent IV, qui avoit été dans les intérêts de Frédéric, l'excommunie lorsqu'il est pape, et allume la guerre de plus en plus.

Célestin IV, qui lui succéda, ne fit que passer. Le saint siège fut ensuite vacant pendant vingt mois. Enfin on élut Innocent IV, qui avoit toujours paru dans les intérêts de Frédéric. On s'attendoit donc à voir la concorde renaître entre l'église et l'empire. On en faisoit déjà compliment à ce prince : il prévit qu'il perdroit un ami.

En effet, Innocent marcha sur les traces de Grégoire. Contraint de quitter l'Italie, il se réfugia à Lyon, et il y tint un concile, dans lequel il cita Frédéric, l'excommunia et le déposa : il sollicita les Allemands à nommer un autre empereur; et quelques évêques élurent un landgrave de Thuringe, qu'on appela le roi des prêtres. Cette plaisanterie, qui faisoit voir que les yeux commençoient à s'ouvrir, étoit d'un mauvais augure pour les papes. Cependant la guerre, qui s'alluma plus que jamais, continua jusqu'à la mort de Frédéric, arrivée en 1250. Il eut, sur la fin de sa vie, quelques revers. Malgré les troubles dont son règne fut agité, il embellit les villes de son royaume de Sicile; il en bâtit; il fonda des universités, et il fit fleurir les lettres.

Depuis la mort de ce prince jusqu'en 1273, que Rodolphe de Hapsbourg fut élevé à l'empire, l'Allemagne, sans chef ou sous des princes sans autorité, fut livrée à tous les désordres de l'anarchie. Ce fut alors que plusieurs villes formèrent des associations pour se défendre contre les tyrans dont elles étoient environnées. Déjà quelques-unes, profitant des guerres civiles, étoient devenues des républiques presque indépendantes. Elles avoient secoué le joug des seigneurs particuliers, en se mettant sous la protection des empereurs, et l'on voit que Henri IV et ses successeurs leur ont accordé de grands privilèges, pour s'assurer les secours qu'ils en retiroient.

Dans l'intervalle, depuis 1250 jusqu'en 1273, l'Empire fut trop foible pour faire valoir des droits sur l'Italie. Ces circonstances étoient favorables à la liberté; il se forma plusieurs républiques; mais les guerres qui s'élevoient au-dedans et au-dehors, ne leur permettoient pas de s'établir solidement : il en coûtoit bien du sang pour être libre, et on ne l'étoit pas.

La Sicile ne fut pas moins agitée. Les papes y portèrent la guerre, persuadés que le royaume d'un prince, déposé dans un concile, ne pouvoit appartenir qu'au saint siége. Ils excommunièrent Mainfroi, fils naturel de Frédéric II : ils armèrent contre lui des croisés : enfin, ne pouvant conquérir ce royaume pour eux, ils l'offrirent à des princes étrangers; d'abord au frère de Henri III, roi d'Angleterre, et ensuite à Charles d'Anjou, frère de Louis IX, roi de France.

Charles d'Anjou, roi des deux Siciles.

Charles accepta, et conquit ce royaume, en 1266, sur Mainfroi, qui perdit la bataille et la vie. Deux ans après, ayant fait

1268.

prisonnier Conradin, petit-fils de Frédéric, il lui fit trancher la tête. Charles étoit pourtant l'usurpateur. La maison de Suabe s'éteignit avec Conradin : c'est ainsi que le frère du plus saint des rois fut l'instrument de l'injuste ambition des papes.

CHAPITRE II.

De la France et de l'Angleterre, pendant le règne de Philippe Auguste.

PENDANT l'absence de Richard, il s'éleva des troubles en Angleterre, et Jean son frère, surnommé *Sans-Terre*, profitant de ces circonstances, se mêla peu-à-peu de l'administration, et tenta de se frayer une route au trône. Son parti cependant étoit encore trop foible, lorsque Richard, qui arriva après une absence de quatre ans, fut reçu avec les acclamations dont le peuple n'est jamais avare envers un prince courageux. Ce roi intéressoit par ses malheurs : son imprudence ne paroissoit que le défaut d'une ame généreuse, et on ne pensoit à sa prison que pour détester Henri VI. Ayant trouvé les esprits ainsi disposés, il soumit bientôt tous ceux qui lui avoient été contraires. Il cita Jean qui s'étoit retiré en France; et il le fit déclarer déchu du droit de succéder à la couronne.

Il fait la guerre à Philippe jusqu'à sa mort.

Richard se hâta de faire la guerre à Philippe Auguste, qui s'étoit opposé à sa délivrance, et qui avoit favorisé les projets de Jean. Les succès furent variés, et les hostilités, quelquefois suspendues, durèrent jusqu'en 1199, que Richard mourut. Ce prince laissa, par testament, ses états à Jean son frère, avec qui il s'étoit réconcilié.

Jean Sans-Terre lui succède, au préjudice d'Arthur, dont Philippe prend les intérêts.

Ce testament étoit pour Jean un titre bien foible. Un autre prince paroissoit en avoir un plus fort; c'étoit Arthur, duc de Bretagne; car il étoit fils de Geoffroi, frère ainé de Jean. Mais on doutoit si, en pareil cas, le fils pouvoit représenter son père; il n'y avoit point de loi précise, et l'on pouvoit apporter des raisons pour et contre. Ces questions, qu'il appartiendroit aux peuples de décider, sont toujours un sujet de guerre. Quoi qu'il en soit, Jean fut reconnu en Angleterre et en Normandie : mais le Poitou, la Touraine, le Maine et l'Anjou se déclarèrent en faveur d'Arthur ; et Philippe Auguste prit les armes pour ce prince, ou plutôt pour saisir l'occasion d'enlever quelques provinces au roi Jean.

Philippe avoit répudié Ingelburge, princesse de Danemarck, sous prétexte de parenté ; et il avoit épousé Marie, ou Agnès, fille du duc de Méranie. Le roi de Danemarck porte ses plaintes au pape ; et bientôt des légats viennent en France, prennent connoissance de ce divorce, tiennent des conciles, et jettent des interdits sur le royaume ; mais Philippe sut toujours faire respecter son autorité. Enfin, en 1200, lors de la guerre avec l'Angleterre, voulant mettre fin à tous ces troubles, il consentit à reprendre Ingelburge ; il se prêta même à la paix, à laquelle le légat le sollicitoit, de sorte qu'Arthur fut abandonné, et Jean prit possession des provinces qui s'étoient données au duc de Bretagne. Innocent III, qui troubloit alors l'Allemagne et l'Italie, avoit jugé cette paix nécessaire pour favoriser la croisade qu'il faisoit prêcher.

Divorce de Philippe qui fait sa paix avec Jean, et qui abandonne Arthur.

La paix ne dura pas. Quelques factieux ayant excité un soulèvement en Normandie,

La guerre recommence, et Arthur perd la vie.

Jean les cita à son tribunal. Ils refusèrent de comparoître, prétendant n'avoir d'autre juge que le roi de France. Philippe les prit sous sa protection et arma. Alors Arthur, jugeant cette conjoncture favorable à ses prétentions, se mit à la tête des Poitevins qui venoient de se soulever; mais battu et fait prisonnier, il perdit bientôt la vie, par les ordres, ou selon quelques-uns, par la main même de son oncle.

{*Jean est accusé de l'avoir fait mourir, et ses fiefs sont confisqués.*} Constance, mère d'Arthur, demanda justice à Philippe, qui cita Jean comme son vassal, pour répondre sur le crime dont il étoit accusé. Le roi d'Angleterre n'ayant pas comparu, la cour des pairs le condamna comme convaincu de parricide, et déclara tous les fiefs qu'il possédoit en France, confisqués à la couronne.

{*Conquête de Philippe.*}

{*1205.*} Cet arrêt eût été ridicule, s'il n'eût pas été soutenu par les armes; mais Philippe n'eut que des succès. Il conquit rapidement la Normandie, le Maine, l'Anjou, la Touraine, le Poitou. Il y avoit alors deux cent quatre-vingt-douze ans que la Normandie avoit été cédée à Raoul.

Cet événement, qui est l'époque de la

ruine de l'anarchie féodale, exige que nous fassions quelques réflexions sur les causes qui l'ont préparé. D'ailleurs, après tant de troubles, de désordres et de guerres, il est temps de nous délasser : nous n'aurons que trop occasion de nous fatiguer encore.

Dans les principes du gouvernement féodal, on ne pouvoit être jugé que par ses pairs. Le parlement, c'est ainsi qu'on nomma, dans le treizième siècle, la cour des assises du roi, devoit donc n'être composé que des vassaux qui relevoient immédiatement de la couronne. Il falloit en exclure les barons du duc de France, ceux du comte de Paris, et ceux du comte d'Orléans; car ne pouvant juger leurs supérieurs, ils ne devoient être admis que dans les assises des seigneuries dont ils relevoient. En un mot, les rois de France auroient dû avoir autant de cours féodales, qu'ils avoient de seigneuries différentes. *La cour des pairs, ou le parlement, ne devoit être composée que des vassaux immédiats.*

Mais les Capétiens, négligeant les titres de duc et de comte, ne prirent que celui de roi ; de sorte que la royauté enveloppa toutes les autres dignités, et on s'accoutuma peu-à-peu à ne voir plus qu'elle dans *Comment les arrière-vassaux y eurent entrée.*

la personne des Capétiens. Or, dès qu'on eut confondu le comte de Paris avec le roi de France, on confondit bientôt les vassaux du comte avec ceux du roi ; et le parlement, parce qu'on le nommoit la cour du roi, parut être la cour des pairs, quels que fussent les seigneurs qui le composoient. Les grands vassaux, qui avoient toujours reconnu la cour du roi comme leur tribunal, continuèrent donc de la regarder comme telle; et ne remarquant pas que ce n'étoit plus la cour des pairs, ils reconnurent leurs inférieurs pour juges. L'abus d'une expression occasionna leur méprise. Je vous ai fait voir l'influence du langage sur les opinions; je pourrois tout aussi facilement vous faire voir son influence sur les révolutions des peuples : les siècles que nous venons de parcourir en fourniroient plus d'un exemple. Heureusement l'abus des mots va dans cette occasion produire un bien ; mais c'est peu pour tout le mal qu'il a causé dans d'autres, et qu'il causera encore.

Le parlement s'occupe des moyens d'abaisser les grands vassaux. Dans l'origine, la cour du roi veilloit aux intérêts des grands vassaux, puisqu'eux seuls y avoient entrée. Ce ne fut plus la même chose, quand elle se trouva composée de seigneurs de tout ordre. Alors les membres de ce tribunal furent, pour la plupart, dévoués au roi; et jaloux des vassaux immédiats, jusqu'auxquels ils ne pouvoient s'élever, ils ne travaillèrent qu'à les faire descendre.

Le parlement, composé peu à peu de vassaux de tout ordre, ayant profité de la méprise où l'on étoit tombé, et ayant pris la place de la cour des pairs, se trouva autorisé par l'usage, avant qu'on eût ouvert les yeux. Alors il n'étoit plus temps de se soustraire à ce tribunal. Il eût fallu au moins que les grands vassaux réunis eussent agi de concert pour corriger un abus qui leur étoit si contraire : c'est ce dont ils n'étoient pas capables. Les plus puissans croyant n'avoir rien à craindre, ne prirent aucune précaution, et dédaignèrent de venir dans une cour où il se seroient confondus avec leur inférieurs. Le parlement profita de leur absence pour étendre son autorité; et, en soumettant les vassaux foibles qu'on lui abandonnoit,

Comment il se trouve en possession d'une juridiction qui s'étend tous les jours.

il acquit des droits sur les plus puissans.

Aveuglement des seigneurs français à cette occasion. Les seigneurs français n'avoient pas assez de prudence pour prévoir la révolution dont ils étoient menacés : tout sembloit les en distraire, et porter ailleurs leur attention. Toujours occupés ou de guerres particulières, ou d'entreprises sur leurs vassaux, ou de croisades, ils ne voyoient pas que le parlement, sans être la cour des pairs, en usurpoit insensiblement toute l'autorité ; et ils sembloient n'aller en Palestine que pour laisser un champ plus libre à cette cour de justice. A leur retour, ils trouvoient leurs états si ruinés, que quand ils auroient connu tous leurs priviléges, ils se seroient sentis trop foibles pour les revendiquer.

Les officiers du roi étoient membres du parlement qui jugea Jean Sans-Terre. Pendant que les seigneurs étoient si peu attentifs à leurs vrais intérêts, le roi faisoit prendre à son parlement la forme qu'il jugeoit à propos ; il y convoquoit les seigneurs dont il étoit le plus sûr ; il y faisoit entrer son chancelier, son chambellan, son bouteillier et son connétable.

Ainsi les officiers même du roi devinrent les juges des grands vassaux. Cependant cette innovation se faisoit sans qu'on s'aperçût d'aucun changement, et le parlement ne paroissoit être que ce qu'il avoit toujours été. L'autorité de cette cour étoit si grande sous Philippe Auguste, qu'on y appeloit des justices féodales des seigneurs immédiats, et qu'ils y étoient cités eux-mêmes par leurs feudataires. Ils ne conservoient donc plus qu'une apparence de jurisdiction. Voilà le parlement qui jugea le roi d'Angleterre; et son arrêt, exécuté sur le plus grand vassal, constata ses droits sur tous les autres.

Cependant ce jugement étoit injuste. Si Jean Sans-Terre eût été coupable envers le roi, la confiscation de ses domaines auroit été légitime ; mais il ne l'étoit qu'envers son vassal; et, en pareil cas, les coutumes féodales ne le pouvoient condamner qu'à perdre la suzeraineté sur la Bretagne qui étoit un fief du duché de Normandie.

Ce jugement étoit injuste.

On s'aveugla. Les grands vassaux ne virent ni l'injustice de ce jugement, ni les conséquences dont il étoit pour eux ; et l'ignorance contribua moins à

Les grands vassaux contre leurs propres intérêts, l'approuvent, ou du moins n'empêchent pas qu'il ne soit exécuté.

cet aveuglement, que le mépris et la haine qu'on avoit conçus pour le roi d'Angleterre.

Toute la France vit avec plaisir l'humiliation d'un prince sans vertus et sans talens : les grands vassaux se livrèrent avec passion aux vues de Philippe; ils lui donnèrent des secours, ou du moins ils ne s'opposèrent pas à ses desseins. Ainsi fut exécuté un arrêt, qui n'eût été qu'une fausse démarche, si les vassaux de la couronne avoient su réfléchir sur leurs intérêts communs. Cet événement vous fait voir, dans Philippe, ce que peut un prince qui se fait estimer; et dans Jean, ce que devient un prince qui se rend méprisable.

Iln'en eut pas été ainsi, si Richard eût été à la place de Jean Sans-Terre.

Si Richard eût été à la place de Jean Sans-Terre, Philippe auroit échoué, ou plutôt il eût été assez sage pour ne pas compromettre son parlement. En effet, Richard jouissoit d'une grande considération : il étoit généralement aimé; et d'ailleurs il avoit assez de lumières pour dessiller les yeux à tous les vassaux, et pour les entraîner dans son parti.

Si les meilleurs gouvernemens ne peuvent pas toujours subsister, celui des fiefs devoit, à plus forte raison, se détruire. Il se ruinoit par ses vices. Déjà fort affoibli avant Philippe Auguste, il s'affoiblit encore davantage sous son règne; recherchons-en toutes les causes.

Les seigneurs appauvris par la guerre, ou par le défaut d'économie, se virent enfin sans ressource, quand ils eurent achevé la ruine de leurs sujets. Alors ils se firent une espèce de droit de la piraterie; les uns, par esprit de brigandage, les autres, par représailles. On mettoit même les voyageurs à contribution, ou pour parler plus exactement, on les voloit : enfin il n'y avoit de sûreté nulle part, et le désordre étoit général, lorsque des seigneurs cédèrent ou vendirent à des villes de leurs domaines qu'ils ne pouvoient défendre, le droit de se défendre elles-mêmes. L'empereur Henri IV en donna le premier exemple en Allemagne, vers la fin du onzième siècle; et Louis le Gros, qui suivit cet exemple au commencement du douzième, le donna aux seigneurs de son royaume.

Le gouvernement féodal s'affoiblit, parce que les seigneurs vendent à les villes le droit de se défendre.

<small>Alors commence le gouvernement municipal.</small>

Plusieurs villes deviennent des espèces de républiques gouvernées par des magistrats qui prirent le nom de consuls, de maires, d'échevins, etc. Toutes n'obtinrent pas les mêmes priviléges, mais elles en acquirent plus ou moins, suivant les traités qu'elles firent avec leurs seigneurs ; et ceux dont elles jouirent sont ce qu'on nomme droits de communes ou de communauté. C'est ainsi que le gouvernement municipal naquit des excès de l'anarchie.

« Les bourgeois se partagèrent en com-
» pagnies de milice, formèrent des corps
» réguliers, se disciplinèrent sous des chefs
» qu'ils avoient choisis, furent les maîtres
» des fortifications de leur ville, et se gar-
» dèrent eux-mêmes. Les communes, en
» un mot, acquirent le droit de guerre,
» non pas simplement parce qu'elles étoient
» armées, et que le droit naturel autorise
» à repousser la violence par la force, mais
» parce que les seigneurs leur cédèrent,
» à cet égard, leur propre autorité, et
» leur permirent expressément de deman-
» der, par la voie des armes, la répara-

» tion des injures ou des torts qu'on leur
» feroit. » (1)

Les villes commencèrent donc à sortir d'esclavage, et les seigneurs devinrent plus puissans par la cession même qu'ils firent d'une partie de leur autorité : car ils trouvèrent dans les communes des secours plus prompts et plus sûrs que dans leurs vassaux. Des bourgeois, occupés de leurs familles et de leurs métiers, n'ont pas de plus grand intérêt que de ménager un protecteur qui ne les vexe point ; et pour les rendre infidelles à leurs engagemens, il faudroit être injuste à leur égard. Aussi remarque-t-on que l'établissement des communes rendit les empereurs d'Allemagne et les rois de France moins dépendans de leurs vassaux. Il produisit encore un autre avantage, c'est qu'il mit un frein à la piraterie des petits seigneurs; car il falloit être puissant pour piller impunément sur le territoire de ces villes : enfin il rendit les guerres moins fréquentes, parce qu'il les rendit plus difficiles précisément dans un temps où les seigneurs

Les villes qui se gouvernent sont un frein au brigandage, et rendent les rois moins dépendans de leurs vassaux.

―――――
(1) Observations sur l'*Histoire de France.*

devenoient plus foibles. Il y en avoit peu qui eussent assez de troupes, ou qui pussent les conserver assez long-temps sous leurs ordres, pour faire le siége d'une ville défendue par des fortifications et par des citoyens. Les troupes des communes ne pouvoient même manquer de devenir les meilleures : car des hommes qui défendent leur liberté, ont tout un autre courage que des brigands.

De nouvelles communes se forment à l'exemple des premières.

Les premières communes répandirent un nouvel esprit ; le peuple sentit qu'il pouvoit sortir de l'oppression, et il osa penser à devenir libre, ou du moins à diminuer le joug de la tyrannie. On vit alors plusieurs villes se former encore en communes. Les unes traitèrent de leur liberté; d'autres, profitant de la foiblesse de leurs seigneurs, se dirent libres, se fortifièrent, élurent des magistrats, et recouvrèrent des droits que la violence seule avoit usurpés, et que la nature revendique toujours. Quand le seigneur entreprit d'attaquer les priviléges qu'elles s'arrogeoient, elles lui demandèrent ses titres, fermèrent leurs portes, et armèrent. Le gouvernement municipal paroissoit s'établir par-tout sur les ruines de l'anarchie féodale.

Si les seigneurs avoient été plus éclairés, ils auroient respecté la liberté de ces nouveaux citoyens et ils s'en seroient faits des sujets fidelles, prêts à les secourir de leurs richesses et de leurs forces. Mais ils voulurent être encore tyrans, et ils achevèrent de détruire leur puissance.

Les villes trompées par les seigneurs, ne veulent traiter que sous la garantie d'un protecteur puissant.

La plupart de ceux qui traitèrent avec leurs villes, ne cédèrent que par un vil intérêt. Ils avoient vendu des droits; ils voulurent les reprendre pour les vendre encore. De-là naquit la défiance entre les communes et les seigneurs. Les villes ne voulurent plus traiter que sous la garantie d'un protecteur puissant, et elles s'accoutumèrent peu-à-peu à regarder ce protecteur comme leur maître, et à ne voir que des ennemis dans leurs seigneurs.

Cette révolution, qui n'avoit fait que des progrès lents avant le règne de Philippe Auguste, éclata lorsque ce prince eut dépouillé Jean Sans-Terre. C'est alors que les communes recherchèrent à l'envi la protection d'un roi, qui étoit assez

Philippe Auguste devient ce protecteur.

puissant pour les défendre; et qui avoit le même intérêt qu'elles à l'abaissement des seigneurs.

Avantages qu'il en retire.

Philippe devint donc le garant des traités qu'elles firent avec leurs seigneurs, et il en retira plusieurs avantages. Premièrement ce fut un titre pour lui de prendre connoissance de ce qui se passoit dans les terres de ses vassaux, et de se mêler du gouvernement de leurs communes. En second lieu, il trouva ces républiques toujours disposées en sa faveur, et prêtes à s'armer pour lui contre des seigneurs, dont elles connoissoient trop la tyrannie pour ne les pas redouter. Enfin il en reçut des secours en argent, parce qu'elles consentirent à lui payer un tribut pour s'assurer sa protection. Alors il eut des troupes à sa solde. Il ne fut donc plus, comme ses prédécesseurs et comme ses vassaux, dans le cas de se voir sans armée d'un moment à l'autre.

Il affermit son autorité, parce qu'il n'en abuse pas.

Les grands vassaux commencèrent à ménager un souverain, plus puissant qu'aucun d'eux en particulier. Cependant s'ils s'étoient réunis, ils auroient pu détruire une autorité encore mal affermie ; ils auroient pu du moins en suspendre les progrès. Philippe, qui le sentit, eut l'adresse de ne pas abuser de sa puissance, sachant que les hommes se révoltent moins contre l'autorité que contre l'abus qu'on en fait. Les seigneurs ne songèrent donc pas à se concerter entre eux pour se précautionner contre l'avenir, parce que s'ils commençoient à être sous le joug, ils n'en sentoient pas encore le poids.

Telle étoit la puissance de Philippe Auguste, lorsqu'Innocent III paroissoit vouloir exterminer tous les chrétiens. Ils alloient par troupes se faire égorger dans la Palestine : ils achevoient dans la Thrace la ruine de l'empire d'orient : toute l'Italie et toute l'Allemagne étoient en armes : dans le nord on continuoit de prêcher les idolâtres avec des soldats pour missionnaires. Ce n'étoit pas assez : ce pape vouloit encore faire couler des flots de sang en France et en Angleterre ; et pour cela, il publia deux croisades avec force indulgences, l'une contre Jean, et l'autre contre les Albigeois. Sans doute, que si l'Espagne eût été tran-

Innocent III abuse de la sienne pour armer toute la chrétienté.

quille, il n'eût pas manqué d'y susciter des guerres.

offre l'Angleterre à Philippe.

Le pape avoit été pris pour juge entre quelques évêques d'Angleterre et les moines de S. Augustin, qui se disputoient le droit d'élire l'archevêque de Cantorberi. Il jugea en faveur des moines : cependant il cassa deux élections qui avoient été faites ; et il nomma de son autorité le cardinal Langton. Le roi refusa d'agréer ce prélat, se plaignant d'une entreprise qui attaquoit les droits de sa couronne. Innocent répondit que ce n'étoit pas à lui de nommer aux grands bénéfices ; qu'il devoit recevoir ceux que l'église avoit choisis, et que s'il n'obéissoit pas, il mettroit son royaume en interdit, l'excommunieroit lui-même, et délieroit ses sujets du serment de fidélité. Des menaces il passa aux effets : il publia une croisade, et il envoya un légat à Philippe Auguste, pour l'inviter à se saisir de la couronne d'Angleterre.

Jean fait hommage au saint siège.

Pendant que le roi de France armoit, le légat se rendit à Douvres, où il trouva Jean Sans-Terre. Ce prince lâche se soumit à tout ce qu'on exigea de lui, jusqu'à faire hommage au saint siége. En présence des seigneurs et du peuple, il mit sa couronne aux pieds du légat, qui ne la lui rendit qu'après l'avoir gardée cinq jours.

Le légat de retour en France, déclara à Philippe qu'il ne devoit plus songer à l'Angleterre, parce que ce royaume étoit un fief de l'église de Rome. Philippe, surpris d'un tel discours, employa ses forces contre le comte de Flandre, allié de Jean; et il se rendit maître de plusieurs places, pendant que Louis, son fils, défendoit l'Anjou contre le roi d'Angleterre, qui avoit débarqué à la Rochelle. *Le légat défend à Philippe de penser à l'Angleterre.*

Ce fut alors qu'Othon vint au secours de Jean son oncle. Quoique Philippe n'eût que cinquante mille hommes, et, que par conséquent, il fut bien inférieur à ses ennemis, il ne craignit point de présenter la bataille. L'action fut vive. Il se vit enveloppé d'un gros d'ennemis, exposé à mille traits, renversé de son cheval : mais il remporta une victoire complette. *Bataille de Bovines. 1214.*

Les mauvais succès de Jean enhardirent les barons d'Angleterre à se soulever. Ce roi bientôt abandonné, fut réduit à rece- *Jean est forcé à signer deux chartes.*

voir la loi de ses sujets; et il signa deux chartes contraires aux prérogatives de sa couronne. Dans cette extrémité, il eut recours au pape son seigneur, le priant de déclarer nul un engagement contracté sans son aveu.

<small>Le pape les déclare nulles, et les Anglais offrent la couronne à Louis.</small>
Le pape, qui n'ignoroit pas la protection qu'on doit à ses vassaux, annula ces chartes; et menaça les barons des censures de l'église, s'ils continuoient d'en exiger l'exécution. Bien loin d'obéir, ils offrirent la couronne à Louis, et ce prince partit.

<small>Philippe et Louis sont excommuniés.</small>
Philippe, qui craignoit de se brouiller avec la cour de Rome, avoit feint de s'opposer au départ de son fils : mais Innocent qui ne s'y méprit pas, excommunia et Louis et Philippe.

<small>Les Anglais conservent la couronne à Henri III.</small>
Louis étoit maître des principales villes, et il avoit été proclamé à Londres, lorsque Jean mourut. La haine des Anglais ne passa pas sur Henri son fils, âgé de huit à dix ans : ils s'intéressèrent, au contraire, pour ce jeune prince. Tout changea, et Louis fut contraint de repasser la mer. Venons à la croisade contre les Albigeois.

Les Albigeois étoient, dit-on, des es- *Les Albigeois.* pèces de Manichéens, et on leur reprochoit bien des sortes d'erreurs. Ils s'étoient répandus en grand nombre dans le Languedoc, la Provence, le Dauphiné et l'Arragon. Il falloit, sans doute, travailler à les convertir: mais ce n'étoit pas avec des croisades. Dans le quatrième siècle, les Ithaciens furent séparés de l'église, pour avoir condamné à mort les Priscillianistes. Alors bien loin d'employer de pareils moyens, on ne se hâtoit pas même de donner le baptême à ceux qui le demandoient ; mais lorsque l'ignorance eut imaginé les croisades, on ne prit plus tant de précautions: on prépara les conversions par les armes ; et c'est après une bataille qu'on baptisoit les idolâtres, qui se convertissoient par la seule crainte d'être encore battus.

Raimond, comte de Toulouse, dont un *Raimond, comte de Toulouse, se tourne en appareuse.* des ayeux s'étoit croisé pour la Terre sainte, défendoit les Albigeois ses sujets ; de sorte que la croisade eut autant pour objet de le dépouiller de ses états, que d'extirper l'hérésie et les hérétiques. Il sentit le coup qui le menaçoit ; et pour le parer, il se soumit en apparence à tout ce qu'on exigea de lui ; c'est-à-dire, qu'il promit d'exterminer tous les Albigeois.

<small>Des conciles donnent ses états à Simon de Montfort, chef des croisés.</small>

Il étoit difficile qu'un souverain remplît un pareil engagement. On se méfia de lui : il ne put plus dissimuler, il prit les armes, il appela à son secours le roi d'Arragon, et ce prince ayant perdu la bataille et la vie, les croisés firent de nouveaux progrès ; ils étendirent même leurs conquêtes jusques sur des seigneurs qui n'avoient rien à démêler avec les Albigeois. Alors des conciles déposèrent Raimond : il donnèrent ses états à Simon de Montfort, chef des croisés, et ils en conservèrent seulement une partie pour le jeune Raimond, fils du comte de Toulouse. Philippe Auguste envoya des troupes contre les Albigeois ; Louis, son fils, marcha lui-même : mais il me suffit de remarquer ici que cette guerre dura depuis 1209 jusqu'en 1228.

<small>La grandeur des Capétiens commence à Philippe Auguste.</small>

Philippe Auguste mourut en 1223 dans la cinquante-huitième année de son âge et dans la quarante-troisième de son règne. Ce prince a jeté les fondemens de la grandeur des Capétiens, qui jusqu'à lui avoient toujours été foibles, parce qu'ils n'avoient pas ses talens. Il réunit à la couronne, non seulement la Normandie, le Maine, l'Anjou, la Touraine, le Poitou, mais encore l'Auvergne, l'Artois, la Picardie, eut plusieurs autres domaines. Si Richard eut plus de brillant à la guerre, ou peut-être plus de bonheur, Philippe joignoit au courage et à la gloire des armes, une conduite sage et soutenue. Il sut s'agrandir sans donner d'ombrage, et il fit respecter sa puissance encore mal affermie. Je ne lui reproche pas la guerre qu'il fit aux Albigeois : ce reproche tomberoit plus sur son siècle que sur lui.

CHAPITRE III.

De la France sous Louis VIII et sous S. Louis, et de l'Angleterre sous Henri III.

<small>Sacre et couronnement de Louis VIII.</small> Louis VIII fut sacré et couronné quelques jours après la mort de son père. Je le remarque pour vous faire observer que le règne de Philippe Auguste est l'époque où il n'étoit plus nécessaire qu'un roi de France prît la précaution de faire couronner son fils de son vivant.

<small>Il fait la guerre à Henri III.</small> Henri III ayant demandé la restitution des provinces enlevées à Jean Sans-Terre, Louis déclara qu'elles avoient été légitimement confisquées; et cherchant à faire des reproches au roi d'Angleterre, il se plaignit de ce qu'il n'avoit pas assisté à son sacre, auquel il auroit dû se trouver comme duc de Guienne. Mais il ne s'apercevoit pas qu'il tomboit dans une contradiction, dont

les Anglais auroient pu tirer avantage. En effet, puisque l'arrêt du parlement avoit confisqué la Guienne, comme les autres provinces, reconnoître que Henri en étoit encore le duc, c'étoit ne pas lui en contester la possession légitime, et, par conséquent, avouer ses droits sur les provinces mêmes qui lui avoient été enlevées. Quoi qu'il en soit, la guerre commença ; et après quelques succès alternatifs, elle fut terminée par une trêve. Alors le roi de France marcha contre les Albigeois, prit Avignon, et soumit tout le Languedoc ; Amauri de Montfort, fils de Simon, lui ayant cédé ses droits sur le comté de Toulouse. Louis mourut en Auvergne, lorsqu'il revenoit à Paris. Quoique le peu qu'il a régné ne permette pas de le juger, on a lieu de croire que l'autorité ne se seroit pas dégradée entre ses mains. J'en juge, sur-tout, par la tranquillité dont la France jouit pendant son règne : car on ne s'apperçut pas qu'elle changeoit de maître. Cependant si Louis eût été seulement soupçonné de foiblesse, les seigneurs n'auroient pas manqué d'exciter des troubles.

<small>1224.
1226.

Il la termine et marche contre les Albigeois.</small>

1226.
La juridiction d'appel achève de s'établir.

Au contraire, c'est sous lui que l'usage d'appeler à la cour féodale du roi, acheva de s'établir, et devint une loi que les grands vassaux même commençoient à reconnoître, quoiqu'elle dégradât leurs justices.

Le parlement conserva la forme qu'il avoit prise sous Philippe Auguste, malgré les vassaux de la couronne, qui voulurent en exclure le chancelier, le bouteillier, le connétable, et le chambellan du roi.

L'assurement s'introduisit.

Il s'introduisit encore pendant ce règne un autre usage, qui n'étoit pas moins favorable à l'autorité royale. Lorsqu'un seigneur se croyoit menacé d'une guerrre, qu'il ne se sentoit pas capable de soutenir, ce qui devoit arriver souvent, il s'adressoit à son suzerain, et citant à sa justice celui qui lui donnoit des sujets de crainte, il en exigeoit un *assurement*, c'est-à-dire, assurance qu'il ne lui seroit fait aucun tort. Si dans la suite quelque différend survenoit entre eux, ils s'en remettoient l'un et l'autre à la justice du seigneur qui avoit garanti l'acte d'*assurement*. On voit que par-là le roi devenoit insensiblement le protecteur des seigneurs foibles, comme il l'étoit déjà des communes ; et qu'en même temps il se rendoit juge des prétentions des seigneurs les plus puissans.

Ce n'étoit pas l'amour de l'ordre qui produisoit des changemens aussi avantageux au bien public qu'à l'agrandissement des rois : c'étoit plutôt la foiblesse de la plupart des seigneurs. De pareils usages ne pouvoient donc pas être encore bien reconnus : il falloit du temps pour les accréditer, et sur-tout de la circonspection et de la fermeté dans les souverains. Trop de foiblesse de leur part, ou des entreprises trop précipitées auroient enhardi ou soulevé les esprits, et le désordre auroit recommencé.

Avec quelle circonspection les rois devoient user de leur autorité.

Heureusement la France eut un roi doué de toutes les qualités nécessaires dans des circonstances aussi délicates, et qui joignant au talent de régner, une vertu éminente, fit respecter sa puissance par la vénération qu'il inspira pour lui-même. Tel fut S. Louis, fils aîné de Louis VIII. Après les temps malheureux que nous avons parcourus, Monseigneur, ne sentez-vous pas dans votre ame le desir d'étudier ce

S. Louis avoit toutes les qualités nécessaires aux temps où il régnoit.

beau règne ? Je ne vous en donnerai cependant qu'une esquisse, et je vous laisserai beaucoup à desirer. Vous regretterez que Louis n'ait pas régné dans de meilleurs temps : car s'il étoit grand lui-même, son siècle, encore barbare, a répandu des taches sur son règne.

<small>1226. Blanche à la régence.</small>

Louis avoit à peine douze ans, lorsqu'il monta sur le trône. Blanche, sa mère, fille d'Alphonse IX, roi de Castille, prit les rênes du gouvernement. Le dernier roi l'avoit nommée régente, et avoit fait un bon choix.

<small>Elle déconcerte toutes les ligues qui se forment.</small>

Les seigneurs jugèrent l'autorité affoiblie dès qu'ils la virent entre les mains d'une femme étrangère et d'un enfant : ils se trompèrent. La régente, avertie de leurs complots, ne leur laissa pas le temps de réunir leurs forces. Elle se hâta d'armer, et marcha avec son fils contre Thibault, comte de Champagne, qui dans sa surprise n'eut de ressource qu'en la clémence du roi. C'étoit un des chefs de la ligue : il en restoit encore deux, Pierre de Dreux, comte de Bretagne, surnommé Mauclerc, et Hugues de Lusignan, comte de la Marche.

L'armée passa la Loire ; ils furent cités et ils se soumirent. C'est ainsi que la régente, par sa promptitude, déconcerta leurs projets. Le frère du roi d'Angleterre, Richard, qui étoit à Bordeaux, tenta vainement de soulever d'autres seigneurs, il fut contraint lui-même de demander une trêve. La reine s'attacha les principaux vassaux ; elle renouvela un traité d'alliance que le dernier roi avoit fait avec Frédéric II, et elle fit échouer une ligue, dont le projet étoit de faire passer la régence au comte de Boulogne, oncle du roi.

La reine sollicitée par le pape, reprit ensuite la guerre contre les Albigeois, dont la ruine avoit été suspendue par la mort de Louis VIII. Le jeune Raimond, qui avoit succédé à son père et qui avoit mis Amauri de Montfort dans la nécessité de céder au roi toutes ses prétentions, succomba sous les armes de la France, et subit la loi. Blanche et Grégoire IX, se partagèrent ses dépouilles : Louis prit possession d'une partie de ses domaines : le comtat Venaissin fut destiné pour augmenter le patrimoine de S. Pierre : on n'accorda même à Rai-

Fin de la guerre des Albigeois.

1228.

mond que l'usufruit de ce qu'on voulut lui laisser, et il fut réglé qu'après lui le comté de Toulouse passeroit dans la maison de France. Ce prince promit d'exterminer les hérétiques, d'aller à la Terre sainte, et de donner à plusieurs églises des sommes considérables. Enfin il fit amende honorable, pieds nus, en chemise, et reçut l'absolution.

L'inquisition. Cependant on continua la guerre contre les Albigeois, mais d'une manière plus sourde. Elle se faisoit par un tribunal chargé de rechercher et de poursuivre les hérétiques : cette croisade toujours subsistante est ce qu'on nomme l'inquisition. Elle passa dans la suite en Italie et en Espagne, où elle est encore; mais elle a été bannie de France, et les Allemands n'en ont jamais voulu.

Blanche dissipe de nouvelles ligues. Malgré l'activité et la prudence de la reine, on s'imaginoit toujours que son gouvernement devoit être foible, et la France n'étoit plus tranquille. Ou les seigneurs se faisoient la guerre, ou ils formoient des ligues contre le roi; et l'anarchie sembloit se reproduire.

Les factieux, après avoir engagé le comte de Boulogne dans leur parti, entrèrent sur les terres du comte de Champagne, sous différens prétextes; mais, dans le vrai, pour se venger d'avoir été abandonnés, ou pour le forcer à revenir à eux. Louis marcha : car la reine, moins jalouse de gouverner que de former un roi, montroit par-tout son fils, et le faisoit toujours agir. L'armée des rebelles fut dissipée par la fermeté du jeune prince.

Cependant la régente qui négocioit au milieu des troubles, profita des divisions pour faire reconnoître son fils duc de Guienne, par une partie des seigneurs d'au-delà de la Loire. Mais le comte de Bretagne ne se soumettoit pas : enhardi par les secours qu'il pouvoit tirer d'Angleterre, il faisoit souvent renaître les troubles.

Henri III, avare, dissipateur, sans talens et sans vertus, s'abandonnoit à des ministres qui se culbutoient tour-à-tour, et qui, abusant de l'autorité, rendoient leur maître tout-à-la-fois odieux et méprisable. Il avoit irrité les barons, en leur enlevant plusieurs places, et en révoquant les deux chartes du

Caractère de Henri III.

roi Jean, qu'il avoit juré d'observer ; et après avoir offensé ses vassaux, qu'il auroit dû ménager, il entreprit cependant de recouvrer les provinces que Philippe avoit enlevées à son père. C'est ainsi que ce prince foible, cédant aux conseils différens de ses favoris, concertoit ses démarches, et formoit des entreprises qu'il se mettoit hors d'état de soutenir.

<small>1230.
Ses entreprises
mal concertées.</small>

Il débarque à S. Malo : le comte de Bretagne lui livre ses principales places : des seigneurs normands, déclarés pour lui, l'invitent à se transporter en Normandie : l'Anjou, dégarni de troupes, lui offre une conquête facile. Mais on n'imagineroit pas qu'il est venu pour faire la guerre. Pendant qu'il donne des fêtes à Nantes, Louis est à la tête de ses troupes, fait des siéges, prend des places, et vient insulter le roi d'Angleterre, que rien n'arrache à ses plaisirs.

<small>La régente profite des fautes de ce prince.</small>

Cette inaction de Henri contint les plus rebelles qui n'attendoient que le moment où ils pourroient se déclarer. La régente qui en sut profiter, ramena les uns par la crainte, les autres par des graces ; et elle négocia si heureusement, que leur faisant oublier jusqu'à leurs querelles particulières, elle les réconcilia entre eux, et les réunit tous pour la défense du roi. Quant à Henri, il fit un voyage en Gascogne : il y reçut les hommages de ses sujets ; et, après avoir contribué à rétablir la paix en France, il repassa la mer, comme pour exciter des troubles en Angleterre.

Les évêques de France s'arrogeoient alors la même autorité dans leurs diocèses que les papes usurpoient sur toute la chrétienté ; si on attaquoit leurs prétentions les moins fondées, ils jetoient des interdits, des excommunications ; et toujours armés de leurs censures, ils crioient contre l'irréligion des officiers du roi qui s'opposoient à leurs entreprises. Ces moyens leur avoient souvent réussi. S. Louis, car ce roi mérita ce nom de bonne heure ; S. Louis, dis-je, sut distinguer, dans les ministres de l'autel, le caractère qu'il devoit respecter, et les passions qu'il devoit réprimer. Bien loin donc de tolérer l'abus des censures, il punit, par la saisie du temporel, les évêques

S. Louis réprime l'abus que les évêques faisoient des censures.

qui les employoient pour conserver ce temporel même : de sorte que devenues dèslors contraires à leurs vues intéressées, elles devinrent aussi plus rares.

Révolte du comte de Bretagne, qui inutilement compte sur Henri III. - La trève, qui avoit terminé la dernière guerre, étoit sur le point de finir, et le comte de Bretagne avoit recommencé les hostilités, comptant toujours sur Henri. Mais la conduite de ce roi ne se démentoit point : s'il ne renonçoit pas à ses premiers desseins sur la France, il ne cessoit pas non plus d'aliéner les barons anglais qui faisoient toute sa force. Dans la vue d'abattre leur puissance, il attira les Poitevins, auxquels il donna les gouvernemens et les principales places. Les barons révoltés refusèrent de venir à un parlement qu'il convoqua, et même ils le menacèrent de lui ôter la couronne, s'il ne renvoyoit pas les étrangers. Heureusement pour Henri, ils ne surent pas s'accorder, et leurs dissentions leur devinrent funestes. Pendant ces troubles, il ne fut pas possible de porter la guerre en France, et le comte de Bretagne, qui ne fut pas soutenu, fut contraint de faire la paix.

Il méritoit de perdre ses états, et la vie même, pour s'être révolté contre son seigneur ; il osa néanmoins compter sur la clémence du roi. En effet, Louis, touché de le voir à ses pieds, la corde au cou, lui rendit ses domaines ; il consentit même à les laisser passer au fils qui n'étoit pas coupable des crimes du père ; mais ce ne fut qu'à condition qu'après la mort de cet héritier, la Bretagne seroit réunie à la couronne. C'est ainsi que le roi, mêlant par un sage tempérament la clémence et la sévérité, s'attachoit ceux mêmes qu'il punissoit, et contenoit les seigneurs que trop d'indulgence auroit enhardis à lui manquer.

Traitement que lui fait S. Louis.

Toujours compatissant, mais sans foiblesse, autant il aimoit à se relâcher de ses droits, quand il le pouvoit sans inconvénient, autant il les soutenoit avec fermeté, quand on vouloit abuser de sa clémence. Les vassaux, qui avoient eu occasion de traiter avec le roi, ne pouvoient pas s'allier avec les étrangers, sans avoir obtenu son agrément ; car c'est une clause que Louis, ainsi que Philippe Auguste, n'avoit

Ce roi empêche le mariage de l'héritière de Ponthieu avec Henri III.

jamais oubliée. Cependant Simon, comte de Ponthieu, arrêta le mariage de sa fille, son héritière, avec le roi d'Angleterre. Henri l'avoit déjà épousée par procureur, et le pape lui-même s'étoit mêlé de cette alliance. Il n'eût pas été prudent de permettre qu'un ennemi de la France pût encore acquérir des droits sur de nouvelles provinces ; c'étoit donc le cas de forcer le comte à se souvenir des engagemens qu'il avoit contractés avec son seigneur ; c'est ce que fit Louis, en se préparant à confisquer toutes les terres de ce vassal. Le mariage fut rompu.

1236.
Majorité de Louis. Louis ayant vingt-un ans accomplis, et se trouvant majeur, la reine se démit de la régence : cependant elle n'eut pas moins de part dans le gouvernement, parce que le roi ne cessa pas de prendre les conseils d'une mère qui lui avoit donné des leçons.

Il soumet Thibaut, comte de Champagne. Il y avoit deux ans que Thibault, comte de Champagne, avoit hérité du royaume de Navarre. Ce prince, naturellement inquiet, prenoit et quittoit les armes avec beaucoup de légèreté : une couronne de plus ne fit qu'augmenter son inquiétude.

Il redemanda les comtés de Chartres, de Blois, de Sancerre, et d'autres fiefs qu'il avoit vendus au roi, et qu'il prétendoit n'avoir qu'engagés. Il entreprit même de soutenir ses prétentions avec une armée, se croyant assez puissant pour n'avoir besoin que d'un prétexte : il fut bientôt obligé de se soumettre à Louis. Thibault est fort connu par ses chansons : en effet il étoit bon poëte pour son temps et pour un prince. Il aimoit sur-tout à chanter la régente, son héroïne ; et il fit pour elle des vers galans, lors même qu'il venoit de conclure un traité, par lequel il avoit été forcé d'abandonner plusieurs places, et condamné à s'absenter de France pour sept ans. Il alla dans la Terre sainte chercher de l'exercice à son inquiétude : il n'y trouva que cela. Son absence, et celle de plusieurs autres seigneurs qui le suivirent, assura la tranquillité en France, sans porter le trouble parmi les Musulmans : ils ne firent rien de mémorable.

Louis, par sa sagesse et par sa fermeté, avoit fait rentrer tous les vassaux dans le devoir, et faisoit régner la paix, lorsque les

<small>Grégoire offre l'empire au frère de Louis.</small>

démêlés de Grégoire IX et de Frédéric II troubloient l'Italie et l'Allemagne. Il ne tint pas au pape que la France n'armât pour lui ; il le souhaitoit, et il y auroit réussi, si le roi eût été moins juste ou moins éclairé. Nous avons déposé Frédéric, écrivit-il à Louis, et nous avons donné l'empire à Robert, comte d'Artois, votre frère.

Refus de Louis. Le roi fit en son nom, et au nom des seigneurs qu'il avoit consultés, une réponse dont la substance étoit : « Nous
» sommes surpris que le pape ait eu la
» témérité de déposer l'empereur. Quand
» ce prince auroit mérité d'être déposé,
» il ne pouvoit l'être que par un concile
» général. Nous n'ignorons pas que le
» pape est son plus grand ennemi, et nous
» sommes bien éloignés de voir en lui le
» même zèle pour la religion : car, pendant que Frédéric s'exposoit au péril de
» la mer et de la guerre pour le service
» de Jésus-Christ, le pape profitoit de son
» absence pour le dépouiller de ses états.
» Il lui importe peu de faire couler le
» sang, pourvu qu'il satisfasse sa vengeance,

» Il ne veut soumettre l'empereur que
» pour subjuguer ensuite tous les princes ;
» et ses offres sont moins l'effet de son
» affection pour nous, que de sa haine
» contre Frédéric. Nous nous informerons
» cependant des sentimens de l'empereur
» sur la foi : s'il est orthodoxe, pourquoi
» lui ferions-nous la guerre? Mais s'il ne
» l'est pas, nous la lui ferons à outrance,
» comme nous la ferions au pape même ».

Vous voyez qu'on regardoit alors comme des vérités constantes, qu'on doit employer les armes contre les hérétiques ; et qu'un concile général peut déposer les souverains. Il falloit que ces préjugés fussent bien enracinés pour entraîner S. Louis même. *Préjugés du temps.*

Le roi cependant ne négligeoit rien pour réconcilier l'empereur et le pape; mais tous ses efforts furent inutiles. Une ligue, qui se forma sur ces entrefaites, fournit à son activité et à son courage des succès plus heureux et plus assurés. *Louis veut inutilement réconcilier le pape et l'empereur.*

Cette ligue étoit l'ouvrage d'Isabeau, reine d'Angleterre, qui, depuis la mort du roi Jean, son mari, avoit épousé le comte de la Marche. Souffrant avec peine *Deux victoires de ce prince dissipent une nouvelle ligue.*

l'hommage que son nouveau mari rendoit au comte de Poitiers, frère du roi de France, cette princesse lui persuada de se révolter. Henri III, toujours inconsidéré, entra dans les vues de sa mère, et se flatta de faire des conquêtes en France, quoiqu'il ménageât trop peu les Anglais, pour en tirer assez de secours. Enfin les comtes de Toulouse et de Provence armèrent encore sous différens prétextes, et se préparèrent à réunir leurs forces à celles du roi d'Angleterre et du comte de la Marche; mais cette guerre finit par deux victoires que Louis remporta; je dis qu'il remporta lui-même, l'une au pont de Taillebourg, et l'autre sous les murs de Saintes. Henri repassa en Angleterre, et les rebelles se soumirent aux conditions que le roi leur imposa.

Il oblige ses vassaux à n'avoir pas d'autre suzerain que lui.

Louis fut alors plus puissant qu'aucun de ses prédécesseurs ne l'avoit été, et il le montra en abolissant un usage qui pouvoit souvent être la source des troubles. Plusieurs seigneurs avoient tout-à-la-fois des fiefs en France et en Angleterre; et lorsque la guerre s'élevoit entre ces deux royaumes, la coutume étoit de se déclarer pour celui où l'on avoit des domaines plus considérables. C'étoit déjà là un sujet à contestation, et quelquefois, par conséquent, un prétexte pour se révolter, sans pouvoir être accusé de félonie. Il est vrai cependant qu'on remettoit au prince, dont on abandonnoit le parti, tous les fiefs qui en relevoient, et il les gardoit tout le temps de la guerre; mais c'étoit des places dont il n'étoit jamais bien sûr, et qui occupoient des troupes qu'on auroit pu employer ailleurs. Un autre inconvénient encore plus grand, c'est que de pareils vassaux avoient souvent d'autres intérêts que ceux du roi, entretenoient des intelligences avec son ennemi, et en pouvoient favoriser les entreprises; le roi les assembla donc, et leur ordonnant de renoncer aux fiefs qu'ils avoient en France, ou à ceux qu'ils avoient en Angleterre, il leur déclara qu'il ne vouloit pas que ses vassaux eussent d'autres seigneurs que lui : tous se soumirent à cette loi.

C'étoit alors qu'Innocent IV tentoit de dépouiller Frédéric par des excomunica- *L'abus des censures commençoit à les faires moins respecter.*

tions, et que contraint lui-même de s'enfuir, il avoit bien de la peine à trouver un asyle quelque part. Les papes étoient des hôtes incommodes, et ils commençoient même à être à charge au clergé de toute la chrétienté ; parce que s'étant peu-à-peu accoutumés à regarder comme un tribut les secours qu'ils en avoient retirés, ils chargeoient, à toute occasion, les bénéfices d'impositions arbitraires. Les droits qu'ils s'arrogeoient sur les biens de toutes les églises, ne pouvoient manquer de produire tôt ou tard une révolution. D'un côté, il étoit naturel qu'ils abusassent, de plus en plus, de la facilité qu'ils avoient à se faire tous les jours de plus grands revenus ; et de l'autre, il étoit naturel encore que l'avarice éclairât sur l'injustice de leurs prétentions et sur la témérité de leurs entreprises. On commençoit même à parler des excommunications avec un ton moins sérieux. « Vous savez, mes
» frères, dit un curé de Paris en publiant
» celle qui avoit été prononcée contre Fré-
» déric ; vous savez que j'ai reçu ordre
» de publier l'excommunication fulminée

» par le pape contre Frédéric, empereur,
» et de le faire au son des cloches et tous
» les cierges de mon église étant allumés :
» j'en ignore la cause, et je sais seüle-
» ment qu'il y a entre ces deux puissances
» de grands différends et une haine irré-
» conciliable. Je sais aussi qu'un des deux
» a tort, mais je ne sais qui l'a des deux.
» C'est pourquoi de toute ma puissance,
» j'excommunie et je déclare excommunié
» celui qui fait injure à l'autre, et j'ab-
» sous celui qui souffre l'injustice, d'où
» naissent tant de maux dans la chré-
» tienté ». L'empereur fit des présens à ce
curé, et le pape le mit en pénitence. Je
conjecture que la fermeté avec laquelle
Louis s'opposoit à l'abus des censures, avoit
préparé les esprits à voir, sans se scanda-
liser, le peu de respect du curé pour les
ordres d'Innocent IV.

Le chapitre général de l'ordre de Cî- *Louis refuse l'asy-*
teaux devoit se tenir au mois de septembre; *le à Innocent IV.*
et le roi, qui considéroit beaucoup ces re-
ligieux, avoit promis de s'y trouver. Le *1246.*
pape, qui en fut averti, écrivit aux abbés
une lettre étudiée, dans laquelle il les

prioit instamment de conjurer le roi, à genoux et à mains jointes, d'accorder sa protection au pape contre Frédéric qu'il nommoit fils de Satan. Faites, disoit-il, que le roi me reçoive dans son royaume, comme Alexandre III y fut reçu contre la persécution de Frédéric 1er. et S. Thomas de Cantorberi contre celle de Henri II, roi d'Angleterre.

Le roi vint en effet à Cîteaux, entra dans le chapitre, s'assit, et aussitôt cinq cents moines tombèrent à ses pieds, gémissant avec larmes, pendant que l'abbé portoit la parole. Louis les voyant à genoux, se mit aussi à genoux lui-même, et leur dit qu'il défendroit l'église de Rome autant que son honneur le permettroit, et qu'il recevroit volontiers le pape pendant son exil, si les barons le lui conseilloient : ajoutant qu'un roi de France ne pouvoit se dispenser de suivre leurs avis. L'avis des barons fut de ne le pas recevoir.

Le roi d'Arragon, et les Anglois, le lui refusent également.

Le pape ayant essuyé un pareil refus du roi d'Arragon, imagina de se faire presser par Henri, d'honorer l'Angleterre de sa présence. Pour cet effet, quelques

cardinaux écrivirent à ce prince, comme de leur propre mouvement : « Nous vous
» donnons, en amis, un conseil utile et
» honorable. C'est d'envoyer au pape une
» ambassade, pour le prier de vouloir bien
» honorer de sa présence le royaume d'An-
» gleterre, auquel il a un droit particu-
» lier; et nous ferons notre possible pour
» le faire condescendre à votre prière. Ce
» vous seroit une gloire immortelle que le
» souverain pontife vînt en personne en
» Angleterre, ce qui n'est jamais arrivé
» que nous sachions ; et nous nous souve-
» nons avec plaisir de lui avoir ouï dire
» qu'il seroit empressé de voir les délices
» de Westminster, et les richesses de
» Londres ». Le roi d'Angleterre reçut agréablement cette proposition, et auroit facilement donné dans le piége, si des personnes sages ne l'en avoient détourné, en disant : « C'est déjà trop que nous
» soyons infectés des usures et des simo-
» nies des Romains, sans que le pape
» vienne ici lui-même piller les biens de
» l'église et du royaume ».

Je rapporte ces circonstances d'après

l'abbé Fleuri. Elles font voir dans les esprits une disposition qui préparoit la décadence d'une autorité portée au-delà de ses bornes légitimes. En effet, plus les papes n'avoient, pour toute politique, qu'une ambition sans règle, plus les peuples devoient faire d'efforts pour secouer un joug qui devenoit tous les jours plus pesant ; et les armes spirituelles, si mal à propos employées, devoient insensiblement s'émousser.

<small>Mot du pape sur ces refus.</small> On prétend que le pape, apprenant le refus que lui fit le roi de France, dit dans sa colère : il faut venir à bout de l'empereur, ou nous accommoder avec lui ; et quand nous aurons écrasé ou adouci ce dragon, nous foulerons aux pieds sans crainte tous ces petits serpens.

<small>Il se retire à Lyon.</small> Innocent, refusé de toutes parts, choisit Lyon pour sa résidence. Cette ville n'appartenoit alors ni au roi, ni à l'empereur. Elle avoit été un fief de l'empire ; mais les archevêques pendant les guerres, s'en étoient approprié la souveraineté.

<small>1244. Louis, dans une maladie, demande la croix.</small> Cependant le roi fut attaqué d'une maladie qui fit craindre pour ses jours.

L'alarme fut générale, et faisoit voir combien il étoit aimé lorsqu'il sortit enfin d'une léthargie profonde, et demanda la croix à l'évêque de Paris. La reine-mère, effrayée du vœu qu'il formoit, fit tout ce qu'elle put alors et dans la suite, pour le détourner de ce dessein; mais Louis crut avoir contracté un engagement dont rien ne le pouvoit dispenser.

La piété de S. Louis ne consistoit pas dans des pratiques qu'on suit par routine et par désœuvrement : souvent après s'être fait une habitude d'aller tous les jours à certaines heures aux pieds des autels, les princes ne continuent d'y aller que parce que ces heures deviendroient des momens vides, pendant lesquels ils ne sauroient plus à quoi s'occuper; et les exercices de religion semblent n'être pour eux qu'une suite de cette étiquette qui les importune, et qui leur est cependant nécessaire. *Piété de S. Louis.*

La vie de S. Louis étoit une occupation et une prière continuelle, parce qu'il connoissoit ses devoirs, qu'il y sacrifioit tous ses momens, et qu'il les savoit remplir. Il prioit, lorsque s'humiliant souvent devant le roi des rois, il demandoit au ciel les talens et les vertus, dont il ignoroit seul que le ciel l'avoit déjà comblé : mais il prioit encore, lorsqu'à la téte d'une armée, il donnoit à ses soldats l'exemple du courage; lorsqu'assis au pied d'un arbre, dans le bois de Vincennes, il rendoit la justice à ses sujets ; lorsque dans son conseil, occupé des affaires qui s'y traitoient, il ouvroit les avis les plus sages ; lorsqu'en respectant le caractère des ecclésiastiques, il mettoit de justes bornes à leur puissance ; lorsqu'après s'être exercé dans les plus grandes austérités, il paroissoit au milieu de sa cour avec cette gaieté, qui est le caractère d'une belle ame; en un mot, toujours roi, toujours chrétien, toujours saint, il étoit le modèle de cette piété, dont la lecture du père Masillon vous donne des leçons tous les carémes.

Il est triste qu'il n'ait pas réfléchi sur l'injustice des croisades.

Il n'y avoit par-tout que des abus lorsqu'il monta sur le trône. Il en détruisit un grand nombre : il en corrigea même, sur lesquels il semble qu'un prince pieux devoit naturellement s'aveugler. Ce fut un grand malheur pour la France, qu'étant aussi supérieur à son siècle par ses lumières et par ses vertus, il ne réfléchit pas sur les inconvéniens et sur l'injustice des croisades.

Pendant qu'il s'occupoit du voyage de la Terre sainte, Innocent déposoit Frédéric dans le concile de Lyon, et allumoit de nouveau la guerre en Europe. En vain ce prince offroit, par ses ambassadeurs, de restituer tout ce qu'il avoit enlevé au saint siége, de reparer tous les dommages qu'il avoit causés, de faire tous ses efforts pour réunir l'église grecque à l'église romaine, et de marcher contre les infidelles pour rétablir le royaume de Jérusalem. Le pape répondit qu'il ne comptoit point sur ses promesses; et comme on lui offroit pour garans le roi de France et le roi d'Angleterre, il les refusa de peur que l'église n'eût trois ennemis au lieu d'un. C'est ainsi que, tout-à-la fois, juge et partie, il rejetoit tout moyen de conciliation. Louis, qui tenta sans succès de ramener ce pontife à des sentimens plus apostoliques, eut la sagesse de ne se mêler de ce grand différend que comme médiateur. Si vous voulez connoître plus à fond tout

Il se préparoit à cette malheureuse expédition lorsque Innocent déposoit Frédéric.

ce qui concerne cette guerre entre le sacerdoce et l'empire, l'excellent et judicieux abbé Fleuri ne vous laissera rien à desirer.

La taxe, qu'il mit à cette occasion sur les ecclésiastiques, devoit diminuer le urzèle pour les croisades.

Le roi, ayant assuré la tranquillité dans son royaume, et confié la régence à la reine sa mère, partit pour la Terre sainte avec Marguerite sa femme, ses frères Robert, Alphonse, Charles, et quantité de seigneurs. Pour fournir aux frais de cette guerre, on taxa le clergé à payer le dixième de son revenu. Cet impôt, qui déplut beaucoup aux ecclésiastiques, ne diminua pas peu le zèle qu'ils avoient montré jusqu'alors pour les croisades, et qui s'étoit sur-tout entretenu, parce qu'elles leur procuroient souvent l'occasion d'acheter des terres à bon marché. Il faut donc espérer qu'ils cesseront de prêcher une guerre, dont ils commencent à faire les frais sans en tirer aucun avantage, et que l'avarice fera ce que la raison ne pouvoit faire. Le pape qui faisoit lever cet impôt, voulut par la même occasion en faire lever un autre pour lui-même. Le roi ne le souffrit pas. Mais voyons quel étoit alors l'état de la Palestine.

Il y avoit eu de grandes révolutions en Asie. Au nord-est de la Perse est le Korassan, qui en est séparé par un vaste désert. Ce pays avoit passé successivement sous la domination des rois de Perse, des Arabes et des Turcs Seljoucides, lorsqu'à la fin du onzième siècle, un esclave turc, nommé Cothbeddin Mohammed, y fonda la dynastie des Karismiens que nous nommons Carismins. Dans le cours du douzième, ses descendans conquirent tout le pays des Turcs Seljoucides, c'est-à-dire, des Sultans de Perse, du Kerman, d'Iconium, ou de l'Asie mineure, d'Alep, et de Damas ; ils portèrent leurs armes bien avant dans la Tartarie, et ils paroissoient devoir soumettre jusqu'aux contrées orientales les plus éloignées, lorsqu'Alaeddin Mohammed, sixième sultan de Carisme, succomba sous un nouveau conquérant, et laissa un fils, dont la mort mit fin, quelque temps après, en 1231, à la dynastie des Carismins.

Conquête des Carismins.

Ces vastes pays, d'où sont sortis les Huns et les Turcs, reproduisent sans cesse des générations d'hommes robustes qui, comme des torrens, se répandent par intervalles sur le reste de la terre. Endurcis à la fatigue, accoutumés aux nourritures les plus grossières, les déserts, qui les séparent des nations policées, ne sont pas des digues capables de les arrêter ; ce sont seulement des barrières que les arts ne sauroient franchir. Cette source ne tarit point : si elle s'affoiblit par ses irruptions, elle se renouvelle tôt ou tard, pour se précipiter encore avec violence. C'est alors qu'une horde grossie de plusieurs autres, fond tout-à-coup sur les terres cultivées, et dévaste tous les pays qu'elle inonde.

Conquêtes de Temougin, ou Gengis-Kan.

Sur la fin du douzième siècle et au commencement du treizième, Temougin, chef d'une de ces hordes, qu'on nomme Moguls ou Mogols, vainquit les hordes qui erroient autour de lui, et les ayant rassemblées, prit le titre de Ganghiz-kan, que nous prononçons Gengiscan. Il soumit la Tartarie, une partie de la Chine, pénétra dans l'Inde, dans la Perse, et poussa ses conquêtes jusques sur l'Euphrate. Maître de ce vaste empire, tous ses succès se bornoient à se rendre redoutable au nord de ces montagnes et de ces déserts, qui partagent l'Asie du couchant au levant, et à régner au midi sur des nations qu'il avoit ruinées.

Il mourut en 1226, laissant quatre fils qui avoient eu part à ses conquêtes, et qui les partagèrent. Un de ses petits-fils, nommé Batoucan, porta ses armes jusques dans la Hongrie. Un autre, nommé Houlagou, passa l'Euphrate, soumit une partie de la Natolie, autrement l'Asie mineure, et détruisit l'empire des Khalifes.

Un de ses fils avoit détruit l'empire des khalifes et celui des assassins.

Les Carismins vaincus, fuyant devant les Mogols, se répandirent dans la Syrie et dans la Palestine vers l'an 1244. Ils égorgèrent indistinctement tout ce qu'ils trouvèrent dans Jérusalem, Turcs, Chrétiens, Juifs, femmes, enfans. Les Chrétiens, ayant réuni leurs forces à celles du sultan de Damas, furent entièrement défaits. Il ne leur resta plus qu'Antioche, Tyr, Tripoli, Sidon, Ptolémaïs; et ils s'affoiblissoient encore par leurs divisions. C'étoit donc proprement les Carismins qui régnoient en Palestine, lorsque S. Louis crut devoir faire de nouveaux efforts pour recouvrer Jérusalem.

Les Carismins chassés par les Mogols, s'étoient rendus maîtres de la Palestine.

Prise de Damiette.   Cependant les croisés convinrent de porter la guerre en Egypte. Ils arrivèrent à la vue de Damiette : la côte étoit défendue par une flotte et par une armée de terre; mais tout cède au courage de Louis qui s'élance dans la mer : l'épouvante se
1248.   répand jusques dans la ville; les habitans l'abandonnent; le roi en est maître.

Malheurs et captivité de S. Louis.   Je voudrois pouvoir m'arrêter là; car si le héros qui conduisoit cette entreprise intéresse à toutes les circonstances, il est triste de nous trouver déjà à la fin des succès. Passons rapidement sur les désastres. Louis vit son armée de soixante mille hommes diminuer par les combats et se détruire par les maladies. Il vit l'un de ses frères, Robert, comte d'Artois, tomber sous les coups de l'ennemi : enfin il se vit lui-même prisonnier avec ses deux autres frères. Mais ses malheurs, bien loin de l'abattre, firent éclater davantage son courage et sa piété; grand dans sa captivité, il se fit admirer des Chrétiens et respecter des Musulmans.

Après un peu moins de quatre ans de séjour en Palestine, il revient en France.   Damiette fut le prix de la rançon du roi. On donna huit cent mille besans d'or pour les autres prisonniers : il fut pourvu à la sûreté des malades et des effets que les Chrétiens avoient en Égypte; en un mot, après avoir fait un traité aussi avantageux que les circonstances le permettoient, Louis conduisit les débris de son armée à Ptolémaïs. Il donna tous ses soins à mettre en état de défense les places que les Chrétiens conservoient encore en Palestine; il s'y arrêta près de quatre ans, et ne revint en France qu'en 1254, un peu plus d'un an après la mort de la reine Blanche, arrivée en 1252.

La puissance de S. Louis étoit si bien affermie, que pendant seize ans qu'il régna encore, elle fut toujours respectée, non seulement par ses vassaux, mais encore par les nations étrangères : puissance d'autant plus glorieuse qu'elle étoit l'ouvrage de ses vertus; elle devoit donc s'accroître encore, et elle s'accrut, mais pour le bonheur de la France. Il est curieux de voir ce prince s'agrandir tous les jours, en alliant la politique et la justice, autant du moins que ces deux choses peuvent s'allier. Ce phénomène, peut-être unique dans l'histoire, mérite bien d'être observé.

Puissance de S. Louis fondée sur une politique éclairée et sur une justice exacte.

Comment les barons avoient ruiné les justices de leurs vassaux.

Les barons avoient augmenté leurs prérogatives par les mêmes moyens que Philippe-Auguste et Louis VIII, c'est-à-dire, en établissant dans leurs terres la jurisprudence des appels et des assuremens. Ayant ruiné par-là les justices de leurs vassaux, ils devinrent les seuls juges; et mettant leur volonté à la place des lois, ils s'arrogèrent les droits les plus étendus. Un nouvel usage concourut encore à l'accroissement de leur puissance.

Comment leurs vassaux s'étoient affoiblis par des partages de famille.

Une baronie passoit toute entière au fils aîné, tandis que les terres qui en relevoient, se partageoient pour faire des apanages à tous les enfans. Le baron conservoit donc toujours toutes ses forces, et, au contraire, ses vassaux devenoient foibles en se multipliant. Cependant, lorsque les frères restoient unis, les cadets ne refusoient pas de rendre hommage à leur aîné, pour les démembremens qu'ils possédoient; la seigneurie continuoit, en quelque sorte, d'être encore une, et s'affoiblissoit peu par les partages : c'est l'usage qui s'observoit originairement. Mais la jalousie ayant divisé les frères, les cadets ne voulurent pas relever de leur aîné, et préférèrent de dépendre immédiatement du suzerain qui ne manqua pas de leur être favorable. Cette coutume devint contagieuse ; et bientôt établie par-tout, quoiqu'avec quelque variété, elle diminua insensiblement la puissance des vassaux, et augmenta, par conséquent, celle des barons.

Il vint donc un temps où un baron put tout ce qu'il vouloit. Sous le règne de S. Louis, il se saisissoit du château de son vassal, en supposant qu'il en avoit besoin pour la guerre, ou pour la défense du pays. Il se faisoit céder un domaine, qui étoit à sa bienséance, pour un autre qu'il donnoit en échange. Il ne permettoit point d'aliéner un fief en tout ou en partie, ou plutôt il en faisoit payer la permission ; imaginant de nouveaux droits qu'on nomma droits *de rachat de lods et ventes*. S'il armoit son fils chevalier, s'il marioit sa fille, s'il bâtissoit un château, il mettoit une imposition sur les habitans des fiefs qui relevoient de lui. Sous prétexte d'accorder sa protection aux mineurs, il s'approprioit la jouissance de leurs terres.

Tyrannie que les barons exerçoient sur leurs vassaux.

Mais ces usurpations hâtoient une révolution avantageuse au gouvernement : car c'étoit un titre pour contraindre les barons à reconnoître dans le roi, la même autorité qu'ils s'arrogeoient sur leurs vassaux. Ils ne pouvoient pas réclamer contre les entreprises de leur suzerain, puisqu'elles étoient conformes aux usages reçus qu'ils avoient eux-mêmes accrédités. Ce titre étoit sur-tout bien fort entre les mains de S. Louis, parce qu'il ne s'en servoit pas comme eux, pour établir la tyrannie, mais seulement pour détruire les abus. En effet il en usa avec tant de modération et tant de sagesse, qu'on ne songea pas à le lui contester.

Tout tendoit donc à l'accroissement des prérogatives royales, lorsque quelques baronies commencèrent à se partager entre plusieurs frères, comme les fiefs d'un ordre inférieur. S. Louis, qui savait profiter de tout ce qui lui étoit avantageux, quand il le pouvoit avec justice, autorisa cette nouveauté ; il l'encouragea même, en déclarant que les portions détachées d'une baronie par des partages de famille, seroient elles-mêmes autant de baronies. Alors un père eut la petite vanité de laisser après lui autant de barons qu'il laissoit de fils; et peu-à-peu la puissance des barons s'affoiblit de la même manière qu'ils avoient eux-mêmes affoibli celle de leurs vassaux.

Cependant les barons, quoique moins puissans, continuoient d'exercer la même tyrannie, pendant que le roi, dont l'autorité croissoit, continuoit toujours d'être juste. On devoit donc naturellement chercher les moyens de se soustraire aux barons, pour se mettre sous la protection de S. Louis; et ce monarque pouvoit, sans être accusé d'usurpation, accorder sa protection aux foibles; il étoit même de son équité d'empêcher, de tout son pouvoir, les injustices et les violences. Les opprimés furent donc défendus par des *lettres de sauve-garde* qui les autorisoient à ne plus reconnoître la jurisdiction de leur seigneur, et l'usage de ces lettres donna tous les jours de nouveaux sujets au roi dans les terres de ses barons. Il arriva bientôt que ceux qui vouloient décliner la justice de leurs seigneurs, déclaroient être sous la

Il donne des lettres de sauve garde aux opprimés

sauve-garde du roi; et dès-lors leurs juges naturels étoient obligés de suspendre la procédure, jusqu'à ce qu'ils eussent prouvé la fausseté de cette allégation : c'étoit un abus; mais il ne retomboit que sur les seigneurs, et, par conséquent, il tendoit à détruire l'anarchie féodale.

Il abolit les duels judiciaires. Rien n'étoit plus absurde que les duels judiciaires; c'est-à-dire, l'usage où l'on étoit de prouver son droit en combattant contre sa partie; et ce qui mettoit le comble à l'absurdité, c'est qu'on appeloit au combat son juge même, lorsqu'on ne vouloit pas se soumettre à son jugement. Deux préjugés avoient introduit cet usage : l'un est l'opinion où étoit la noblesse, qu'un gentilhomme, fait pour se battre, doit regarder au-dessous de lui de soutenir, comme un bourgeois, ses droits par des chartes, des témoins ou d'autres titres; l'autre est une ignorance superstitieuse, qui faisoit penser que la providence ne pouvoit manquer de se déclarer pour la cause juste, et de faire un miracle en faveur d'un gentilhomme qui avoit raison.

Pour attaquer de pareils préjugés, il

falloit un prince dont la piété fût reconnue. Tout autre que S. Louis eût été un objet de candale pour son siècle, puisqu'il eût paru se méfier de la providence. On peut même conjecturer que ce saint roi sentit la difficulté de les détruire, puisque ce n'est qu'après avoir déjà régné trente-quatre ans qu'il entreprit de les combattre. C'est en 1260 qu'il abolit, par un édit, les jugemens qui se donnoient sur la preuve du duel. Cette abolition ne regarda même que les terres de son domaine, parce que, dans une chose de cette espèce, il n'eût pas été prudent de se donner pour législateur dans les terres des autres. Cependant la sagesse de Louis éclaira les esprits moins prévenus; et bientôt plusieurs seigneurs abolirent, à son exemple, les duels judiciaires. D'autres lois, qu'il fit pour détruire d'autres abus, furent aussi imitées; et cela produisit des effets qui hâtèrent l'agrandissement de l'autorité royale.

Vous concevez que la justice du roi étoit celle où il y avoit le moins d'abus; car, lors même que les seigneurs vouloient introduire les mêmes réglemens dans les

Comment la jurisprudence des appels tendoit à le rendre seul législateur.

leurs, ils n'étoient pas toujours assez puissans pour faire, comme S Louis, respecter leurs ordres. Les foibles qui, dans des temps de vexation, sont les premiers à sentir le besoin de la justice, étoient donc intéressés à porter leurs causes devant les tribunaux du roi. Ils devoient, par conséquent, accréditer de plus en plus les appels déjà introduits sous les deux règnes précédens; et il falloit que S. Louis, en acquérant le droit de réformer les jugemens des justices des seigneurs, acquît encore celui de leur prescrire la manière dont elles devoient juger : il falloit, en un mot, qu'il devînt le seul législateur.

Comment il détourna les seigneurs de s'opposer à cette jurisprudence.

Quoiqu'on ne remarque pas que les seigneurs aient, en général, été assez éclairés pour voir ces conséquences, il y en avoit cependant qui s'opposoient quelquefois à cet usage. Or Louis fit un réglement par lequel il condamnoit à une amende envers le premier juge, les parties qui seroient déboutées de leur appel. Dès-lors les seigneurs se désistèrent de leurs oppositions; parce que se flattant que les appelans seroient déboutés, ils comptèrent sur les amendes ; ils furent ainsi les dupes de leur avarice : sur quoi je vous prie d'observer comment Louis, en faisant une loi très-équitable, paroît tendre un piége aux seigneurs, ou même leur en tend un dans lequel ils donnent, et comment il assure tous les jours mieux ses droits.

Louis VIII avoit donné des réglemens, mais c'étoit proprement des conventions qu'il avoit faites dans ses assises, conjointement avec ses prélats, ses comtes et ses barons ; et, par conséquent, ces réglemens n'avoient force de loi que dans ses terres et dans celles des seigneurs qui les avoient faits avec lui. S. Louis suivit cet exemple dans les premières années de son règne ; mais comme ses ordonnances corrigeoient des abus crians, dont tout le monde avoit à se plaindre, elles furent peu-à-peu adoptées par les seigneurs mêmes qui n'y avoient point eu de part. Le roi parut alors donner des lois à tout le royaume. On se fit insensiblement une habitude de penser qu'il en pouvoit proposer, qu'il pouvoit conseiller d'y obéir ; et si on ne reconnut pas qu'il eût de droit une puissance législative aussi

<small>Comment on s'accoutume à penser qu'il a le droit de proposer des lois à tout le royaume.</small>

étendue, on ne lui en contesta pas l'exer:
cice, et il l'eut au moins de fait. De-là, à
être législateur, il n'y a pas loin. Il usa
plus librement de ce pouvoir, à mesure
qu'il lui fut moins contesté, et il trouva
tous les jours moins d'opposition, parce
que sa vertu, qui se montroit tous les jours
davantage, étoit un garant de la justice
de ses démarches.

Et à le regarder comme le protecteur des coutumes. Ce n'est pas assez qu'il y ait des lois ;
il faut encore une autorité qui les défende
et qui les fasse respecter. Or cette autorité
se trouvoit entre les mains de S. Louis :
nul autre prince n'étoit aussi puissant. On
s'accoutuma donc à le regarder comme le
vrai protecteur des coutumes dans toute
l'étendue du royaume. On dit, en conséquence, qu'il avoit droit de punir les seigneurs qui les laissoient violer dans leurs
terres. On ajouta qu'il pouvoit les réformer
au besoin, et on conclut qu'il étoit *souverain par-dessus tous.*

En réprimant les abus, et en protégeant les opprimés, il accroît sa puissance. Voilà la politique avec laquelle ce prince,
sachant saisir les circonstances, s'est élevé
à un degré de puissance où il ne seroit
point parvenu s'il eût eu moins de vertus,

eu moins de lumières. On n'étoit point en garde contre une politique aussi nouvelle : elle soumit tout. Les barons cédèrent les premiers : bientôt les grands vassaux de la couronne cédèrent encore. Leurs propres barons cherchèrent contre leur tyrannie un protecteur dans un roi dont la justice étoit connue. On leur enleva d'abord les droits dont ils étoient moins jaloux. On les attaqua ensuite sur d'autres, et il leur échappoit tous les jours quelque partie de leur souveraineté. Quelquefois même S. Louis ne se fit pas un scrupule de les forcer à l'obéissance ; et c'étoit avec raison, puisque toutes ses entreprises n'avoient pour objet que de mettre par-tout la justice à la place des abus.

Les guerres que les plus petits seigneurs se faisoient pour les moindres sujets, étoient un fléau qui désoloit continuellement les provinces. Plusieurs conciles avoient essayé d'en arrêter, du moins en partie, les effets, en ordonnant des suspensions d'armes pour un certain nombre de jours, aux principales fêtes de l'année. La crainte des excommunications faisoit donc quelquefois

Moyens qu'il emploie pour empêcher les guerres particulières des seigneurs.

suspendre les hostilités ; mais on se préparoit pour les recommencer bientôt avec une nouvelle fureur. S. Louis les réprima avec plus de succès.

1256.

Il ordonna que quand il s'élèveroit une guerre entre deux seigneurs, les parens qui craindroient d'y être enveloppés, auroient quarante jours pour se procurer des *assuremens*, une trêve ou une paix ; et que ceux qui les attaqueroient dans cet intervalle seroient condamnés comme traîtres. Il donna même à ceux qui possédoient des terres en baronie, le droit d'obliger les parties belligérantes à une trêve ou à un assurement. Cette ordonnance, qui commençoit à mettre un frein à ces désordres, ayant été reçue avec applaudissement, le roi en donna l'année suivante une autre, par laquelle il défendit absolument toutes les guerres particulières. C'est ainsi que ne hâtant rien, et sondant les esprits, il parvenoit enfin à porter les derniers coups aux abus qu'il vouloit détruire. Il fut obéi par le plus grand nombre des seigneurs : on peut même conjecturer que les grands vassaux respectèrent ses ordres, parce qu'ils respectoient le roi qui les donnoit. Mais ce respect suspendoit les hostilités, sans en détruire la cause, et nous les verrons recommencer après le règne de S. Louis.

Il sembleroit d'abord qu'il étoit plus difficile d'empêcher ces guerres que d'abolir les duels judiciaires : mais on se tromperoit, si l'on en jugeoit ainsi; car le préjugé avoit, en quelque sorte, intéressé la providence à la défense de ces duels: aussi voyons-nous que l'édit qui les défend est postérieur aux deux ordonnances dont je viens de parler. S. Louis, se conduisant toujours avec la même précaution, ne faisoit une démarche que lorsqu'il s'étoit frayé le chemin par une démarche antérieure.

Ce prince, qui ne s'occupoit pas moins des moyens d'entretenir la paix avec ses voisins, que de rétablir la tranquillité dans ses états, fit deux traités; l'un en 1258, avec le roi d'Arragon; et l'autre, en 1259, avec le roi d'Angleterre.

Par le premier, Louis cède à Jacques Ier., roi d'Arragon, les droits qu'il avoit sur Barcelonne, sur le Roussillon et sur d'autres

<small>Traité de S Louis avec le roi d'Arragon.</small>

domaines éloignés ; et Jacques lui cède les prétentions qu'il pouvoit avoir par mariage, ou par d'autres titres, sur les comtés de Languedoc et de Provence, arrière-fiefs de la couronne. Ce traité étoit avantageux aux deux rois ; parce qu'en s'abandonnant mutuellement des droits qu'il leur étoit difficile de faire valoir, ils prévenoient bien des guerres.

<small>Les barons d'Angleterre règlent la forme du gouvernement.</small> Plusieurs causes produisoient alors des troubles en Angleterre : 1°. les subsides que Henri III demandoit continuellement au parlement, et les prodigalités qu'il en faisoit, au lieu de les employer à leur destination ; 2°. plusieurs moyens dont il se servoit pour forcer les peuples à lui donner de l'argent ; 3°. les nouvelles impositions que le pape mettoit sur le clergé, et que le roi autorisoit : 4°. enfin la faveur dont les Poitevins continuoient de jouir. Les choses vinrent au point que les barons conçurent le projet de réformer le gouvernement, et, en 1258, le parlement d'Oxford en régla la forme. Après avoir nommé vingt-quatre commissaires, on arrêta que le roi confirmeroit la grande charte qu'il

avoit tant de fois jurée sans aucun effet ;
qu'on donneroit la charge de grand-justicier à un homme capable et intègre ;
qui administreroit la justice aux pauvres
comme aux riches, sans aucune distinction ; que le grand chancelier, le grand
trésorier, les juges et autres officiers ou
ministres publics seroient choisis tous les
ans par les vingt-quatre commissaires ; que
la garde des châteaux et de toutes les
places fortes seroit remise à leur discrétion, et qu'ils en chargeroient des personnes de confiance et affectionnées à l'état ; que ce seroit un crime capital, pour
quelque personne que ce fût, de quelque
rang qu'elle pût être, de s'opposer directement ou indirectement à ce qui seroit
ordonné par les vingt-quatre ; et que le
parlement s'assembleroit trois fois l'année,
afin de faire les statuts qui seroient nécessaires pour le bien du royaume. Le roi fut
contraint d'approuver ces réglemens qui le
dépouilloient de toute son autorité.

Comme les droits de Henri sur plusieurs provinces de France étoient des sujets de guerre, et, par conséquent, des prétextes *Ils traitent avec S. Louis des provinces qui étoient un sujet de guerre entre les deux couronnes.*

pour exiger des subsides, les barons songèrent ensuite eux-mêmes à négocier avec S. Louis, pour assurer la paix entre les deux couronnes. Le roi de France restitua le Limousin, le Querci, le Périgord et l'Agenois, à condition que le roi d'Angleterre en feroit hommage, et prendroit séance parmi les pairs, comme duc de Guienne; et Henri renonça, pour lui et pour ses successeurs, à tous ses droits sur la Normandie, le Maine, l'Anjou, la Touraine, le Poitou. Ce traité fut signé par Henri, par les barons d'Angleterre et par tous ceux dont la garantie fut jugée nécessaire.

Troubles en Angleterre. Cependant la division se mit parmi les barons d'Angleterre. Les vingt-quatre commissaires perdirent leur autorité ; et le roi, ayant recouvré la sienne, se fit relever par le pape du serment qu'il avoit fait de ne rien entreprendre contre les statuts d'Oxford. Le calme parut régner quelque temps ; mais bientôt les barons se révoltèrent, et le roi, trop foible pour les soumettre, fut contraint de leur faire des propositions.

Voici un beau moment pour S. Louis. Les barons, Monseigneur, le prirent pour juge entre Henri et eux. Il jugea ; mais, quoique capables de rendre justice à la vertu de ce saint roi, ils cherchèrent bientôt les moyens d'éluder un jugement qui ne leur étoit pas favorable. Ils reprirent donc les armes, et se rendirent encore maîtres du gouvernement : alors ils songèrent à s'appuyer des peuples, afin de mieux affermir leur puissance. Dans cette vue ils forcèrent le roi d'établir dans chaque province des magistrats qu'on nomma conservateurs, parce qu'ils étoient destinés à conserver les priviléges du peuple ; et on l'obligea encore d'enjoindre aux conservateurs de nommer quatre chevaliers de chaque province, pour représenter les provinces dans le parlement qui se tint peu de temps après. Voilà l'époque où les communes eurent entrée dans le parlement d'Angleterre : jusqu'alors il n'avoit été composé que des barons et des prélats.

Cependant Henri étoit prisonnier, et les chefs de la révolte entretenoient encore des troubles par leur division, lorsque Edouard, fils de Henri, ayant soumis les rebelles, rendit la liberté et le trône à son père.

Quand on considère les troubles de l'Angleterre, on a lieu de croire que S. Louis auroit pu enlever tout ce que Henri possédoit en France : on le lui conseilloit, *et cet avis étoit le meilleur*, dit le père Daniel, *selon les lois de la bonne politique*. C'étoit le plus mauvais, si l'objet de la bonne politique est de s'assurer ce qu'on a acquis, et de maintenir la tranquillité publique, en n'entreprenant rien que de juste. Si ce n'étoit pas là l'idée que cet écrivain se faisoit de la politique, ce fut celle que s'en fit S. Louis. Il étoit trop équitable pour penser que la force doit être la règle des souverains ; et il étoit trop prudent pour ne pas voir qu'en prenant tout ce qu'il pouvoit prendre, il ne s'assuroit rien, puisqu'il pouvoit dans d'autres temps se trouver le plus foible. Il ne s'agissoit donc pas d'envahir toutes les provinces que Henri ne pouvoit pas défendre ; il étoit plus sage, comme plus juste, de s'assurer celles que ce roi consentoit à céder. Or S. Louis compta avec raison pour quelque chose la renonciation de Henri et la garantie des barons d'Angleterre; puisque dès-lors ses droits sur la Normandie, le Maine, etc., cessoient d'être équivoques. Il tarissoit d'ailleurs la source d'une guerre qui, après avoir fait le malheur des deux peuples, pouvoit être funeste à ses successeurs, comme à ceux de Henri; enfin il en retiroit encore un grand avantage; car le roi d'Angleterre reconnut les appels. Or, dès qu'un vassal aussi puissant soumettoit ses justices à celles du roi de France, les autres, entraînés par cet exemple, ne pouvoient manquer de renoncer enfin à l'indépendance de leurs tribunaux. S. Louis gagna donc beaucoup en ne s'écartant point de la justice. Voilà les traités les plus glorieux, Monseigneur; et il seroit bien à souhaiter que les rois fussent toujours assez sages pour n'en faire jamais que de semblables.

Pour achever de développer tout ce qui a contribué à l'accroissement de la puissance royale, il faut examiner les changemens que S. Louis a faits dans l'administration de la justice.

Les Capétiens avoient établi, dans les différentes parties de leurs domaines, des prévôts qui percevoient leurs revenus, commandoient la milice, et rendoient la justice en leur nom. Philippe-Auguste créa des baillis, pour avoir inspection sur eux; et comme des prévôts on appeloit aux baillis, on appeloit aussi des baillis au roi : mais la jurisdiction de ces magistrats étoit renfermée dans les domaines de la couronne.

S. Louis, ayant soumis aux appels toutes les justices des seigneurs, étendit la jurisdiction de ses baillis sur toutes les provinces du royaume; et ce fut à leur tribunal qu'on appela des jugemens rendus dans les justices seigneuriales. Ces magistrats, devenus par-là plus puissans, s'appliquèrent à se faire tous les jours de nouveaux droits, en empiétant peu-à-peu sur les priviléges et sur les prétentions des vassaux. Ils faisoient à l'envi des tentatives à cet effet, et si un d'eux réussissoit, son exemple devenoit un titre pour les autres. Ils imaginèrent même des cas royaux ; c'est-à-dire, des cas privilégiés, dont les justices royales pouvoient seules prendre connoissance. Mais comme ils se gardoient bien de les déterminer, c'étoit un prétexte pour attirer insensiblement toutes les affaires à leurs tribunaux : le nombre des cas royaux augmentoit tous les jours.

Les seigneurs, dont les justices se dégradoient, se plaignirent des entreprises des baillis. Leurs plaintes redoublèrent surtout sous les règnes suivans. Sans doute que S. Louis y eut égard, quand elles furent fondées ; mais souvent ils ne se plaignoient que parce qu'on réprimoit des abus qui leur étoient chers.

Le clergé se plaignit aussi. Il engagea même le pape dans ses intérêts ; car on a des lettres que Clément IV écrivit en 1265, et dans lesquelles, après avoir beaucoup loué le zèle et la piété du roi, il se plaint que les baillis n'ont pas assez d'égard pour les priviléges des ecclésiastiques. Je ne sais pas ce que le roi répondit ; mais il est certain que, lorsqu'il s'agissoit de corriger des abus, aucune considération ne le pouvoit faire changer. Or le clergé donnoit souvent à ses abus le nom de privilége.

Pragmatique de S. Louis.

Nous voyons un grand exemple de la fermeté de ce prince, dans un article d'une ordonnance qu'il donna en 1268, et qui porte le nom de Pragmatique Sanction. Le voici : *Défendons expressément de lever et recueillir les exactions, charges et impositions considérables d'argent, mises par la cour de Rome sur l'église de notre royaume, par lesquelles notredit royaume a été malheureusement ruiné ; si ce n'est pour des causes justes et raisonnables, et dans le cas d'une nécessité urgente et inévitable, et de notre exprès consentement, et de celui de l'église de notre royaume.* Une pareille ordonnance eût attiré les censures de Rome sur tout autre prince ; mais c'eût été les décréditer que d'en faire usage contre un roi aussi vertueux et aussi saint. Quelques-uns, sur des raisons peu solides, ont regardé cette pragmatique comme une pièce supposée. C'est qu'ils voient avec peine que S. Louis a été contraire à des prétentions qu'ils voudroient encore défendre.

On ne peut pas réfléchir sur le bien que le roi faisoit dans ses états, qu'on ne regrette le temps où il en avoit été absent. Cependant il prit encore la croix : il y eut un homme assez sage pour dire qu'on n'avoit pu lui inspirer ce dessein, sans pécher mortellement. C'est Joinville qui nous a laissé une vie de S. Louis. Vous voyez que l'on commençoit à blâmer ces guerres pieuses. Cette dernière croisade laissa la France dans un grand épuisement.

Ce fut en 1270 que S. Louis partit pour accomplir son vœu. Mais au lieu d'aller en Egypte ou en Palestine, il fit voile vers Tunis, se flattant, dit-on, de convertir le roi qui régnoit dans cette partie de l'Afrique. Ce qu'il y a de vrai, c'est que Charles d'Anjou, roi de Sicile, avoit des raisons d'intérêt pour porter la guerre de ce côté.

La maladie se mit dans le camp. S. Louis en fut attaqué lui-même, et mourut auprès des ruines de Carthage, en héros et en saint. Il étoit âgé de cinquante-cinq ans et quatre mois, et en avoit régné quarante-trois, neuf mois et dix-huit jours.

Je ne m'arrête pas à faire son éloge : ses actions le louent mieux que tous les panégyriques qu'on a faits de lui ; et cependant on en a fait beaucoup. Je remarquerai seulement que ce prince si éclairé, si courageux, si ferme, lorsqu'il s'agissoit du bien public, étoit, sur toute autre chose, d'une simplicité à faire croire que tout le monde étoit fait pour le conduire. Henri III mourut deux ans après.

Cette croisade a été la dernière. La plupart des seigneurs étoient ruinés : le clergé se dégoûtoit d'une guerre dont il partageoit les frais, et il n'y avoit plus que les papes qui s'y intéressoient encore, parce que c'étoit une occasion de mettre des impositions sur les ecclésiastiques. Mais ils tentèrent en vain de réveiller un zèle aveugle qui avoit duré trop long-temps.

CHAPITRE IV.

Considérations sur l'état de l'Allemagne, de l'Angleterre, de la France et de l'Italie, vers la fin du treizième siècle.

Après avoir vu les désordres se répandre dans toute l'Europe, et se porter à leur comble, nous sommes enfin arrivés à des temps où les peuples semblent faire des efforts pour établir une meilleure forme de gouvernement. Arrêtons-nous pour considérer comment les mêmes causes produisent des effets différens, suivant la variété des circonstances.

Les Barbares crurent que les royaumes se gouvernoient comme des hordes errantes. Ils avoient été dans l'usage de s'assembler pour partager le butin, ou pour convenir de quel côté ils porteroient les armes, parce que chacun d'eux avoit droit de dire

<small>Ignorance et préjugés des Barbares qui s'établissent en occident.</small>

son avis, et qu'aucun chef n'avoit assez d'autorité pour commander en maître. Quand ils se furent fixés dans leurs conquêtes, ils continuèrent de s'assembler ; mais sans discerner la nouveauté des circonstances où ils se trouvoient, et sans se douter des mesures qu'il convenoit de prendre. Cependant de nouveaux intérêts divisoient les esprits, et apportoient de nouveaux désordres dans les assemblées. Il ne faut donc pas s'étonner si de pareils peuples se conduisent au hasard ; si sans lois, sans idée même de justice, ils ne connoissent que des coutumes auxquelles ils s'attachent par préjugé, ou dont ils changent souvent à leur insu ; si, en un mot, ils se précipitent continuellement d'un abus dans un autre.

Désordres qui naissent du gouvernement établi par Charlemagne.

Charlemagne donna le premier une forme sage et régulière aux assemblées, et jeta les fondemens d'un empire puissant : mais son génie avoit fait une sorte de violence aux mœurs de tant de peuples barbares. Ils revinrent à leur caractère, dès qu'il ne fut plus ; et de nouveaux désordres naquirent des changemens mêmes que ce grand homme avoit faits dans le gouvernement.

Nous trouvons les causes de ces désordres dans la grande puissance à laquelle il éleva le clergé, et dans les bénéfices qui furent l'origine du gouvernement féodal. J'ai tâché de vous faire suivre les progrès de tant d'abus. Vous avez vu les entreprises des ecclésiastiques, sous Louis le Débonnaire. N'osant le déposer, ils le condamnèrent à la pénitence publique; et c'étoit, dans les préjugés du neuvième siècle, le déposer indirectement. Voilà leur premier attentat sur celui qu'ils avoient déclaré l'oint du seigneur. Encore quelques-uns de cette espèce, et on ne contestera plus aux conciles le droit de déposer les rois. Le pape même, comme chef de l'église, s'arrogera la plénitude de cette puissance.

La foiblesse des successeurs de Charlemagne enhardit les seigneurs laïques, comme elle avoit enhardi le clergé. Les provinces devinrent la proie d'une multitude de petits tyrans, et l'anarchie produisit peu-à-peu le gouvernement monstrueux des fiefs, lorsque les assemblées qui au-

L'anarchie commence sous ses successeurs.

roient pu être une barrière aux désordres, eurent tout-à-fait cessé.

Les assemblées de la nation cessèrent en France seulement.

Tant que les rois se crurent assez puissans pour se faire obéir, ils voulurent jouir de l'autorité sans partage, et ils convoquèrent plus rarement la nation : alors il n'y eut plus le même lien entre les parties; l'intérêt particulier prit la place de l'intérêt général, et les seigneurs ne songèrent qu'à se rendre chacun indépendans. Lorsque, dans la suite, le souverain fut réduit à leur demander des secours, ils dédaignèrent de venir à des assemblées où on avoit besoin d'eux, et où ils ne sentoient pas le besoin de se trouver. C'est ainsi que l'usage d'assembler les grands s'abolit en France, sur la fin de la race Carlovingienne : cet usage, au contraire, subsistoit encore en Angleterre, en Allemagne et en Espagne, parce que les souverains n'y avoient jamais été assez puissans pour croire pouvoir se passer des secours de la noblesse. Si, dans ces contrées, la nation ne s'assembloit pas toujours pour élire les souverains, il falloit au moins qu'ils prissent la précaution de se faire reconnoître par les grands de l'état ; et cette précaution tenoit les rois dans une sorte de dépendance, et maintenoit quelque ordre parmi les grands. En un mot, la nation continuoit de faire un corps, plus ou moins régulier, tant que le monarque avoit besoin de réunir en sa faveur le plus grand nombre des suffrages.

Vous avez vu le gouvernement féodal commencer en France ; j'ajoute qu'il ne pouvoit pas commencer ailleurs. Il falloit, pour le produire, une anarchie telle que celle où la France tomba sous les descendans de Charlemagne : il falloit que les grands du royaume, cessant de s'assembler, cherchassent séparément à se rendre indépendans du souverain, et que, s'élevant à l'envi, ils entreprissent continuellement les uns sur les autres. C'est de ces combats que devoient naître enfin des devoirs respectifs entre les suzerains et les vassaux ; devoirs dont les bénéfices avoient déjà donné quelqu'idée, et qui constituent proprement le gouvernement féodal.

<small>Le gouvernement féodal devoit naître en France.</small>

Pendant que cette anarchie régnoit dans l'empire français, les royaumes d'Espagne et d'Angleterre étoient exposés à des troubles continuels ; mais quels que fussent ces désordres, les grands continuoient, dans les uns et les autres, de faire un corps que le monarque étoit forcé de ménager. Dans les temps mêmes de dissentions ou de guerres civiles, il y avoit encore un intérêt commun qui entraînoit les différens partis, et qui ne permettoit pas aux seigneurs de s'isoler, et de faire chacun séparément des souverainetés particulières, en se rendant indépendans, et en acquérant des droits plus ou moins étendus. En un mot, le gouvernement féodal ne pouvoit naître que d'une dissolution générale de toutes les parties de la monarchie. Or cette dissolution ne se trouve qu'en France sous les derniers Carlovingiens.

Erreur sur l'origine du gouvernement féodal. Quelques-uns rapportent aux Lombards l'institution des fiefs. C'est une méprise où ils sont tombés, parce que voyant, d'un côté, que les Lombards ont établi des ducs en Italie ; et trouvant de l'autre des ducs dans le gouvernement féodal, ils ont cru voir le gouvernement par-tout où ils ont vu les ducs.

Ceux qui croient reconnoître les fiefs dans les bénéfices que les Romains donnoient à leurs soldats, ou dans les terres qu'ils cédoient à de nouvelles nations, confondent des choses encore plus différentes. Il ne faudroit pas non plus chercher les fiefs dans les usages que les Barbares suivoient avant d'avoir conquis l'empire d'occident. Si c'en étoit-là l'origine, on en trouveroit par-tout où les Barbares se sont établis, et dès les premiers temps de leur établissement. Tout ce qu'on pourroit dire, c'est que les usages qu'ils ont apportés, et ceux qu'ils ont trouvés dans l'empire, ont contribué à former le gouvernement féodal, lorsque l'anarchie a fait naître les circonstances qui seules pouvoient le produire.

Ce gouvernement ne pouvoit manquer de passer de France, où il s'étoit formé, en Angleterre et en Espagne, où les désordres préparoient à le recevoir. Les Français l'y établirent, comme ils l'ont établi depuis dans la Palestine et dans l'empire d'orient. Guillaume le Conquérant changea tout en Angleterre: il abolit les lois du pays

De France ce gouvernement passe dans les royaumes voisins.

il y introduisit celles de Normandie, et il dépouilla les vaincus pour donner des fiefs aux Normands; persuadé qu'il assuroit sa conquête, lorsqu'il la partageoit avec des vassaux qui avoient eu part à sa victoire, et qui avoient les mêmes intérêts que lui. Au commencement du douzième siècle, le comte Henri, fils d'un duc de Bourgogne, et descendant de Hugues Capet, étoit maître d'une partie du Portugal ; et Raymond Bérenger, comte de Barcelone, souverain de la Catalogne, de Montpellier, du comté de Provence, gouvernoit encore l'Arragon. Il n'est donc pas difficile de comprendre comment le gouvernement féodal s'est établi en Espagne. Au reste, il ne faudroit pas supposer que ce gouvernement ait absolument été le même partout où il s'est répandu; car il étoit, de sa nature, sujet à bien des variétés. L'uniformité ne peut pas se trouver avec les désordres de l'anarchie. C'est cette confusion qui est cause qu'on a tant de peine à fixer l'époque du gouvernement féodal, et qu'on croit le voir dans les pays où il n'étoit pas encore établi. Aussi ne serois-je pas étonné qu'on l'imaginât plus ancien en Angleterre et en Espagne que nous ne le supposons; mais au reste, il importe bien moins d'en marquer l'époque, que d'en connoître les vices.

Ce gouvernement étoit moins vicieux en Allemagne qu'en Angleterre, et moins en Angleterre qu'en France; il est facile d'en appercevoir la raison.

L'Allemagne avoit toujours été mieux gouvernée que la France. Louis le Germanique, par exemple, faisoit respecter son autorité, pendant que Charles le Chauve se rendoit tous les jours plus méprisable. Aussi, quoique les désordres aient été grands en Allemagne, ils ne sont jamais parvenus au point de dissoudre entièrement toutes les parties du corps politique. La révolution qui rendit l'empire électif prévint cette anarchie; parce que les assemblées, devenues plus nécessaires que jamais, entretinrent toujours quelqu'union, et accoutumèrent à consulter l'intérêt commun. C'est dans les diètes qu'on jugeoit les différends qui s'élevoient dans l'empire. Elles se tenoient avec plus ou moins d'ordre, suivant les circonstances; mais elles tendoient toujours à représenter la nation.

Ainsi le corps germanique subsistoit, malgré les violentes secousses qui l'ébranloient quelquefois. Les empereurs, trop foibles pour en abolir les priviléges, pouvoient au moins les protéger, et leur intérêt même leur en faisoit une loi. Si, renonçant à l'Italie, et à tous les titres des Césars, ils s'étoient renfermés dans l'Allemagne, ils auroient pu mettre leur politique à diviser pour commander; et peut-être qu'une monarchie héréditaire se seroit élevée sur les ruines d'une multitude de princes qui tendoient à se détruire mutuellement; mais ils aspiroient toujours au titre d'empereur : ils vouloient ou conserver l'Italie, ou la conquérir de nouveau. Voilà la source de ces guerres qui ont été si funestes à tant de peuples, et que l'ambition des papes rendit plus funestes encore.

Cependant ces guerres ont été favorables aux princes d'Allemagne. Comme l'empereur ne pouvoit, sans leur secours, être puissant en Italie, il n'eût pas été prudent à lui d'entretenir ou de semer la division parmi eux. Il falloit au contraire qu'il s'occupât continuellement des moyens de les réunir, et de faire prendre au corps politique une forme tous les jours plus régulière. C'est à quoi travaillèrent avec succès les princes de la maison de Saxe, et c'est ce qui est cause que le gouvernement féodal n'a pas eu en Allemagne les mêmes vices qu'en France.

Il a été plus vicieux en Angleterre qu'en Allemagne, et il devoit l'être. La Normandie et d'autres provinces de France étoient pour les rois d'Angleterre ce qu'étoit l'Italie pour les empereurs. Il semble donc, au premier coup-d'œil, que les souverains devoient, de part et d'autre, tenir naturellement la même conduite. Puisque le roi d'Angleterre, pour porter la guerre en France, étoit dans la nécessité de convoquer son parlement, et d'en obtenir des subsides, il auroit dû ménager le corps des barons, respecter leurs priviléges, et se contenter de ceux qu'on ne lui contestoit pas. Avec de la prudence, il se seroit assuré leurs secours, auroit conservé ses provinces,

Causes de ces vices en Angleterre.

et acquis tous les jours plus d'autorité en Angleterre. Cela n'arriva pas, parce que les princes qui ont gouverné ce royaume n'ont pas été en général aussi habiles que les empereurs; et encore parce que les circonstances ne leur ont pas toujours permis de suivre une politique aussi sage.

En Allemagne, les droits à l'empire n'étoient pas équivoques, puisque l'élection seule faisoit l'empereur. Il n'en étoit pas de même en Angleterre, où la couronne qui paroissoit tout-à-la-fois héréditaire et élective multiplioit les prétendans et par conséquent les troubles. Après la mort de Guillaume le Conquérant, Guillaume II monte sur le trône, au préjudice de Robert son aîné, et a pour successeur Henri, son cadet. Henri meurt. Étienne usurpe la couronne sur Mathilde; mais ne pouvant la conserver dans sa famille, il la laisse à Henri, fils de cette princesse. Enfin, si Richard I, fils de ce dernier, a des talens qui le font respecter, le trône est ensuite occupé pendant plus de soixante-dix ans par deux rois méprisables à tous égards, Jean Sans-Terre et Henri III.

D'un côté, les barons, en donnant la couronne à des princes à qui elle n'appartenoit pas, saisissoient l'occasion de faire confirmer leurs priviléges, ou d'en acquérir de nouveaux ; et de l'autre, les usurpateurs accordoient tout dans des conjonctures où ils ne pouvoient encore rien refuser, mais ils ne se pressoient pas d'exécuter leurs promesses. Jaloux d'une puissance qui leur donnoit des entraves, ils ne songeoient qu'à l'abattre ; et à peine se croyoient-ils assurés sur le trône, qu'ils attaquoient les priviléges même qu'ils avoient accordés.

Dès-lors les chartes ne pouvant être qu'un sujet de dissention entre les barons et le souverain, les droits ne sauroient se fixer : on entreprend de part et d'autre au-delà de ce qu'on doit, et les troubles qui renaissent à chaque instant ne permettent pas de donner au gouvernement une forme assurée. Il y avoit donc un vice en Angleterre qui n'étoit pas en Allemagne, et ce vice provenoit de ce qu'au lieu de régler la succession au trône, on donnoit la couronne à celui dont on pouvoit obtenir des conditions plus avantageuses. Voilà la cause de la foiblesse des rois d'Angleterre : aussi peu maîtres chez eux, devoient-ils être redoutables au-dehors? Vous prévoyez que les prétentions et les troubles continueront dans ce royaume jusqu'à ce que le souverain ait subjugué la nation, ou que la nation ait mis le souverain dans l'impuissance d'attaquer les priviléges qu'elle aura obtenus.

En France les vices de ce gouvernement ont favorables à l'agrandissement des Capétiens.

En France, les grands avoient cessé de faire un corps, depuis qu'ils ne s'assembloient plus. Les désordres y étoient plus grands qu'en Allemagne et qu'en Angleterre, puisque l'anarchie avoit effacé toute idée de bien commun, et produit des tyrans de toutes parts; mais ces désordres mêmes devinrent favorables à l'accroissement de la puissance royale.

La situation des Capétiens étoit toute différente de celle des empereurs et de celle des rois d'Angleterre. Comme ils n'avoient conservé de prétention sur aucunes provinces étrangères, ils n'avoient pas besoin de chercher des forces dans la réunion de leurs vassaux. Plus, au contraire, ils les voyoient divisés, plus ils pouvoient se flatter de les soumettre les uns par les autres, et leur autorité devoit croître au milieu des abus qui se multiplioient.

Long-temps foibles, ils furent long-temps sans rien entreprendre ; ils ne parurent que vouloir se maintenir, et ils ne donnèrent de l'ombrage ni par leur ambition, ni par leurs talens. Les seigneurs s'accoutumèrent donc à ne les plus craindre. Occupés de leurs guerres particulières, ils regardèrent moins la royauté comme une puissance, que comme un vain titre. Ils ne prévinrent rien et ne prirent aucune précaution.

Cependant un prince assez habile pour saisir les circonstances, devoit accroître son autorité, parce qu'il n'y avoit pas en France, comme en Allemagne et en Angleterre, un corps qui pût s'opposer à ses entreprises, et parce que d'ailleurs l'anarchie faisoit desirer une puissance capable de protéger ceux qui gémissoient sous l'oppression. C'est ainsi qu'en France, où les désordres étoient plus grands, l'ordre devoit par cette raison se rétablir plutôt qu'en Angleterre et qu'en Allemagne. Philippe Auguste commença cet ouvrage : Louis VIII sut au moins le soutenir, et S. Louis, qui l'avança considérablement, laissa à ses successeurs le pouvoir de l'achever.

Ce gouvernement produit les plus grands désordres en Italie.

L'état de l'Italie étoit encore pire que celui de la France, parce qu'il ne pouvoit pas s'y former une puissance capable de réprimer l'anarchie : l'ambition des papes s'y opposoit. Dans l'impuissance de la soumettre eux-mêmes, ils l'ont livrée aux tyrans qu'elle a produits, ou aux étrangers qu'ils y ont appelés, et ils l'ont réduite à un état de foiblesse d'où elle ne s'est pas relevée.

Comment les gouvernemens prennent une meilleure forme.

La tyrannie se détruit par elle-même. Tous les souverains qui ne connoissent aucune règle ne travaillent qu'à leur ruine. Il faut qu'ils deviennent enfin aussi méprisables qu'ils étoient odieux, et que le peuple ose songer aux moyens de sortir de l'oppression. C'est une révolution qui est arrivée par-tout, presque en même temps, mais avec des différences, parce que les circonstances n'étoient pas les mêmes partout. En Allemagne et en France, les communes contribuent à l'accroissement de la puissance du souverain qui les prend sous sa protection. En Angleterre, c'est tout le contraire, parce que les barons leur donnent entrée au parlement, afin de trouver en elles un appui contre les rois. Enfin, en Italie, où il n'y a ni corps, ni souverains qui les puissent protéger, elles commencent à former des républiques indépendantes.

Tel étoit, à la fin du treizième siècle, l'état des choses dans les principales parties de l'Europe. C'est l'époque où le chaos, produit et entretenu par tant de troubles, tend à se débrouiller. Le gouvernement féodal se détruit, ou prend une meilleure forme : le clergé, souvent contenu, du moins en France, perd une partie de son autorité; et le peuple, qui commence à sortir de son abrutissement, se fait compter pour quelque chose.

Constantinople étoit dans une situation tous les jours plus déplorable. Les Grecs l'avoient reprise sur les Latins en 1261, et Michel Paléologue, qui en avoit fait la conquête, laissa cet empire, en 1282, à son

État déplorable de Constantinople.

fils Andronic Paléologue. Celui-ci, comptant que le ciel ne pouvoit manquer de prendre sous sa protection un prince si pieux que lui, et de le défendre d'une manière toute particulière, ruina la marine comme une chose inutile, et qui ne causoit que de la dépense; mais le ciel permit que les Pirates vinssent impunément jusqu'aux portes de Constantinople.

Ces superstitions grossières étoient alors, en général, le partage des Grecs. Pour terminer un schisme, qui duroit depuis quelque temps, les deux partis convinrent d'écrire de part et d'autre leurs raisons, et de jeter ensuite les deux écrits au feu, persuadés que Dieu déclareroit la vérité, en garantissant l'un ou l'autre des flammes. Les deux écrits furent brûlés et le schisme continua.

On trouva par hasard dans l'église de Sainte-Sophie un écrit qui causa les plus grandes inquiétudes, et sur lequel on délibéra comme sur l'affaire la plus importante: cet écrit n'étoit cependant qu'une excommunication qu'un patriarche déposé avoit prononcée secrètement contre l'empereur et contre ceux dont il croyoit avoir à se plaindre. Ces traits suffisent pour faire voir que l'ignorance étoit aussi grande en orient qu'en occident, et je ne crois pas devoir entrer dans de plus grands détails.

Les Français qui régnèrent à Constantinople depuis 1204, jusqu'en 1261, sont Baudouin, comte de Flandre; Henri, son frère; Pierre de Courtenai, comte d'Auxerre, petit-fils de Louis VI, dit le Gros; Robert de Courtenai, fils de Pierre; Jean de Brienne, et Baudouin, frère de Robert de Courtenai. Pendant cinquante-sept ans que ces princes régnèrent dans ce foible empire, Constantinople perdit le commerce qui l'avoit soutenue auparavant; elle acheva de se ruiner, et les Grecs conçurent une si grande haine pour les Latins, qu'ils devinrent tout-fait irréconciliables. Andronic Paléologue gagna l'affection du peuple en renonçant aux démarches que son père avoit faites pour la réunion des deux églises.

En effet, Michel, qui n'étoit pas sans mérite, s'étoit rendu odieux par ce projet de réunion. On le regardoit comme un excommunié, comme un infidelle. Les moines crioient par-tout qu'il ne méritoit pas la sépulture; et Andronic, n'osant le faire enterrer avec cérémonie, se contenta de le faire couvrir d'un peu de terre pendant la nuit.

LIVRE SIXIÈME.

CHAPITRE PREMIER.

De l'Allemagne, de l'Angleterre, de la France et de l'Italie pendant les règnes de Rodolphe de Habsbourg, de Philippe le Hardi et de Charles d'Anjou.

LORSQUE nous nous sommes arrêtés pour considérer l'état de l'Europe, S. Louis et Henri III étoient morts, Charles d'Anjou étoit roi de Naples et de Sicile, et Rodolphe de Habsbourg avoit été élu empereur.

Philippe III, dit le Hardi, fils de Saint Louis, après avoir remporté quelques avantages sur les Maures, fit un traité de paix avec le roi de Tunis, et revint en France

Édouard I Henri III.

Édouard Ier. qui avoit accompagné Saint Louis, étoit encore en Sicile, lorsqu'il apprit la mort de Henri, son père. Les seigneurs, sans attendre son retour, s'assemblèrent, le reconnurent et lui prêtèrent serment de fidélité. On est étonné de cette soumission, quand on songe à leurs révoltes sous le dernier règne; mais elle fut l'effet de la réputation qu'Edouard avoit acquise. Les princes, Monseigneur, ont de l'autorité sur leurs sujets, à proportion qu'ils en sont considérés. L'histoire de France et d'Angleterre en fournit bien des preuves. Edouard revint en 1274 dans ses états, et il fut reçu avec les plus grandes marques d'amour et de respect.

Rodolphe de Hababourg élu empereur.

Afin d'être plus indépendans, les seigneurs d'Allemagne avoient choisi pour empereur un prince dont les états étoient peu considérables. Rodolphe avoit été grand maître d'hôtel d'Ottocare, roi de Bohême; mais il avoit du courage, et il jeta les fondemens d'une maison qui deviendra florissante.

Objet de ce chapitre.

Je vais, dans ce chapitre et dans les suivans, vous faire jeter un coup-d'œil sur les principaux événemens que fournissent l'Allemagne, la France, l'Angleterre et l'Italie. J'aurai aussi occasion de parler de l'Espagne, dont les intérêts commencent à se mêler avec ceux des autres puissances. Mon objet est de vous montrer l'ensemble d'une histoire générale, que je n'ai pas dessein de faire; et je n'entrerai dans les détails sur chaque royaume, qu'autant que je le croirai nécessaire pour vous faire saisir le fil des événemens, et pour vous préparer à l'étude de l'histoire moderne.

Le premier soin de Rodolphe fut de réprimer les désordres, qui étoient une suite des troubles précédens. Il eut besoin d'autant d'adresse que de courage, parce que ses propres états le rendoient peu puissant, et que l'empire, dont les revenus avoient été pillés, ne lui fournissoit guères que les soldats. Il réussit pourtant à rétablir la paix et la sûreté. *Rodolphe rétablit la sûreté.*

Ottocare refusant de le reconnoître, Rodolphe, qui sut ménager les autres princes de l'empire, le fit déclarer rebelle dans une diète tenue à Augsbourg : on le condamna même à être dépouillé du duché d'Au- *Il fait déclarer rebelle Ottocare, roi de Bohême.*

triche, de la Stirie, de la Carniole et de la Carinthie qu'il avoit envahis.

Le roi de Bohême persista dans le refus de rendre hommage à Rodolphe, disant qu'il ne lui devoit rien, puisqu'il lui avoit payé ses gages. Cette réponse insultante ne fut pas soutenue par des succès : Ottocare perdit la vie dans une bataille.

Fief dont il investit ses fils.

L'empereur gagna si bien l'affection des Autrichiens et des Stiriens, qu'ils demandèrent un duc de sa maison. Il avoit tout préparé pour les amener là, et pour ne point trouver d'opposition de la part des princes de l'empire. Ainsi, du consentement des états assemblés à Augsbourg, il investit Albert, son fils aîné, de l'Autriche, de la Stirie, de la Carinthie et de la Carniole ; et il investit encore du comté de Suabe, Rodolphe, un autre de ses fils.

Il vend aux Italiens des priviléges et des immunités.

Occupé du gouvernement de l'empire, et de l'agrandissement de sa maison, il ne chercha point à faire valoir ses droits sur l'Italie. Au lieu d'armer contre les villes qui refusoient de le reconnoître, il leur vendit les priviléges et les immunités dont elles étoient jalouses. Lucques acheta sa liberté douze mille écus: Florence, Gènes et Bologne ne l'achetèrent chacune que six mille. Cette conduite fit passer Rodolphe pour un prince qui faisoit argent de tout, et flétrit sa réputation. Cependant pouvoit-on se rappeler les guerres précédentes, et ne pas trouver ces sortes de marchés avantageux tout-à-la-fois à l'Allemagne et à l'Italie? Le pape Nicolas III profita des dispositions où étoit l'empereur, et fit avec ce prince un traité qui fut tout à l'avantage du saint siége. Rodolphe mourut dans la dix-huitième année de son règne. L'agrandissement de sa maison, et l'ordre rétabli dans l'Allemagne, font voir que, s'il n'avoit pas de grands états quand il parvint à l'empire, il avoit au moins des talens.

1292.

Pendant cet intervalle que nous venons de parcourir en Allemagne, Edouard travailloit avec son parlement au bonheur de ses peuples, et il réunissoit à sa couronne le pays de Galles. Il en avoit fait la conquête sur Léolyn, qui avoit fait des courses sur ses états et qui ne cessoit d'exciter les mécontens d'Angleterre. Les Gallois étoient un reste des anciens Bretons: ils n'avoient

Sagesse d'Edouard I.

point encore subi le joug des Anglais, et ils se maintenoient dans l'indépendance depuis plus de huit cents ans.

Autorité de Philippe III.

En France, Philippe III, dit le Hardi, jouissoit de tous les droits qui, sous ses prédécesseurs, étoient devenus des prérogatives de la couronne, et il se les confirmoit tous les jours par l'usage. Il exerçoit le droit de ressort sur les justices des plus grands vassaux : il avoit seul celui d'établir de nouveaux marchés dans les bourgs, et des communes dans les villes; il régloit, de son autorité, ce qui concernoit les ponts, les chaussées, et tout qui intéressoit le public; en un mot, il avoit la police générale du royaume. Après quelques guerres peu importantes, une révolution arrivée en Sicile, en 1282, lui fit prendre les armes contre Pierre III, roi d'Arragon.

Puissance de Charles, roi de Naples.

Charles, maître de la Sicile, de la Pouille, de la Calabre, des comtés de Provence, du Maine, d'Anjou, de l'île de Corfou et de celle de Malte, avoit encore à sa disposition toutes les villes Guelfes d'Italie; et Marie, fille du prince d'Antioche, lui avoit cédé tous ses droits sur la principauté d'Antioche et sur le royaume de Jérusalem. Il avoit embelli Naples, où il faisoit sa résidence, à l'exemple de Frédéric II : il tenoit sur pied un nombre considérable de troupes ; et ses ports étoient remplis de vaisseaux. Charles paroissoit donc puissant ; mais il ne l'étoit pas, si la puissance d'un prince se mesure sur ses vertus et sur ses talens. Celui-ci, pour vouloir acquérir encore, va bientôt perdre une partie de ce qu'il a.

Il se préparoit non seulement à la conquête du royaume de Jérusalem, il formoit encore le projet de faire la guerre à Michel Paléologue, et de remettre sur le trône de Constantinople, Baudouin qui lui abandonnoit la Morée, plusieurs îles et la troisième partie de tout ce qui seroit conquis sur l'empereur grec. Mais Jean de Procida, citoyen de Salerne, dont les biens avoient été confisqués lorsque Charles monta sur le trône, et qui s'étoit retiré en Arragon, forma lui-même un autre projet ; ce fut de mettre sur la tête de Pierre III, roi d'Arragon, la couronne de Naples et de Sicile. Pierre, au reste, avoit des prétentions qui pou-

Ses projets et ceux de Jean de Procida.

voient paroître des droits ; car il avoit épousé Constance, qui, étant fille de Mainfroi et cousine de Conradin, se regardoit comme héritière de la maison de Suabe. Jean de Procida, allant continuellement de Sicile en Arragon et à Constantinople, prépara les esprits à la révolte, et ménagea une ligue entre Michel Paléologue et Pierre III : le premier fournit l'argent nécessaire, et le second arma, sous prétexte de porter la guerre en Afrique.

Le pape Nicolas III entre dans les vues de Jean de Procida.

Le roi de Naples étoit un vassal trop puissant pour les papes qui prétendoient à tout, et à qui on contestoit quelquefois jusqu'au moindre village du patrimoine de S. Pierre. Un pareil suzerain n'étoit pas fait pour être toujours respecté. Nicolas III entra donc dans les vues de Jean Procida, et donna un nouveau titre à Pierre d'Arragon, en lui offrant l'investiture du royaume de Naples et de Sicile. Telle étoit la situation des papes : trop foibles pour tenir leur vassal dans la dépendance, ils transportoient cette couronne d'un allemand à un français, et d'un français à un espagnol ; comme s'ils eussent voulu chercher dans toutes les nations un prince qui fût tout-à-la-fois soumis et puissant. Mais ils ne faisoient qu'exposer ce malheureux pays à de nouvelles calamités.

Charles, qui avoit indisposé contre lui Nicolas, se rendit encore odieux à ses sujets, qu'il ne cessoit de vexer. Voilà quelles sont les causes connues de la révolution qui arriva le jour de pâques de l'année 1282, et qu'on nomme les Vêpres Siciliennes; parce que le massacre des Français commença lorsque le peuple alloit à vêpres. Si l'on en croit la plupart des historiens, les Français auront été égorgés en même temps dans toute la Sicile; et cette conspiration, qui se tramoit depuis plus de deux ans, n'aura éclaté qu'au moment précis, quoique le peuple de cette île, et beaucoup d'étrangers fussent dans le secret.

Vêpres Siciliennes.

Quoi qu'il en soit, Pierre, qui avoit tout préparé pour son entreprise, saisit cette conjoncture pour l'exécuter. Tout lui fut favorable. Les Siciliens le reçurent avec de grandes acclamations; et Charles, qui étoit en Sicile, fut obligé d'abandonner cette île, et de se retirer en Calabre. De la sorte, la

Charles abandonne la Sicile à Pierre d'Arragon.

Sicile et la Pouille formèrent deux royaumes séparés, dont l'un resta à la maison d'Arragon et l'autre à la maison d'Anjou.

<small>Martin IV excommunie Pierre, et donne à Charles de V. tous les royaumes de Valence et d'Arragon.</small>

Cependant Nicolas étoit mort quelque temps auparavant, et le nouveau pape Martin IV, ayant embrassé les intérêts de Charles, excommunia Pierre, fit prêcher une croisade contre lui, et donna les royaumes de Valence et d'Arragon à Charles de Valois, second fils de Philippe le Hardi.

<small>Mort de Charles I, roi de Naples.</small>

<small>1285.</small>

Charles d'Anjou n'eut que des revers jusqu'à sa mort, qui arriva au commencement de l'année 1285. Il laissa le royaume de Naples à son fils Charles II, prince de Salerne, qui étoit alors prisonnier de guerre.

<small>De Pierre d'Arragon.</small>

Pierre se voyant assuré de la Sicile, par la mort de Charles d'Anjou, et par la détention du prince de Salerne, porta toutes ses forces en Arragon, où le roi de France étoit entré; mais il fut défait, et mourut des suites de ses blessures. La même année 1285, ses fils, Alphonse et Jacques, lui succédèrent; le premier sur le trône d'Arragon, et le second sur celui de Sicile.

Cependant les succès des Français ne se soutinrent pas; ils furent au contraire suivis de grandes pertes, et Philippe le Hardi, contraint de repasser les Pyrénées, tomba malade à Perpignan, où il mourut. {De Philippe le Hardi.}

Tant de morts arrivées la même année, mirent les nouveaux souverains dans la nécessité de négocier. Le traité ne rétablit pas la paix, mais le prince de Salerne recouvra la liberté; et Naples eut en lui un souverain qui se fit aimer. Il est connu sous le nom de Charles II, dit le Boiteux. {Charles II est reconnu roi de Naples.}

CHAPITRE II.

Des principaux états de l'Europe pendant le pontificat de Boniface VIII.

<small>Pierre de Mourron, Célestin V, élu pape. 1294.</small>

Au mois de juillet 1294, Pierre de Mourron fut élu pape, et prit le nom de Célestin V. C'étoit un homme simple, qui, dit l'abbé Fleuri, prenoit aisément ses pensées pour des inspirations ; ses songes, pour des révélations, et tout ce qui lui paroissoit extraordinaire, pour des miracles. Il menoit la vie la plus austère dans un hermitage où il s'étoit retiré, et où plusieurs disciples, s'étant venus joindre à lui, formèrent un nouvel ordre religieux qui prit, de leur fondateur, le nom de Célestins. Il dut le pontificat à la réputation de sa sainteté : les cardinaux, dit encore l'abbé Fleuri, se sentirent comme inspirés d'élire Pierre de Mourron.

Cependant ils se repentirent bientôt de leur choix, et quelque-uns lui persuadèrent de renoncer au pontificat, l'assurant qu'il ne pouvoit le conserver en sûreté de conscience. En effet, sans expérience, sans lumières, et livré à tous ceux qui l'approchoient, il étoit tout-à-fait incapable de gouverner l'église. Il abdiqua quelques mois après, et on élut en sa place Benoît Caïétan, qui avoit contribué plus qu'aucun autre à lui faire prendre ce parti.

Il abdique, et Benoît Caïétan, Boniface VIII, lui succède.

Il n'y avoit point encore eu de pape qui se fût démis, comme il n'y en a point eu depuis, et parce que les hommes ne raisonnent communément que d'après des exemples, c'étoit une grande question de savoir si un pape peut se démettre. Car si d'un côté, l'on reconnoissoit qu'un ecclésiastique peut renoncer à sa dignité avec le consentement de son supérieur, l'on reconnoissoit aussi, d'un autre côté, qu'un pape n'a point de supérieur : il faut convenir que cela étoit bien embarrassant.

Mauvais raisonnement de ceux qui pensoient qu'un pape ne peut pas se démettre.

Boniface VIII, c'est le nom que prit Benoît Caïétan, craignant que Célestin n'eût la simplicité de se croire encore pape,

Traitement que Boniface VIII fait à Célestin V.

et de juger que son abdication étoit nulle, parce qu'elle n'avoit pas été autorisée par un supérieur, fit enfermer ce saint homme dans un lieu si étroit, qu'il pouvoit à peine s'y coucher, et si malsain qu'il falloit continuellement changer ceux qui le servoient parce qu'ils y tomboient malades. Célestin y mourut lui-même treize mois après.

Boniface VIII est trop foible pour les projets qu'il médite.

Boniface forma le projet de soumettre toutes les puissances au saint siége ; mais il étoit bien foible en Italie, où les Gibelins formoient un parti puissant, au milieu même du patrimoine de S. Pierre. Il étoit encore foible au-dehors : car si les armes spirituelles paroissoient redoutables à proportion qu'on en étoit plus éloigné, elles s'affoiblissoient tous les jours, à mesure qu'on en faisoit un usage plus fréquent. Il ne fit qu'augmenter les troubles, et donner occasion d'ouvrir les yeux sur l'abus que les papes faisoient de leur autorité. C'est ce que nous comprendrons en examinant sa conduite avec les différens princes de l'Europe.

Troubles en Ecosse.

En 1290, Alexandre III, roi d'Ecosse, étant mort sans enfans, les Ecossais, qui vouloient éviter une guerre civile, choisirent Edouard pour juge entre les prétendans à la couronne. Ce prince décida en faveur de Jean Bailleul, et saisit cette occasion pour faire reconnoître, par les Ecossais même, que l'Ecosse étoit un fief mouvant de la couronne d'Angleterre. Devenu par-là souverain de ce royaume, il fit sentir tout le poids de son joug; de sorte que Bailleul ne songea qu'aux moyens de sortir d'esclavage.

Sur ces entrefaites, la guerre s'étant élevée entre la France et l'Angleterre, Bailleul s'allia de Philippe le Bel, fils de Philippe le Hardi, et Edouard s'allia d'Adolphe de Nassau, successeur de Rodolphe. Boniface voulut en vain contraindre d'autorité ces princes à mettre bas les armes. Il est vrai que ses légats ne firent pas un voyage absolument inutile; car ils tirèrent beaucoup d'argent des religieux d'Angleterre; mais ils ne réussirent pas à rétablir la paix. Edouard ayant conquis l'Ecosse pendant que le roi de France lui enlevoit la Guienne, passa la mer pour joindre ses forces à celles du comte de

Guerre entre la France et l'Angleterre.

Flandre. Alors les Ecossais se soulevèrent. Philippe eut de nouveaux succès; Edouard fut forcé à demander une suspension d'armes, et on fit une trêve de deux ans.

<small>1297. Boniface se porte pour juge entre le comte de Flandre et Philippe le Bel.</small>

Le comte de Flandre, que Philippe vouloit punir comme vassal rebelle, ayant appelé au pape, Boniface se porta pour juge, et envoya l'évêque de Meaux, son légat, pour sommer le roi à comparoître devant le tribunal du saint siége. Philippe, aussi étonné qu'un de ses sujets se fût chargé de cette commission, qu'indigné de cette entreprise du pape, répondit que sa cour des pairs avoit seule le droit de juger de ces sortes de différends, et qu'il n'avoit d'autre supérieur que Dieu. Cette tentative de Boniface n'eut pas d'autre suite. Bien loin de la soutenir, il ne songea pour lors qu'à ménager le roi de France, afin de pouvoir accabler plus sûrement les ennemis qu'il avoit en Italie.

<small>Les Colonnes ne lui permettoient pas de soutenir cette tentative.</small>

Il avoit été Gibelin, quand il n'étoit encore que particulier; et en devenant pape il devint l'ennemi d'un parti qui avoit toujours été contraire au saint siége; il tenta tout, pour ruiner sur-tout les Colonnes, qui étoient de tous les Gibelins les plus animés et les plus puissans.

Les Colonnes, de leur côté, ne gardoient aucun ménagement. Ils ne nommoient Boniface que Benoît Caïétan; ils refusoient de le reconnoître pour pape; ils prétendoient que la renonciation de Célestin étoit nulle, et parce qu'un pape n'a point de supérieur, et parce qu'elle lui avoit été arrachée par surprise et par fraude; enfin, ils ajoutoient qu'il y avoit bien des raisons de nullité dans l'élection même de Benoît, et ils demandoient qu'on tînt un concile général pour juger cette question: cette dispute causoit de grands troubles en Italie.

Cependant Boniface étoit encore occupé des affaires de Sicile, et il étoit entré dans les intérêts de Charles le Boiteux qui l'avoit élevé sur le saint siége.

<small>Frédéric est couronné roi de Sicile, lorsque Jacques, son frère, cède cette île à Charles le Boiteux.</small>

En 1291, Jacques étoit monté sur le trône d'Arragon après la mort d'Alphonse, son frère. Boniface le somma de tenir le traité, par lequel Alphonse avoit promis de restituer la Sicile à Charles le Boiteux; le menaçant, s'il désobéissoit, de lui ôter les royaumes d'Arragon et de Valence. Jacques, qui se voyoit encore menacé des armes de la France, fut contraint de céder, et donna, en 1294, sa renonciation à la Sicile; mais Frédéric, son frère, qui commandoit pour lui dans cette île, refusa de la rendre, et fut couronné roi par les Siciliens : tel étoit l'état de l'Italie vers l'année 1297.

En Allemagne, Adolphe est déposé, et Albert d'Autriche est élu.

Alors se préparoit une révolution en Allemagne. Pendant qu'Adolphe de Nassau étoit occupé à secourir le roi d'Angleterre contre le roi de France, une puissante ligue se forma tout-à-coup, le déposa, et donna l'empire au duc d'Autriche, Albert, fils de Rodolphe. Adolphe, ayant marché contre son ennemi, perdit la bataille et la vie; et Albert, sans concurrent, fut proclamé empereur dans une diète tenue à Francfort.

Troubles en Danemark.

En 1286, Eric VII, roi de Danemarck, avoit été assassiné, et les conjurés avoient encore attenté à la vie d'Eric VIII, son fils et son successeur. Quelques-uns furent punis, d'autres se retirèrent en Norwège, et quelques années après, l'archevêque de Lunden fut mis en prison, comme suspect d'entretenir des intelligences avec eux : mais il s'échappa en 1297, et vint à Rome solliciter le pape contre son souverain.

La mort de Ladislas IV, roi de Hongrie, fut aussi une occasion de troubles pour ce royaume. Marie, sœur de Ladislas, et femme de Charles le Boiteux, se porta pour héritière de son frère, et céda ses droits à Charles-Martel, son fils. Ce prince fut couronné à Naples par les légats de Nicolas IV : il se forma même un parti en sa faveur en Hongrie : cependant il ne prit pas possession de ce royaume ; car André le Vénitien, parent du dernier roi, étant sur les lieux, se fit reconnoître et en conserva une partie. Ces deux concurrens moururent la même année 1301. Charles-Robert succéda aux droits de Charles-Martel, son père, et fut soutenu par Boniface ; et les Hongrois donnèrent la couronne au fils de Venceslas, roi de Bohême. Voyons actuellement comment le pape va se mêler dans toutes les affaires de l'Europe. Je ne suivrai pas l'ordre des temps, car ce ne seroit pas l'ordre de la clarté.

En Hongrie.

Prétentions de Boniface sur la Hongrie.

Il écrivit à son légat en Hongrie : *Le pontife romain, établi de Dieu sur les rois et sur les royaumes, souverain chef de la hiérarchie dans l'église militante, et tenant le premier rang sur tous les mortels, juge tranquillement de dessus son trône, et dissipe tous les maux par son regard.* A ces mots, ne diroit-on pas que Boniface a le délire; et ne voit-on pas combien il compte sur l'ignorance et sur la stupidité des peuples ?

En conséquence de la souveraineté universelle qu'il s'attribue, il décide que Venceslas, fils de Venceslas, roi de Bohême, n'a aucun droit sur le royaume de Hongrie, et qu'il n'avoit pas pu l'accepter des Hongrois même sans l'agrément du saint siége. Il prétend qu'Etienne, qui en avoit été le premier roi chrétien, l'avoit donné à l'église romaine; et qu'au lieu d'en prendre la couronne de son autorité, il l'avoit voulu recevoir du vicaire de Jésus-Christ.

Il écrivit à Venceslas, que pour rendre justice à tout le monde, il se proposoit de le citer à son tribunal, lui, son fils, la reine Marie et Charles-Robert. En effet, il les cita l'année suivante ; et le roi de Hongrie n'ayant pas comparu non plus que son père, il le déclara contumace, décida que le royaume de Hongrie ne pouvoit être électif, et l'adjugea à Marie et à Charles-Robert. Cette sentence ne servit d'abord qu'à fomenter la guerre civile.

Le pape fit encore de grands reproches à Venceslas, sur ce que ce prince prenoit le titre de roi de Pologne ; et il le menaça des peines spirituelles et temporelles, s'il ne le quittoit pas, supposant comme notoire que la Pologne appartenoit au saint siége ; cependant, après bien des troubles, les Hongrois reconnurent Charles-Robert.

Sur la Pologne.

Boniface avoit les mêmes prétentions sur l'Ecosse ; car, lorsqu'Edouard en eut fait la conquête, il écrivit à ce prince : *Vous devez savoir que le royaume d'Ecosse a appartenu anciennement, de plein droit, à l'église romaine et lui appartient encore ;* et croyant avoir assez prouvé son prétendu droit, en disant que personne n'en doute, il ordonna au roi d'Angleterre de retirer d'Ecosse tous ses officiers. Il tentoit ainsi des démarches, au hasard

Sur l'Ecosse.

de les abandonner si elles ne réussissoient pas : celle-là fut abandonnée.

Il fomente les troubles en Danemarck.

Quant au roi de Danemarck, Boniface jugea qu'il avoit offensé la majesté divine, méprisé le saint siége et blessé la liberté ecclésiastique ; en conséquence, il l'excommunia, mit son royaume en interdit, et le condamna à payer neuf mille marcs d'argent à l'archevêque de Lunden. Un légat vint en Danemarck pour faire exécuter cette sentence, et menaça le roi de le déposer et de donner son royaume à un autre, s'il refusoit de se soumettre au saint siége : cette affaire troubla le Danemarck pendant plusieurs années.

Ses prétentions sur l'empire d'Allemagne.

Boniface entreprenoit de gouverner l'Allemagne avec la même autorité. C'est à nous, écrivit-il aux trois électeurs ecclésiastiques, qu'appartient le droit d'examiner la personne de celui qui est élu roi des Romains, de le sacrer, de le couronner, ou de le rejeter, s'il est indigne : c'est pourquoi nous vous ordonnons de dénoncer dans les lieux où vous jugerez expédient, qu'Albert, qui se prétend roi des Romains, com. paroisse devant nous, dans six mois, par ses envoyés suffisamment autorisés et munis des pièces justificatives de ses droits, pour se purger, s'il le peut, du crime de lèze-majesté commis contre le roi Adolphe, et de l'excommunication qu'il a encourue en persécutant le saint siége et les autres églises, et pour faire sur tous ces points ce que nous lui prescrirons. Autrement nous défendrons étroitement aux électeurs et à tous les sujets de l'empire de le reconnoître pour roi des Romains; nous les déchargerons du serment de fidélité, et nous procéderons contre lui et ses partisans avec les armes spirituelles et temporelles, comme nous le jugerons à propos.

Les trois électeurs ecclésiastiques entreprirent d'exécuter les ordres du pape; mais Albert réprima leur audace et les fit rentrer dans le devoir.

Cette hauteur avec laquelle Boniface traite les rois peut faire juger de sa conduite avec les Colonnes; il publia plusieurs bulles contre eux; il les déclara incapables de toutes charges ecclésiastiques ou séculières, infâmes, schismatiques, hérétiques, excommuniés, et fit prêcher une croisade

Les Colonnes succombent.

contre eux avec les mêmes indulgences que pour la Terre sainte. Les Colonnes, quoiqu'alliés de Frédéric, roi de Sicile, succombèrent sous les armes de Boniface. Le pape se rendit maître de toutes leurs places; il ruina entièrement Palestrine, qui en étoit la principale, et ils furent réduits à se retirer en Sicile ou en France. Cette guerre fut terminée en 1299.

Bulle Clericis laïcos. Auparavant, en 1296, le pape voyant qu'Edouard, Adolphe et Philippe continuoient la guerre, bien loin d'obéir à ses ordres et de soumettre leurs différends à son tribunal, donna la bulle *Clericis laïcos*, pour leur enlever les secours qu'ils retiroient du clergé. Il défendit donc à tous les gens d'église de fournir de l'argent aux princes soit par manière de prêt, de don gratuit, de subside, ou à quelqu'autre titre que ce fût, sans la permission du saint siége; excommuniant les rois, les princes et les magistrats qui en exigeroient d'eux, tous ceux qui seroient chargés d'en faire la levée, et les ecclésiastiques mêmes qui auroient la condescendance de se prêter à ce prétendu abus. Il disoit que les souverains n'ont aucun droit sur la personne, ni sur les biens des ecclésiastiques, et que la puissance qu'ils usurpoient étoit un effet de la haine ancienne des laïques pour les clercs. Cependant cette aversion, comme le remarque l'abbé Fleuri, ne remontoit pas à une si grande antiquité, puisque pendant les cinq ou six premiers siècles, le clergé s'attiroit le respect et l'affection de tout le monde, par sa conduite charitable et désintéressée.

Aussitôt que cette bulle eut été publiée, Philippe le Bel rendit une ordonnance, par laquelle il défendoit de transporter hors du royaume de l'argent monnoyé ou non monnoyé et autres choses de prix; c'étoit tarir une des sources des revenus du saint siége.

Ordonnance de Philippe le Bel.

Le pape répondit par une nouvelle bulle, où, après s'être arrogé la puissance la plus étendue sur tous les fidelles, il déclare que si la défense du transport d'argent hors du royaume s'étend jusqu'aux ecclésiastiques, c'est une entreprise téméraire, insensée, et qui mérite l'excommunication : il ajoute ensuite que la défense qu'il lui a

Bulle du pape contre cette ordonnance.

faite lui-même est conforme aux canons ; que néanmoins il ne prétend pas priver le roi de tous les subsides que le clergé peut lui donner ; mais seulement qu'il n'en peut rien exiger qu'avec le consentement du saint siége ; et qu'au reste, le saint siége ne refusera jamais aux rois de France les secours que les besoins de l'état rendront nécessaires.

Cette Bulle soulève toute la France contre les entreprises de Boniface.

On voit par la réponse de Philippe, que l'on commençoit à réfléchir sur les prérogatives de la royauté, et sur les limites des deux puissances. Les yeux s'ouvroient enfin ; et c'est une obligation qu'on avoit à Boniface, dont les entreprises devoient, à cet égard, hâter les progrès de la raison. On murmuroit dans toute la France contre lui. Le peuple demandoit pourquoi les clercs, jouissant des priviléges des citoyens, ne partageroient pas les charges de l'état : s'il étoit plus convenable qu'ils dépensassent leur argent en habits, en festins, en bouffons, que de payer à César ce qui appartient à César : si avant qu'il y eût des clercs, il n'y avoit pas des rois et des sujets ; et si les sujets en devenant clercs, cessoient d'être sujets, et d'être soumis aux lois et aux charges. Les seigneurs montroient leur mécontentement avec encore plus de chaleur; car si le peuple se flattoit de pouvoir être soulagé lorsque les clercs porteroient une partie des impositions, les seigneurs voyoient avec plus de certitude qu'ils seroient moins riches, lorsque les clercs ne paieroient rien. Enfin le clergé, qui gémissoit lui-même sous le despotisme de la cour de Rome, méloit ses plaintes à celles de toute la nation; et il ne faut pas s'en étonner; car s'il y avoit quelques bulles qui l'exemptoient de payer des subsides au roi et aux seigneurs, il y en avoit beaucoup plus qui le forçoient d'en payer au saint siége. Dans ce temps-là même, il arriva deux légats chargés de lever de l'argent sur les ecclésiastiques, avec pouvoir d'excommunier Philippe, s'il s'y opposoit. Ils apportoient aussi une bulle, par laquelle le pape ordonnoit une continuation de trève au roi d'Angleterre et au roi de France; car il se portoit toujours pour juge du différend de ces souverains, fondé sur ce qu'un des deux commettoit un péché en continuant la guerre, puisqu'un des deux avoit tort.

Jusqu'alors les papes avoient toujours ménagé quelques puissances; ils se conduisoient au moins de manière à s'assurer des vassaux contre le suzerain. Boniface, moins adroit, attaque en même temps le roi et les seigneurs; il offense le peuple, jaloux des exemptions qu'il accorde au clergé; il mécontente le clergé même, qu'il charge d'impôts : en un mot, il soulève la nation entière, il force tous les sujets à n'avoir d'autres intérêts que ceux du roi. Au moins ce pontife-là n'étoit pas politique.

Boniface donne une bulle contradictoire.

Les légats, témoins du cri de la France, eurent la sagesse de suspendre les excommunications, et le pape lui-même fut contraint de céder. Il se plaignoit qu'on eût mal interprété sa bulle, et il l'interpréta lui-même en donnant une autre bulle qui disoit tout le contraire. Car il déclara qu'il n'avoit pas entendu défendre les dons ou prêts volontaires, faits par le clergé, au roi ou aux seigneurs, ni les services ou redevances dont les ecclésiastiques étoient chargés à cause de leurs fiefs; et il reconnut que le roi pouvoit demander au clergé un subside et le recevoir, sans même consulter le saint siége.

Cette nouvelle bulle parut en 1297; c'est-à-dire, dans un temps où Boniface avoit besoin des secours de la France contre les Colonnes et contre Frédéric, roi de Sicile. Charles, comte de Valois et frère de Philippe le Bel, fut chargé de conduire les troupes destinées à cette guerre. Albert régnoit alors en Allemagne. Mais Boniface, qui ne vouloit pas le reconnoître, crut que s'il ne pouvoit pas exercer le droit, qu'il s'arrogeoit, de créer un empereur, il pouvoit au moins nommer en Italie un vicaire de l'empire; et Charles de Valois accepta ce titre. C'est ainsi que les princes français, dans le temps même qu'ils résistoient au pape, l'autorisoient dans ses entreprises sur les princes étrangers. Tant il est vrai qu'ils se conduisoient moins par principes que par intérêt : mais c'étoit un intérêt mal entendu. Les papes n'auroient pas tenté d'ôter des couronnes, si aucun prince n'avoit voulu en recevoir d'eux.

Il nomme vicaire de l'empire Charles de Valois.

Boniface fit épouser au comte de Valois Catherine de Courtenai, petite-fille de

Ille reconnoît pour empereur.

Baudouin, que Michel Paléologue avoit détrôné. En conséquence de ce mariage, il le reconnut pour empereur d'orient, et il lui accorda des décimes extraordinaires sur tous les biens ecclésiastiques de France, d'Angleterre, d'Italie, de Sicile, de Sardaigne, de Corse, de la principauté d'Achaïe, du duché d'Athènes, et des îles voisines.

<small>Charles de Valois échoue dans ses projets, et se fait mépriser.</small> Ce comte fit des préparatifs pour faire valoir ses droits sur l'empire de Constantinople. Il se rendit à Florence, où le pape l'envoya avec le titre de pacificateur de la Toscane, et où il ne fit qu'entretenir les factions et les troubles. Peu de temps après il tourna ses armes, avec aussi peu de succès, contre Frédéric. Son dessein étoit de faire rentrer la Sicile sous la domination de Charles le Boiteux, qui promettoit de l'aider de toutes ses forces à la conquête de Constantinople, mais il fut contraint de faire un traité, par lequel Frédéric resta maître de la Sicile, avec le titre de roi de Trinacrie. En un mot, Charles de Valois ne fut heureux ni sage dans ses entreprises; *tanto che vituperato, con perdita di*

molti suoi, *ritornò in Francia*, dit Machiavel. Il laissa aux héritiers de sa femme le vain titre d'empereur d'orient : titre avec lequel ils formèrent toujours de grands projets, et n'entreprirent jamais rien. Quant à Charles le Boiteux, il employa le reste de son règne à rendre florissans la ville et le royaume de Naples.

Pendant que Charles de Valois entroit dans toutes les vues de Boniface, ce pape reprenoit ses premières démarches avec la France. Ne pardonnant point à Philippe d'avoir donné retraite aux Colonnes, et de reconnoître Albert pour roi des Romains, il publia, en 1300, une nouvelle bulle, par laquelle il rétractoit l'interprétation qu'il avoit donnée de la bulle *Clericis laïcos*; disant que cette interprétation avoit été une grace, et qu'il pouvoit révoquer ses graces comme il pouvoit les accorder. Boniface rétracte la bulle contradictoire à la bulle *Clericis laïcos*.

Il y avoit en France un évêque de Pamiers, insolent, intrigant et rebelle. Boniface le choisit pour son légat, et le chargea de ses ordres. Il s'agissoit entre autres choses d'engager le roi à se croiser pour la Terre sainte. On s'attendoit sans doute à un re- Audace insolente de l'évêque de Pamiers.

fûs, et c'est ce qu'on demandoit; car le pape se croyoit en droit de sévir contre un prince, qui refusoit ses armes à l'église. L'évêque eut l'audace de dire à Philippe que la conduite qu'il tenoit depuis long-temps, méritoit des peines qu'on n'avoit que trop différées; et qu'il verroit bientôt son royaume en interdit, et sa personne frappée d'anathême et d'excommunication. Enfin il soutint les prétentions des papes, dont il se disoit le sujet, et leur puissance temporelle sur tous les souverains.

Un pareil attentat méritoit sans doute d'être puni. Déterminé à faire le procès à ce sujet rebelle, le roi le fit mettre en prison, et il nomma des commissaires pour le juger. Il fallut néanmoins user de ménagemens, et avoir la condescendance de le remettre entre les mains de son métropolitain, l'archevêque de Narbonne. La puissance du clergé étoit telle, que le souverain ne pouvoit pas sans imprudence, sévir de sa seule autorité, contre un de ses membres.

Audace ou délire de Boniface VIII. Le pape réclama, et ce fut le sujet de plusieurs bulles. Il se dit établi sur les

rois et sur les royaumes, avec plein pouvoir d'arracher, de détruire, de dissiper et d'édifier. « Mon cher fils, écrivoit-il à
» Philippe, ne vous laissez pas persuader
» ce qu'on veut vous faire croire, que
» vous n'avez point de supérieur sur la
» terre, et que vous n'êtes point soumis
» au chef de la hiérarchie ecclésiastique:
» c'est être insensé que de penser de la
» sorte, et celui qui s'obstine à demeurer
» dans cette erreur, cesse d'être fidelle,
» et n'est plus dans le bercail de son pasteur ». Par d'autres bulles, il ordonna aux évêques, aux chapitres et aux universités de se rendre à Rome, afin de délibérer sur les réformes à faire en France, et il somma le confesseur du roi de venir lui rendre compte de sa conduite et de celle de son pénitent.

Mais les états ayant été assemblés, l'indépendance de la couronne fut généralement reconnue. Le roi renouvela la défense de porter de l'argent hors du royaume : il défendit à tous les sujets de sortir de France sans sa permission; et Guillaume de Nogaret présenta une requête, dans laquelle

Les états prennent la défense de Philippe le Bel.

il déclara Boniface intrus, et convaincu de simonie, d'hérésie et de plusieurs autres crimes.

Les seigneurs écrivirent ensuite aux cardinaux, pour les assurer de l'intention où ils étoient de défendre le roi contre les entreprises du pape. Le clergé écrivit la même chose à Boniface même, quoiqu'avec des termes plus ménagés. Enfin le tiers-état fit aussi connoître, par une lettre, qu'il étoit dans les mêmes dispositions.

<small>Boniface tient un concile contre ce prince.</small>

Alors le pape tint à Rome un concile, dans lequel il éclata contre Philippe le Bel, et il donna une bulle par laquelle il déclara que ceux qui prétendent que la puissance temporelle ne dépend pas de la puissance spirituelle, sont manichéens, puisqu'ils admettent deux principes. C'est ainsi qu'il abusoit des termes.

<small>Il cherche un appui dans Albert qu'il reconnoît.</small>

Cependant il ne comptoit pas assez sur la force de ses mauvais raisonnemens, pour négliger de se fortifier par quelque autre voie. Il crut qu'Albert pouvoit être favorable à ses desseins; et dès-lors cet usurpateur, cet homme indigne du trône devint à ses yeux un souverain légitime. Il le reconnut pour tel, par une bulle datée du 30 avril 1303. Albert, qui auroit pu se prévaloir du besoin que le pape avoit de le ménager, acheta cette bulle par les soumissions les plus basses. Il reconnut que l'empire romain avoit été transféré, par le saint siége, des Grecs aux Allemands, en la personne de Charlemagne; que le droit d'élire le roi des Romains, destiné à être empereur, avoit été accordé par le saint siége à certains princes ecclésiastiques et séculiers; et que les rois et les empereurs reçoivent du saint siége la puissance du glaive matériel : enfin il promit de défendre les droits du saint siége contre tous ses ennemis, quels qu'ils fussent, rois ou autres souverains; de ne faire avec eux aucune alliance, et de leur déclarer la guerre si le pape l'ordonnoit. Cependant, malgré ces engagemens, il vécut toujours en parfaite intelligence avec Philippe. Ce prince sacrifioit l'empire à ses intérêts particuliers. Il n'étoit occupé que de l'agrandissement de sa maison; et pour procurer des établissemens à ses fils, il ne craignoit pas de commettre des injustices. Elles lui coûtèrent enfin la vie ; car il fut assassiné quelques années après.

Si le pape trouvoit peu d'obstacles en Allemagne, il en trouvoit tous les jours de plus grands en France. Dans une assemblée que Philippe tint le 13 juin 1303, Guillaume du Plessis présenta une requête qui contenoit vingt-sept articles d'accusation contre Boniface ; et il offrit de les prouver dans un concile général, dont il demanda la convocation, et auquel il appela de toutes les procédures que Boniface avoit faites ou pouvoit faire. Tous ceux qui composoient cette assemblée, sans en excepter les ecclésiastiques, adhérèrent à la convocation du concile et à l'appel. Depuis ce jour, jusqu'au mois de septembre inclusivement, le roi obtint plus de sept cents actes d'adhésion. Les universités, les communautés des villes, les évêques, les chapitres, les cathédrales, les collégiales, les abbés, les ordres religieux, et même les frères mendians, presque tout le monde appela.

Par cet appel on reconnoissoit donc que les conciles sont les juges des rois ; reste des préjugés établis dans les siècles précédens. Mais on commençoit au moins à se douter que les papes sont soumis aux conciles généraux, et c'étoit déjà quelque chose.

Boniface fulmina des bulles contre le roi, contre les universités, et contre tous ceux qui adhéroient à l'appel ; et les choses en étoient là, lorsqu'il fut arrêté dans Anagnie par Nogaret, Sciarra Colonne et quelques autres que Philippe avoit chargés de l'enlever. On pilla son palais, on le mit en prison, on l'insulta même sans égard pour son caractère. Cependant les habitans d'Anagnie, qui s'intéressoient à ce pontife, parce qu'il étoit né parmi eux, armèrent, chassèrent les Français, lui rendirent la liberté, et le conduisirent à Rome. Il y mourut peu de jours après, le 11 octobre 1303. Lorsqu'il fut arrêté il devoit publier une bulle, dans laquelle il disoit que, comme vicaire de Jésus-Christ, il avoit le pouvoir de gouverner les rois avec une verge de fer, et de les briser comme des vaisseaux de terre. Il la finissoit en disant que Philippe avoit manifestement encouru les excommunications portées par plusieurs

Boniface fulmine des bulles, est arrêté et meurt.

canons. Ses vassaux et tous ses sujets y étoient déliés du serment de fidélité ; nous défendons, ajoutoit-il, de lui obéir et de lui rendre aucun service.

Institution du jubilé. On doit à ce pape l'institution du jubilé. En 1300, il se répandit un bruit à Rome que tous ceux qui visiteroient l'église de S. Pierre cette année, gagneroient une indulgence plénière de tous leurs péchés, et que chaque centième année avoit cette vertu. Aussitôt tout le peuple fut en mouvement, et il y eut un concours prodigieux à Saint Pierre. Boniface, qui observoit cette dévotion, fit faire des recherches pour en découvrir l'antiquité : on feuilleta bien des livres, on en lut même, et cependant on ne trouvoit rien qui pût l'autoriser, lorsque heureusement un vieillard, qui disoit avoir cent sept ans, se souvint qu'un siècle auparavant son père étoit venu à Rome, et avoit gagné les indulgences, en visitant l'église de S. Pierre. Alors d'autres vieillards se rappelèrent qu'en effet, l'an 1200, ils avoient vu des pélerins venir à cette église. A ces causes donc, et d'après ces informations, le pape, de l'avis des cardihaux, fit dresser une bulle pour confirmer l'opinion où l'on étoit, et pour assurer une indulgence plénière à tous ceux qui, bien repentans et bien confessés visiteroient respectueusement les églises de S. Pierre et de S. Paul chaque centième année. On assure que pendant le cours de 1300, il y eut continuellement à Rome deux cent mille pèlerins étrangers. Le trésor de l'église se grossit de leurs offrandes, et les Romains s'enrichirent par le débit de leurs denrées.

CHAPITRE III.

Des principaux états de l'Europe depuis la mort de Boniface VIII jusqu'à celle de Philippe le Bel.

<small>Pontifical Benoit XI.</small> de Benoît XI, successeur de Boniface, voulant sincèrement rétablir la paix, révoqua les bulles qui avoient causé les troubles, et annula jusqu'aux sentences portées contre les Colonnes. Malheureusement il n'occupa le saint siége que huit mois, et les cardinaux divisés le laissèrent vaquer pendant onze, ou à-peu-près.

<small>Guerre de Flandre.</small> La Flandre étoit alors le théâtre de la guerre. Lorsque Edouard fut forcé de se retirer, il abandonna le comte de Flandre, qui croyant pouvoir compter sur la clémence du roi de France, vint se jeter à ses pieds ; mais Philippe le fit mettre en prison, et réunit le comté de Flandre à la couronne, déclarant que ce prince avoit mérité par sa félonie la confiscation de son domaine.

Cette entreprise avoit été suivie de plusieurs révoltes, lorsque Gui, un des fils du comte de Flandre, vint au secours des révoltés avec quelques troupes allemandes. Les Français furent défaits à Courtrai ; mais, en 1304, Philippe remporta une victoire complète. Par le traité de paix, qui se fit l'année suivante, il demeura maître de la Flandre en-deçà de la Lippe, et il rendit tout le reste à Robert, fils aîné du comte de Flandre, qui étoit mort dans sa prison. Peu auparavant il avoit rendu la Guienne au roi d'Angleterre.

Cependant les cardinaux, las d'être renfermés dans le conclave, étoient enfin convenus d'un moyen de conciliation. La faction attachée à la mémoire de Boniface, voulant un pape qui entrât dans ses vues, ou qui du moins n'y fût pas contraire, nomma trois sujets, et laissa le choix d'un des trois à la faction qui vouloit un pontife favorable aux Colonnes et au roi de France.

Election de Clément V.

Par cet accord, Philippe, se trouvant maître de choisir entre les trois sujets présentés, donna la préférence à l'archevêque de Bordeaux, et ce fut à condition, 1°. qu'il le réconcilieroit avec l'église; 2°. qu'il révoqueroit toutes les censures fulminées contre lui; 3°. qu'il lui accorderoit les décimes de son royaume pendant cinq ans; 4°. qu'il annulleroit tout ce que Boniface avoit fait, et qu'il flétriroit la mémoire de ce pontife; 5°. qu'il rétabliroit dans la dignité de cardinal et dans leur première fortune Jacques et Pierre Colonne; enfin, il demanda encore une sixième chose, qu'il se réserva d'expliquer en temps et lieu. L'archevêque promit tout, et jura sur le corps de Jésus-Christ de tenir sa promesse. Cette convention ne rendoit pas son élection bien canonique, et faisoit voir d'ailleurs que Philippe avoit encore bien des préjugés. Avoit-il besoin d'être réconcilié avec l'église ? Avoit-il besoin que les censures de Boniface fussent révoquées? Avoit-il besoin de la protection du pape pour lever les décimes dans son royaume? Mais c'étoit les erreurs de son siècle.

Extorsions de ce pontife.

Clément V, c'est le nom que prit le nouveau pape, transporta le siége pontifical à Carpentras, au grand mécontentement des cardinaux italiens, qui reconnurent avoir été trompés. Le clergé de France n'étoit pas plus content du séjour que le pape faisoit dans ce royaume; car il se voyoit tous les jours chargé de nouveaux impôts. Clément extorquoit de toutes les églises des sommes considérables, pendant qu'il oublioit l'Italie, et qu'il abandonnoit le patrimoine de Saint Pierre à qui vouloit le piller. Il s'appropria la première année des revenus de tous les bénéfices qui vaqueroient en Angleterre dans le cours de deux ans, évêchés, abbayes, prieurés, prébendes, cures et jusqu'aux moindres bénéfices. De pareilles extorsions, étant devenues des droits avec le temps, sont aujourd'hui ce qu'on nomme des annates.

Clément satisfit Philippe le Bel sur toutes les promesses qu'il lui avoit faites : il n'y eut que la condamnation de Boniface, qu'il entreprit d'empêcher, sans paroitre néanmoins vouloir manquer à ses engagemens. Le roi, qui la poursuivoit avec chaleur, demandoit qu'on tînt à ce sujet un concile général; et le pape, qui prenoit différens prétextes pour éloigner le jugement d'une

Clément est fidelle aux promesses qu'il avoit faites à Philippe le Bel.

affaire scandaleuse, y mit tant de retardement, que Philippe enfin se désista. Ce prince crut sans doute la mémoire de Boniface assez flétrie par toutes les procédures qu'on faisoit contre lui depuis plusieurs années. Les esprits se trouvant donc refroidis, le concile général, tenu à Vienne, déclara que Boniface n'avoit point été hérétique; et il y eut deux chevaliers catalans qui offrirent de le prouver par le combat. On ne parla point d'ailleurs des autres crimes dont ce pape avoit été accusé.

Abolition des Templiers.

C'est dans ce même concile que l'ordre des Templiers fut pour jamais proscrit et aboli. On accusoit ces moines guerriers de bien des crimes; on les poursuivoit depuis plusieurs années, et on les avoit fait arrêter en 1307. Cependant étoient-ils en effet coupables de toutes les horreurs qu'on leur imputoit? Ou leurs richesses avoient-elles excité la jalousie et l'avidité de leurs ennemis? Vraisemblablement leur plus grand crime a été d'être trop riches; mais il nous suffit de savoir qu'il y a eu des Templiers, et qu'il n'y en a plus.

En Angleterre, en France et ailleurs les biens des Templiers furent donnés aux hospitaliers de S. Jean de Jérusalem, aujourd'hui les chevaliers de Malte. En Allemagne, on leur permit de passer dans l'ordre Teutonique ou dans celui de S. Jean. En Arragon, il fallut leur faire la guerre pour les détruire : mais ils ne furent traités nulle part aussi inhumainement qu'en France. Philippe eut part à leur dépouille, et le pape ne s'oublia pas.

Vers le même temps, la ville de Lyon fut réunie à la couronne. Depuis plusieurs siècles, détachée du royaume de France, elle avoit fait partie, successivement, du royaume d'Arles, de celui de Bourgogne, de l'Empire, et elle étoit enfin tombée sous la puissance temporelle de l'archevêque. Cependant, comme ce souverain ecclésiastique ne jouissoit que d'une autorité contestée, les rois de France avoient eu souvent occasion de se porter pour médiateurs entre l'archevêque et les bourgeois. Par-là, ils acquirent insensiblement des droits sur cette ville ; et, en 1292, Philippe le Bel avoit pris les habitans sous sa sauve-garde.

Lyon est réuni à la couronne.

L'archevêque, protégé par le saint siége, conserva néanmoins la souveraineté jusqu'au pontificat de Clément V. Les choses ayant changé de face sous un pape dévoué à la France, il souleva les bourgeois, lorsqu'il voulut rentrer, par la force, dans les droits dont il avoit joui. Alors les troupes du roi marchèrent, et l'archevêque fut contraint de céder la juridiction temporelle sur la ville, sur le château de S. Just, et sur leurs appartenances ; se la réservant seulement sur le château de Pierre-en-Cise, avec le droit de battre monnoie, et d'avoir des troupes de pied et de cheval dans la ville. On lui accordoit ces troupes pour les guerres particulières qu'il pouvoit avoir avec des seigneurs voisins.

Edouard I obtint de Clément V, la permission de violer les chartes et de mettre des décimes sur le clergé.

En Angleterre, Edouard songeoit aux moyens d'étendre son autorité. Il se fit dispenser, par Clément, du serment qu'il avoit fait au sujet des chartes : car les papes croyoient toujours leur pouvoir au-dessus des engagemens les plus sacrés. Il obtint de ce pontife des décimes sur le clergé, et il lui en envoya la moitié :

achetant de lui la permission de mettre des impositions sur les biens des ecclésiastiques, et reconnoissant qu'ils n'en pouvoient pas mettre sans l'aveu du saint siége. Il eut été plus sage de se priver d'un pareil secours : mais alors les souverains n'en savoient pas davantage.

Le parlement ne vouloit pas qu'Edouard abandonnât au pape la moitié des décimes. Ce prince n'y eut aucun égard ; et il paroissoit se disposer à mépriser les lois de la nation, lorsque l'Ecosse soulevée lui donna d'autres soins. Cette guerre l'occupa jusqu'en 1307 qu'il mourut. Son fils, Edouard II, fit la paix avec la France. Ce prince, livré à ses favoris, régna parmi les troubles, reçut la loi de son parlement, fut déposé, mis en prison, et périt dans les tourmens en 1327. J'anticipe sur ce règne qui ne mérite pas de plus grands détails.

Il a pour successeur Edouard II, son fils, qui meurt en prison.

Le dépotisme échoue tôt ou tard. Lorsqu'en 1308, Albert reçut la mort pour prix de ses injustices, il marchoit contre les Suisses, que la dureté de son gouvernement avoit soulevés. Trois cantons, Ury,

Confédération des Suisses.

Schweitz et Underwald, commencèrent une confédération, dans laquelle de nouveaux cantons entrèrent bientôt, parce que les empereurs furent assez aveugles, pour rendre le joug d'autant plus pesant qu'on le souffroit avec plus d'impatience.

<small>Henri, comte de Luxembourg, successeur d'Albert.</small> Quelques historiens prétendent qu'après la mort d'Albert, Philippe le Bel eut des vues sur l'empire, ou qu'il voulut au moins faire élire son frère, Charles de Valois. Il communiqua, dit-on, son dessein à Clément qui, feignant de l'approuver et d'y vouloir concourir, écrivit secrètement aux électeurs, pour les inviter à prévenir les démarches du roi de France, et à proclamer au plutôt Henri comte de Luxembourg. Si Philippe s'ouvrit à ce pontife, il commit une grande imprudence : car il devoit bien présumer que les papes qui regardoient alors l'Empire comme un fief de l'église, ne voudroient pas, pour feudataire, un prince puissant qui avoit résisté si fortement à Boniface. Il devoit déjà craindre assez de résistance de la part des princes allemands, dont l'intérêt n'étoit pas de choisir un chef capable de leur

donner la loi. Quoi qu'il en soit, Henri de Luxembourg fut élu et couronné à Aix-la-Chapelle, sous le nom d'Henri VII.

Comme les anciennes factions subsistoient toujours en Italie, Henri voulut profiter des troubles qu'elles y causoient ; et comptant rentrer dans les droits que ses prédécesseurs avoient perdus, il passa les Alpes en 1311. Il paroît que Clément, à qui cette entreprise donna de l'inquiétude, engagea Robert, roi de Naples, et fils de Charles le Boiteux, à traverser l'empereur de tout son pouvoir. Au lieu de se rendre lui-même à Rome pour le couronner, comme il l'avoit promis, il en donna la commission à cinq cardinaux, par une bulle qui commençoit ainsi : « Jésus-Christ, le » roi des rois, a donné une telle puissance » à son église, que les royaumes lui ap- » partiennent ; qu'elle peut élever les plus » grands princes, et que les empereurs et » les rois doivent lui obéir et la servir ».

Cependant Henri et les Gibelins faisoient la guerre aux Guelfes et à Robert. Clément écrivit donc aux cardinaux d'ordonner au moins une trêve à ces deux princes, ajoutant que, puisqu'ils étoient engagés à l'église par serment de fidélité, ils devoient être les plus disposés à la défendre, et que le souverain pontife pouvoit les obliger à mettre bas les armes.

<small>Il proteste contre les prétentions de Clément.</small>

Henri, jugeant à ce langage que Clément le regardoit comme vassal du saint siége, consulta des jurisconsultes qui démontrèrent le peu de fondement des prétentions du pape. Il protesta donc : il fit plus ; car il déclara criminel de lèze-majesté Robert dont il se prétendoit le suzerain. Clément, de son côté, prit la défense du roi de Naples, en excommuniant quiconque attaqueroit ce prince. Ainsi la guerre s'allumoit, et elle alloit causer de nouveaux maux, lorsque Henri VII mourut en Toscane, l'an 1313.

<small>1313.</small>

<small>Bulles de ce pape contre la mémoire de Henri et contre les Vénitiens.</small>

Le pape publia deux bulles contre la mémoire de cet empereur. Il y soutenoit ses prétentions ; il se donnoit pour successeur à l'empire pendant la vacance du trône : il cassoit la sentence portée contre Robert, et il le faisoit vicaire de l'empire en Italie. Clément, qui tenoit depuis quelque temps sa cour à Avignon, pouvoit plus impunément s'arroger toute autorité sur les princes, parce que cette ville appartenoit au roi de Naples. Plus de quatre ans auparavant, il avoit publié une bulle terrible contre les Vénitiens, qui avoient enlevé Ferrare à la maison d'Este. Ce n'est pas qu'il voulût prendre les intérêts de cette maison : il prétendoit, au contraire, que cette ville appartenoit au saint siége. Une croisade qu'il fit prêcher, et les succès du cardinal Arnaud de Pelegrue, son général, réalisèrent ses prétentions. Il mourut au mois d'avril 1314, et Philippe ne lui survécut que de quelques mois.

1314.

CHAPITRE IV.

Du gouvernement de France sous Philippe le Bel.

<small>Lumières nécessaires aux magistrats, depuis le règne de S. Louis.</small>

LORSQUE le duel judiciaire étoit reçu dans les tribunaux, le plus ignorant magistrat étoit un juge compétent; car il n'étoit pas bien difficile de déclarer vainqueur le champion qui avoit vaincu. Mais les lumières devinrent nécessaires, quand S. Louis eut proscrit cette manière absurde de rendre la justice. Il fallut entendre des témoins, consulter des titres, connoître les coutumes, pénétrer l'esprit des lois : en un mot, il fallut de l'étude et du raisonnement.

<small>Ignorance des conseillers jugeurs</small>

Les seigneurs les plus instruits savoient à peine signer leur nom. Ils continuèrent néanmoins de siéger dans les tribunaux et dans le parlement; et on les nomma *conseillers jugeurs*, parce qu'ils avoient seuls le droit d'opiner et de faire les arrêts.

Mais comme on ne peut pas juger sans être instruit, ce fut une nécessité d'admettre dans les cours de justice des conseillers rapporteurs ; c'est-à-dire, des hommes chargés de faire le rapport des affaires, et de suppléer à l'ignorance des juges. On les prit dans la bourgeoisie et dans le bas clergé. Ils savoient lire, ils savoient écrire ; ils avoient quelque routine de la procédure qui se suivoit dans les tribunaux ecclésiastiques ; et on les nommoit *légistes*, parce qu'ils étoient censés savoir les lois. Voilà le changement qui se fit dans l'administration de la justice, sous le règne de Philippe le Bel.

Elle force à créer des conseillers rapporteurs.

Ces conseillers rapporteurs n'avoient point de voix ; mais il est aisé de comprendre qu'ils dictoient les arrêts, et que, par conséquent, ils étoient les vrais juges. Ils ne tardèrent donc pas à se rendre maîtres du parlement, et ils donnèrent naissance à cet ordre de citoyens que nous nommons la *robe*.

Ceux-ci se rendent maîtres du parlement.

Les seigneurs n'eurent pas de peine à leur abandonner l'administration de la justice : trop ignorans pour la rendre par eux-mêmes, ils regardèrent au-dessous de leur courage une fonction qui demandoit des lumières. La roture des magistrats, qui prenoient leur place, avilit de plus en plus, à leurs yeux, la profession la plus noble; et ils crurent se dédommager de leurs pertes par le mépris. Delà est venu un préjugé qui subsiste encore. Je dis un préjugé; car si l'on juge de la noblesse d'une profession par la nécessité dont elle est, et par les connoissances qu'elle demande, l'épée ne peut pas se prétendre plus noble que la robe. L'épée d'ailleurs n'a-t-elle pas perdu de sa considération, et, par conséquent, de sa noblesse, en perdant l'administration de la justice.

L'aveuglement des seigneurs laisse au roi le choix des légistes.

Quoi qu'il en soit, les seigneurs furent si aveugles, qu'ils dédaignèrent de nommer les légistes qui devoient les représenter et juger en leur nom. Ils en laissèrent le choix au roi, qui, n'ouvrant le parlement qu'à des hommes à lui, acquit tous les jours plus d'autorité.

A la tenue de chaque parlement, le roi en nommoit les magistrats. Les gens de robe ne songeoient donc qu'à plaire au prince qui seul les pouvoit employer; et ils s'appliquoient à dégrader la noblesse, dont le mépris les offensoit. Il s'agissoit cependant de se faire des principes pour étendre les prérogatives royales aux dépens de celles des seigneurs; et voici comment ils se conduisirent.

Ils avoient lu la bible. Voyant donc que le titre de roi étoit commun à David et aux Capétiens, ils conclurent de ce seul mot que les Capétiens devoient jouir en France des mêmes droits dont David avoit joui en Judée; comme si chaque nation n'avoit pas ses lois, et que l'une ne puisse pas limiter l'autorité de son chef, parce qu'une autre accorde au sien une autorité plus étendue.

Sur quels principes les nouveaux magistrats étendent les prérogatives royales.

Ils avoient encore lu le code Justinien que S. Louis avoit fait traduire. Ils jugèrent donc des droits des rois de France, d'après ceux des empereurs du bas empire, quoiqu'alors ils ne pussent pas s'appuyer sur la ressemblance des titres.

Vous avez vu quelle étoit la puissance d'Auguste, et comment elle se forma. Ce n'étoit pas ce prince qui faisoit les lois :

Puissance législative des empereurs romains.

c'étoit le sénat ou le conseil qu'Auguste avoit choisi, et dont le sénat autorisoit les décrets. Avant Dioclétien, nous ne voyons pas qu'aucun empereur se soit arrogé ouvertement la puissance législative; ils la partageoient seulement par la grande influence qu'ils avoient sur les délibérations. Tout changea, lorsque Constantin parvint à l'empire. Les empereurs, sans égard pour les droits du sénat, firent les lois et les firent seuls. Alors elles se multiplièrent plus que jamais, et l'empire fut aussi toujours plus mal gouverné.

Cette puissance est mieux dans le premier corps de la nation, que dans un despote.

En effet, lorsque la nation ou le premier corps de la nation fait les lois, elles suivent d'ordinaire toujours le même esprit; elles sont l'effet des circonstances qui en font sentir le besoin; elles sont plus respectées, parce que tout le monde en connoît mieux la nécessité. Mais lorsqu'un despote, se plaçant sur son trône comme le seul organe de la justice, donne son ignorance, ses caprices et ses passions pour des lois, il n'y a plus de règle, et le gouvernement change de forme à chaque souverain, ou même à chaque changement de ministre, de favori, de maîtresse, de valet. Alors les abus naissent continuellement des abus : les lois qui se font sans plan et sans objet, se multiplient au gré des intérêts particuliers : comme les intérêts, elles se contredisent, se confondent, s'oublient ou se reproduisent. Elles se prêtent donc à toute sorte d'interprétation : sans force contre le citoyen puissant, elles oppriment le foible avec une apparence de justice ; la jurisprudence même se fait un art de les éluder. .

Comparez, Monseigneur, le sort des peuples et des souverains dans le bas empire, avec le sort des peuples et des souverains, sous Auguste, Vespasien, Titus, Nerva, Trajan, Adrien, Antonin, Marc-Aurèle. Voilà, d'un côté, des empereurs qui affectent le despotisme ; et de l'autre, des empereurs qui ne se croient que les magistrats de la république. Supposez donc qu'étant souverain quelque part, on vous propose d'établir vous-même vos droits, et de choisir entre ceux auxquels Auguste s'est borné, et ceux que Constantin a transmis à ses successeurs. Balancerez-vous ?

Ce n'est pas que je prétende que les rois n'aient pas en France d'autres droits que ceux qu'Auguste avoit à Rome. Si je pensois ainsi, je raisonnerois aussi mal que ceux que je combats. L'histoire des Capétiens vous apprendra que les prérogatives royales ne sont pas établies de la même manière que les prérogatives des empereurs. Cependant, quelque différence qu'il y ait entre les unes et les autres, le consentement de la nation les rend également respectables et sacrées. Mais si un roi de France ne vouloit être qu'un Trajan, qu'un Antonin, qu'un Marc-Aurèle, le blâmeriez-vous, Monseigneur ? Voyez donc vous-même ce que vous voulez être à Parme, si jamais vous y régnez. Je reviens au parlement.

Raisonnement des gens de robe sur les prérogatives royales.

Les gens de robe, considérant les rois de France comme autant de Davids, ou comme autant d'empereurs du bas empire, distinguèrent dans leur personne le roi et le seigneur suzerain. Ils reconnurent que, comme suzerains, ils n'avoient d'autorité que sur leurs vassaux ; et ils dirent que, comme rois, ils avoient sur les sei-

gneurs la même autorité que sur les sujets
de leurs propres domaines. Cette prétention étoit évidemment contraire aux droits
féodaux ; mais personne ne les savoit défendre. Ils eurent donc toute liberté de
raisonner conséquemment à ce principe.
Ainsi ils regardèrent comme impropres,
abusives ou figurées, toutes les expressions
dont on s'étoit servi jusqu'alors, en parlant
de la souveraineté d'un seigneur. Ils conclurent qu'en France, le roi étoit seul
proprement souverain, qu'il ne pouvoit
pas y en avoir d'autre, et qu'il n'avoit pu
perdre aucune de ses prérogatives, parce
qu'elles constituent l'essence de la royauté.
En conséquence, ils ne virent que des
usurpations dans les droits des seigneurs,
et que des rebelles dans ceux qui les défendoient. Ils les attaquèrent donc : les
succès qu'ils eurent furent des titres pour
les attaquer encore ; et ils se firent une loi
de n'avoir point égard aux droits que les
seigneurs s'arrogeoient. Cependant on auroit eu de la peine à prouver, par l'histoire, que tous les seigneurs eussent usurpé
sur les Capétiens, puisqu'ils étoient sou-

verains chez eux avant que les Capetiens fussent rois.

Philippe le Bel n'abuse pas de l'autorité que le parlement lui attribue.

Vous voyez que l'intérêt du prince étoit l'unique règle des entreprises des gens de robe. Cette règle n'a point d'inconvénient, lorsque le roi est assez éclairé pour sentir que son intérêt n'est autre que celui de la nation. Mais si ces deux intérêts se séparent, elle tend évidemment à produire le despotisme. Elle ne le produisit pas cependant, parce que les vassaux puissans y mettoient de trop grands obstacles, et qu'il ne fut pas au pouvoir de Philippe le Bel d'user brusquement de toute l'autorité que les gens de robe lui attribuoient : dans la nécessité de se conduire à cet égard avec beaucoup de circonspection, quoique devenu législateur, il osoit à peine faire des lois.

Bon effet des fausses maximes du parlement.

On commence presque toujours mal. Il ne faut donc pas s'étonner si les gens de robe se sont d'abord fait de faux principes, sur-tout dans un siècle d'ignorance. Si, avant eux, on avoit contesté à la royauté les prérogatives les plus essentielles, il étoit naturel qu'ils se jetassent dans une autre extrémité, et qu'ils dépouillassent la nation même, pour attribuer aux rois des droits sans bornes. Il falloit que le temps, éclairant les esprits, les ramenât peu-à-peu dans ce juste milieu, où les rois font aimer leur autorité, parce qu'ils la limitent eux-mêmes, en respectant les lois de l'état. Cependant les fausses maximes que j'ai rapportées, firent un bien que la vérité peut-être n'auroit pas pu faire : elles contribuèrent à détruire le gouvernement féodal.

Pour accréditer les nouvelles maximes et accroître, par conséquent, l'autorité royale, il suffisoit que le prince ne montrât sa puissance que pour combattre les abus: il falloit, qu'en même temps que les magistrats entreprenoient de l'établir seul souverain, il prouvât par sa conduite que le bonheur de la France demandoit qu'en effet il n'y en eût pas d'autre ; en un mot, il ne falloit qu'être juste. Il est triste de voir Philippe le Bel, avec de l'esprit, du courage et de la fermeté, se conduire d'après une politique toute différente. Ambitieux, avare, dissimulé, infidelle, il crut s'enrichir en ruinant le peuple, et devenir plus puissant, en divisant tous les ordres

Mauvaise politique de Philippe le Bel.

de l'état, et les affoiblissant les uns par les autres.

Vous comprenez néanmoins que si un souverain, qui ruine son peuple, paroît s'enrichir pour un moment, il tarit en effet pour l'avenir la source de ses richesses. Vous concevez encore qu'il sera bien foible au-dehors, lorsqu'il ne sera puissant au-dedans, que parce qu'il aura divisé tous les ordres. Rien n'est plus simple dans la théorie que ces réflexions, rien n'est plus trivial même; le sens commun les dicte. Mais rien n'est plus rare dans la pratique. Philippe le Bel en est un exemple.

Usage de l'argent monnoyé. L'or et l'argent sont des marchandises qu'on a choisies pour faciliter l'échange de toutes les autres; et on en a fait des monnoies, dont la valeur dépend du poids et du titre; c'est-à-dire, de la quantité d'or et d'argent fin qu'elles contiennent.

Anciennement la livre d'argent pesoit 12 onces. En France, sous la première race, une livre d'argent pesoit en effet une livre, c'est-à-dire, douze onces; et comme on la divisoit en vingt pièces, qu'on nommoit sous, vingt sous étoient encore la même chose qu'une livre pesant.

Il faut que chaque pièce de monnoie ait une marque qui en désigne le titre et le poids. Il faut encore que chaque citoyen puisse compter sur celui qui veille à la fabrique des espèces. Le droit de battre monnoie appartient donc uniquement au souverain ; parce qu'on présume qu'il ne veut pas tromper, qu'il ne le peut pas même, s'il consulte ses intérêts ; et que d'ailleurs en supposant le contraire, on ne sait plus en pareil cas à qui donner sa confiance.

Ce qui assure la valeur des espèces.

Or supposons que le souverain s'étant fait apporter les vieilles espèces pour en fabriquer de nouvelles, fasse quarante sous avec douze onces d'argent ; et qu'ensuite, sous prétexte qu'on est dans l'usage de compter vingt sous pour une livre, il rende vingt sous des nouvelles espèces pour vingt sous des vieilles, il est évident qu'il ne rend que la moitié de ce qu'on lui a donné. Voilà donc un moyen bien commode pour mettre tout-à-coup dans ses coffres la moitié de l'argent de son royaume; et pour vous faire comprendre jusqu'où cet abus a été porté, il suffit de remarquer que vingt sous, qui pesoient autrefois douze

Fraudes des souverains qui battent monnoie.

onces, ne pèsent pas aujourd'hui la sixième partie d'une once.

Tel est le pouvoir des mots. Parce que vingt sous et douze onces ont été appelés une livre, il faut qu'une livre se trouve encore dans telle partie de métal dont il a plu de faire vingt sous. Ainsi le monde se gouverne par des sophismes : on vole le peuple en sûreté de conscience ; et l'altération des monnoies, au lieu de passer pour une fraude, est regardée comme le grand art des finances. C'est ainsi qu'on a pensé pendant plusieurs siècles.

Ces fraudes se sont multipliées sous la seconde race.

Il y avoit déjà eu quelques abus dans les monnoies sur la fin de la première race. Ils s'accrurent sous la seconde, où chaque seigneur eut le droit de battre monnoie dans ses terres. Le grand art des finances étoit tout-à-fait à leur portée.

Les seigneurs avoient un droit de seigneuriage, qui consistoit à retenir la sixième partie des matières qu'on portoit à leur monnoie. Le peuple, victime de la variation continuelle des espèces, consentit à leur en payer un second, qu'on nomma *monnéage* ; et ils s'engagèrent de leur côté à n'y faire plus de changement ; mais, malgré cette convention, ils en firent encore ; et sous le règne de S. Louis, le marc, c'est-à-dire, huit onces, valoit deux livres seize sous.

S. Louis étoit trop éclairé, pour suivre en cela l'exemple de ses prédécesseurs. Il fit au contraire des réglemens pour rétablir la monnoie ; et on les trouva si sages, que lorsque dans la suite elle fut affoiblie, on demandoit toujours qu'elle fût remise dans l'état où ce saint roi l'avoit laissée.

<small>S. Louis a fait des réglemens pour rétablir les monnoies.</small>

C'est conformément à ces réglemens que Philippe le Bel, les premières années de son règne, fit fabriquer les espèces qui eurent cours. Mais bientôt il les altéra ; et depuis 1295 jusqu'en 1306, il fit plusieurs changemens dans la monnoie. En 1301 et en 1305, on faisoit huit livres dix sous avec un marc d'argent dont, au commencement de son règne, on n'avoit fait que deux livres quinze sous six deniers ; et un denier de l'ancienne monnoie en valut trois de la nouvelle. Les espèces n'avoient donc plus, par le poids, que le tiers de la valeur qui leur étoit attribuée par le roi.

<small>Philippe le Bel les altère et les change à plusieurs reprises.</small>

En 1306 il fit faire une monnoie aussi forte que celle de S. Louis; mais il laissa subsister la foible, et ne se mit point en peine de proportionner l'une à l'autre. Ce fut la source de beaucoup de désordres; car ceux qui devoient, vouloient payer en monnoie foible; et ceux à qui il étoit dû, vouloient être payés en monnoie for'e. Cela occasionna même une grande sédition à Paris.

Le roi affoiblit encore la monnoie en 1310. Il rétablit ensuite la monnoie forte en 1313, et il ne la laissa subsister que jusqu'au mois d'août 1314. On peut juger combien ces variations causoient de dommages; puisqu'en 1303 le clergé offrit au roi les deux vingtièmes du revenu de tous les bénéfices, s'il vouloit s'engager pour lui et pour ses successeurs à ne plus affoiblir les monnoies, à moins d'une nécessité indispensable, dont les seigneurs et les prélats du royaume seroient juges. Cette proposition ne fut pas acceptée.

Mauvais effets de ces variations.

Lorsqu'en 1301 et 1305, la livre, réduite au tiers de sa valeur, étoit cependant encore comptée pour une livre, les seigneurs ne tiroient plus qu'un tiers des droits qu'ils levoient en argent sur leurs sujets, et par cela seul ils se trouvoient ruinés. Mais le peuple, qui payoit les deux tiers moins, se ruinoit aussi. Car chacun étoit payé à son tour dans les mêmes espèces; et par la circulation de l'argent, il se trouvoit enfin que tout le monde avoit perdu. Il falloit encore que le roi perdît aussi comme les autres; car les revenus en argent qu'il tiroit de ses domaines ou des impositions, diminuoient nécessairement des deux tiers, puisqu'on ne pouvoit le payer qu'avec les monnoies auxquelles il avoit donné cours. Enfin le grand gain qu'il y avoit à contrefaire ces monnoies affoiblies, produisit au-dedans et au-dehors du royaume quantité de faux-monnoyeurs, qui remplissoient la France de mauvaises espèces et en enlevoient toutes les bonnes. Philippe, voulant au moins empêcher des fraudes dont il ne retiroit pas le profit, engagea Clément V à publier contre les faux-monnoyeurs, une bulle d'excommunication. Mais pouvoit-il se flatter qu'on respecteroit des censures qu'il méprisoit lui-même? Il continua donc d'y avoir des faux-monnoyeurs, et tout concourut à la ruine du royaume.

Le titre et le poids des espèces est une chose arbitraire. Pourvu qu'on n'y fasse pas de changement, elles se mettent d'elles-mêmes en proportion avec les denrées; et on fait le commerce avec une monnoie foible, comme avec une monnoie forte. Au contraire, lorsque la valeur des espèces hausse et baisse tour-à-tour, cette proportion ne peut plus s'établir. Dans la crainte d'être trompé, chacun veut vendre cher, chacun veut acheter bon marché : le commerce ne se fait plus, et cette cessation achève la ruine de tout le monde. Voilà ce qui arriva sous Philippe le Bel. Par conséquent, si ce prince fit du mal, en répandant une monnoie foible, il en fit encore lorsqu'il répandit une monnoie forte.

Lorsque j'ai recueilli d'un champ que je cultive, les denrées nécessaires à ma consommation, le surplus des productions m'est inutile, si je ne puis pas l'échanger contre les denrées qui me manquent. Je ne me croirai donc pas plus riche pour avoir ce surplus; je ne travaillerai donc pas à me le procurer; je laisserai donc en friche une partie de mon champ. En effet que m'importe d'avoir dans mes greniers une quantité de blé que je ne pourrai ni consommer, ni échanger? Mais lorsqu'après avoir prélevé le blé nécessaire à ma consommation, je puis, en échangeant ce qui me reste, acquérir d'autres denrées, et des commodités de toute espèce; c'est alors seulement que ce surplus devient une richesse pour moi, c'est alors qu'il m'est avantageux de recueillir la plus grande quantité de blé, et de donner tous mes soins à la culture de mon champ. Le pouvoir d'échanger rend donc richesse ce qui, sans ce pouvoir, ne seroit qu'un superflu inutile. Voilà comment le commerce nous enrichit : il ne produit pas les richesses, mais il rend richesse ce qui, sans lui, seroit inutile et, par conséquent, de nulle valeur.

Si on fait des chemins, si on construit des ponts, si on creuse des canaux, si on rend les rivières navigables, c'est afin que le transport des marchandises soit plus facile et moins dispendieux; c'est afin qu'une quantité de denrées qui seroit inutile dans le lieu qui l'a produite, devienne par l'échange une richesse, en passant dans le lieu qui ne la produit pas. Le commerce ne nous enrichit donc qu'à proportion que les échanges se font avec plus de facilité ; et si l'on ôte tous les moyens d'échanger, il ne peut plus y avoir de richesse.

Or l'argent monnoyé est un moyen de plus pour faciliter les échanges, et pour rendre richesse ce qui ne seroit qu'un superflu inutile. Mais ce n'est un moyen qu'autant que les espèces ont un prix fixe. Si ce prix varioit arbitrairement, cette variation détruiroit la confiance : car je ne vous donnerai pas ma marchandise pour un écu qui demain vaudra moins qu'aujourd'hui ; et vous ne me donnerez pas votre écu si vous croyez qu'il vaudra davantage. Voilà donc le commerce arrêté. Dès-lors ce qui étoit auparavant une richesse, deviendra un superflu inutile. On ne songera donc plus à se procurer ce superflu. Le fabricant démontera une partie de ses métiers ; le laboureur laissera une partie de ses champs en friche : la misère se répandra donc dans les campagnes et dans les villes. Les journaliers seront forcés à mendier, parce que les cultivateurs ne les emploieront plus : les artisans abandonneront une patrie où, faute de travail, ils ne pourront plus gagner leur pain : des familles entières périront, parce qu'elles ne pourront ni trouver dans le pays, ni chercher ailleurs de quoi subsister. En un mot, la nation s'appauvrira et se dépeuplera de jour en jour. Comment donc le souverain pourroit-il ne pas s'appauvrir lui-même ? Telle est l'influence d'une administration qui gêne le commerce.

Cependant on se seroit mis à l'abri des pertes que causoit la variation des monnoies, si on eût compté par marcs et sans égard pour la valeur chimérique des espèces courantes. Mais ce moyen n'étoit pas praticable dans le commerce continuel des petites denrées ; et lorsqu'on le tenta dans les contrats de vente et d'emprunt, Philippe, comme s'il eût juré la ruine de son peuple, ordonna de compter, suivant l'ancienne coutume, par livres, sous et deniers.

<small>Défense qui augmente les effets de ces variations.</small>

Si ce prince trouvoit une ressource dans l'affoiblissement des monnoies, elle n'étoit que passagère, puisqu'il partageoit bientôt les pertes. La ruine des seigneurs étoit l'avantage le plus réel qu'il retiroit de cette misérable politique : cependant c'étoit un moyen bien étrange que de ruiner la France même, pour ruiner les seigneurs français.

A l'exemple de Philippe le Bel, les vassaux commettent les mêmes abus.

Les désordres étoient au comble : on murmuroit ; mais le roi ne craignoit pas un soulèvement général, parce que les grands vassaux suivoient son exemple, et faisoient les mêmes fraudes dans leurs terres. Les seigneurs les plus puissans paroissoient avoir formé une ligne pour opprimer le reste de la nation.

Adresse de ce prince pour leur enlever le droit de battre monnoie.

Philippe se conduisit pourtant avec adresse, pendant que les autres ne daignoient seulement pas pallier leur brigandage; il publia que l'affoiblissement des monnoies étoit une suite des circonstances où il se trouvoit. Il supplia ses sujets de recevoir avec confiance les mauvaises espèces auxquelles il donnoit cours ; il promit de les retirer, en dédommageant ceux qui les rapporteroient : et engagea à cette fin ses domaines présens et à venir, et tous ses revenus.

Il parut tenir sa parole, lorsqu'en 1306 il fit fabriquer des espèces à deux livres quinze sous six deniers le marc. Le peuple qui, à la première lueur, croit voir la fin de ses maux, fut assez dupe pour applaudir à la générosité du roi. Cependant Philippe prouva, par sa conduite, qu'il avoit d'autres vues que de soulager la misère publique. En effet, à peine se vit-il assuré de la confiance de la nation, que, sous prétexte d'empêcher les fraudes qu'il avoit faites lui-même, et qu'il devoit faire encore, il entreprit d'enlever à tous les seigneurs le droit de battre monnoie. Bientôt ses officiers firent dans chaque seigneurie l'essai des espèces qui s'y fabriquoient, pour reconnoître si elles étoient du poids et du titre dont elles devoient être. Il défendit ensuite aux prélats et aux barons d'en frapper jusqu'à nouvel ordre. Il ordonna à tous leurs officiers monétaires de se rendre dans ses monnoies, sous prétexte qu'il avoit beaucoup d'espèces à faire fabriquer. Il enjoignit au duc de Bourgogne de se conformer aux ordonnances qu'il avoit faites au sujet des monnoies; et des commissaires qu'il envoya dans le duché d'Aquitaine, s'y comportèrent, à cet égard, avec toute l'autorité qu'il s'arrogeoit. Ainsi, par la manière dont il traitoit d'aussi grands vassaux, on peut juger combien il ménageoit peu les autres.

Les seigneurs se soumirent, parce qu'ils craignoient que leur résistance ne les exposât au soulèvement de leurs sujets. En effet le peuple s'imaginoit que Philippe songeoit sincèrement à remédier aux abus, tandis qu'il vouloit jouir seul du droit de les commettre. Le droit que ce prince acquit par-là sur les monnoies seigneuriales, le rendit maître de la fortune des seigneurs. Il pouvoit les appauvrir, s'il changeoit encore le prix de l'argent, et il le changea.

Ses successeurs useront de ce droit pour commettre les mêmes fautes.

L'exemple de Philippe le Bel auroit dû faire comprendre à ses successeurs, qu'il n'y a rien de plus ruineux pour un état que la variation des monnoies. Ils ne le comprendront pas cependant. Ils regarderont, au contraire, comme une grande ressource de pouvoir s'approprier une partie de l'argent de leurs sujets. Mais avec cette conduite ils tiendront la France dans un état de foiblesse, d'où elle aura bien de la peine à sortir. Philippe paroît avoir enfin reconnu lui-même les conséquences de cet abus; car, peu avant sa mort, il fit des réglemens pour y remédier, et il recommanda fort à son fils le rétablissement de la monnoie.

Pendant que Philippe le Bel établissoit sa puissance sur la ruine des vassaux, il songeoit à profiter des divisions qui étoient entre les trois ordres, ou même à les fomenter, afin de les assujettir les uns par les autres.

Philippe le Bel fomente les divisions des trois ordres.

A force de tyrannie les seigneurs s'étoient rendus odieux au tiers état, qui étoit déjà dans l'usage de se mettre sous la protection du roi; et le clergé, dont les biens excitoient l'envie du peuple, haïssoit les seigneurs laïques, et n'en étoit pas moins haï.

Aucun des trois ordres ne connoissoit ses vrais intérêts. Le clergé seul formoit un corps, parce qu'il s'assembloit quelque-

Situation embarrassante du clergé.

fois. Il pouvoit donc mieux concerter ses démarches ; mais il se trouvoit entre deux puissances qui paroissoient se disputer ses dépouilles. Tantôt il se mettoit sous la protection des papes, pour ne pas contribuer aux charges de l'état ; et d'autres fois il avoit recours à celle des rois, pour se soustraire aux exactions de la cour de Rome.

Entre ces deux écueils également dangereux, il ne savoit comment diriger sa manœuvre ; de sorte qu'il échoua contre tous deux à-la-fois, après avoir heurté tour-à-tour contre l'un et contre l'autre ; en un mot, il fut en même temps la proie des rois et celle des papes ; car vous avez vu que Clément V accorda les décimes à Philippe le Bel, et que Philippe souffrit toutes les extorsions de Clément. Dans de pareilles occasions, où il étoit si difficile de prendre un bon parti, le clergé se divisoit et s'affoiblissoit encore lui-même.

Situation des seigneurs et du tiers état.

Les seigneurs étoient dans la plus grande ignorance ; ils ne formoient pas un corps. Il ne pouvoit plus y avoir de concert parmi eux depuis qu'ils avoient cessé de venir au parlement. En un mot, aucun intérêt commun n'étoit capable de les réunir, car chacun, depuis long-temps, ne connoissoit que le sien propre. Quant au tiers état, il ne se soutenoit que par la protection du roi.

Philippe jugea qu'il n'en seroit pas de ces trois ordres, s'il les rassembloit, comme de la diète d'Allemagne ou du parlement d'Angleterre. Il vit qu'ils ne se rapprocheroient que pour se plaindre les uns des autres; qu'ils s'aigriroient de plus en plus; qu'ils se pousseroient à l'envi sous le joug; qu'en jouant lui-même le personnage de médiateur, il seroit sûr de plaire à deux, lorsqu'il en humilieroit un; que, par conséquent, il pourroit les humilier tour-à-tour; et qu'en offrant à tous sa protection, sans jamais l'accorder à aucun, il les mettroit dans la nécessité d'avoir pour lui des complaisances, c'est-à-dire, de lui accorder des subsides.

Philippe le Bel projette d'assembler les trois ordres, pour vendre sa protection à tous, sans l'accorder à aucun.

Ce prince assembla donc les états-généraux du royaume, et tout lui réussit comme il l'avoit prévu. La nation entière concourut, sans le savoir, à tous ses desseins. Il obtint des dons gratuits; il fut en état

Ce projet lui réussit.

d'avoir toujours sur pied une armée considérable, et il éleva l'autorité royale à un degré de puissance qui ne pouvoit manquer d'achever la ruine du gouvernement féodal. Il est évident que les barons alloient perdre le droit de guerre, le seul qui leur fût resté jusqu'alors; mais vous verrez ailleurs ces choses exposées dans un plus grand détail (1).

On ne peut pas nier qu'il n'y ait beaucoup d'adresse dans la conduite de Philippe le Bel : mais, Monseigneur, S. Louis, dans les mêmes circonstances, eût fait de plus grandes choses, et il eût été juste : c'est cependant la politique de Philippe qu'on suivra dans la suite. Vous verrez la puissance royale s'accroître, parce que les différens ordres se détruiront mutuellement. Vous remarquerez qu'on aura pour maxime : *divisez et vous commanderez*. Cependant vous verrez combien le souverain est foible, lorsqu'il n'est puissant qu'en divisant son peuple, et l'événement vous fera voir si c'est ainsi qu'on doit régner.

---

(1) Observations sur l'*Histoire de France.*

Philippe le Bel, par son mariage avec Jeanne de Navarre, réunit à la couronne le royaume de Navarre et les comtés de Champagne et de Brie. Il rendit sédentaires à Paris le parlement, à Troyes les grands jours, et à Rouen l'échiquier ; trois cours souveraines auxquelles ressortissoient les juridictions subalternes.

Réunion faite à la couronne.

Cours souveraines rendues sédentaires.

CHAPITRE V.

Des principaux états de l'Europe depuis la mort de Philippe IV, dit le Bel, jusqu'à celle de Charles IV, dit le Bel.

<small>Mécontentement général, mais sans effet.</small>

A la mort de Philippe le Bel, tous les ordres de l'état, et même toutes les provinces, portoient avec impatience un joug qui s'étoit appesanti sur toute la nation. Le mécontentement étoit général; mais chacun se plaignoit séparément, suivant ses intérêts particuliers; et il ne pouvoit y avoir d'accord entre le clergé, les seigneurs et le peuple, puisque toujours divisés, ils n'avoient jamais cessé de se nuire : voilà ce qui maintint l'autorité royale. Il faut convenir qu'un souverain qui se rend odieux a besoin de diviser les ordres de l'état.

<small>Pourquoi il a été sans effet.</small>

Les règnes foibles et courts des trois fils de Philippe le Bel, qui montèrent successivement sur le trône, étoient un temps bien favorable à une révolution. Si les trois ordres avoient su se réunir, il leur auroit été facile de mettre des bornes à la puissance du monarque et de recouvrer une partie de leurs droits; mais comme ils agissoient chacun séparément, ils menaçoient plutôt de se soulever, qu'ils ne se soulevoient; et parce que dans cette position ils sentoient leur foiblesse, chacun d'eux saisissoit l'occasion de traiter avec le roi, et ils se soumettoient tour-à-tour, souvent sur des promesses vagues, dont rien n'assuroit l'exécution. Si les seigneurs, par exemple, demandent que les baillis soient destitués, lorsqu'ils auront entrepris quelque chose contre les coutumes établies, le roi l'accorde; mais c'est en insérant pour clause, que les coupables ne perdront pas leur emploi, s'ils ont agi de bonne foi, ou s'il veut leur faire grace : il n'accordoit donc rien. D'ailleurs, il étoit bien difficile de déterminer ce que c'étoit que les *coutumes établies*, chez un peuple où il n'y avoit jamais rien eu de fixe, et où un seul exemple tenoit souvent lieu de coutume et de loi.

Les seigneurs obtinrent encore comme une faveur, que le roi enverroit tous les trois ans des commissaires dans les provinces, pour réformer les abus commis par les baillis : ils ne prévoyoient pas que les réformateurs, étant officiers du roi, s'occuperoient uniquement des moyens d'accroître l'autorité royale. Ainsi toutes leurs précautions tournoient contre eux-mêmes, tant ils étoient ignorans des droits qu'ils avoient eus, de ceux qu'ils conservoient encore et de ceux qu'ils étoient menacés de perdre. Leur aveuglement fut le bonheur de la France; car avec plus de lumières ils auroient pu ramener tous les désordres du gouvernement féodal.

Division qui tend à la ruine des vassaux.

Une autre cause contribuoit à mettre les seigneurs assujettis dans l'impuissance de se relever. Les états généraux, établis par Philippe le Bel, avoient proprement partagé le royaume en deux parties : parce que les ducs de Bourgogne, d'Aquitaine, de Bretagne et le comte de Flandre, ayant négligé de se rendre à des assemblées, où ils n'étoient appelés que pour contribuer, s'accoutumèrent à se regarder comme étrangers à la France, et la France les regarda bientôt comme ennemis. Ils auroient dû prévoir que la ruine des barons entraîneroit tôt ou tard la leur; il étoit donc de leur intérêt de les protéger et, par conséquent, de se rendre aux états. En tenant une conduite différente, ils s'exemptèrent, à la vérité, de porter les charges; mais ils aigrirent contre eux les barons qu'ils abandonnoient. Ils croyoient sans doute avoir gagné beaucoup, parce qu'ils n'avoient pas été assujettis comme les autres, et que le roi ne conservoit sur eux que les droits de suzerain : cependant ce suzerain devenoit bien redoutable, puisqu'il étoit monarque dans tout le reste du royaume, et qu'il n'y trouvoit qu'une foible résistance à ses ordres. Tel a été l'état de la France sous les fils de Philippe le Bel.

Louis X, dit Hutin, ayant succédé à son père, appaisa les mécontens, en faisant des promesses aux grands qui revenoient à lui, et en sacrifiant à la haine publique Enguerrand de Marigny, qui avoit été ministre de son père, et qui fut pendu pour des crimes qu'il n'avoit pas commis.

1314.
Règne de Louis X.

Ce prince ensuite surchargea le peuple d'impôts, vendit les offices de judicature, leva des décimes sur le clergé et força les serfs de ses terres à racheter leur liberté : ce sont les moyens qu'il imagina pour fournir aux frais de la guerre qu'il vouloit faire au comte de Flandre. Il fit en effet cette guerre, mais sans succès; il mourut la seconde année de son règne. Un édit, par lequel il déclara que le droit de battre monnoie n'appartenoit qu'à lui, fait voir combien Philippe le Bel avoit enhardi ses successeurs à dépouiller les barons.

A l'exemple de Louis X, les seigneurs vendirent la liberté à leurs serfs.

Les seigneurs, avides de saisir toutes les occasions de faire de l'argent, vendirent, à l'exemple de Louis Hutin, la liberté à leurs serfs. Les serfs différoient des esclaves, en ce qu'ils avoient ou pouvoient avoir des terres ou d'autres biens en propre; mais ils étoient attachés à la glèbe, comme on s'exprimoit alors; c'est-à-dire, qu'ils ne pouvoient point sortir du domaine de leur seigneur, qui exerçoit sur eux une puissance arbitraire. Vous jugerez par-là qu'en général leur sujétion étoit dure, et que cependant elle n'étoit pas la même par-tout.

Les seigneurs, en affranchissant les serfs de leurs terres, firent par avarice une fausse démarche; car ces hommes, qu'ils avoient vexés jusqu'alors, devoient devenir leurs ennemis en devenant libres, et chercher, par conséquent, dans la puissance du roi une protection contre eux.

C'étoit une fausse démarche de leur part.

A la mort de Louis, Philippe le Long, son frère et son héritier, étoit à Lyon, où il avoit eu bien de la peine à rassembler les cardinaux, et où il n'en avoit pas moins à les accorder sur le choix d'un pape. Depuis deux ans et trois mois que Clément étoit mort, on ne lui avoit pas encore donné un successeur. Les cardinaux s'étoient d'abord assemblés à Carpentras, sans pouvoir s'accorder, parce que les Gascons et les Italiens vouloient chacun un pape de leur nation; mais le peuple, las de la longueur du conclave, imagina, pour le faire finir, de mettre le feu au lieu où il se tenoit, et les cardinaux se dispersèrent. Sans les précautions que prirent Philippe le Bel et Louis Hutin, il y auroit eu sans doute un schisme. Enfin Philippe le Long mit les cardinaux dans la nécessité de terminer;

Difficultés qui avoient empêché de donner un successeur à Clément V.

car il les enferma dans le couvent des frères prêcheurs de Lyon, et il donna ordre de ne les point laisser sortir qu'ils n'eussent élu un pape.

Une assemblée déclare que la couronne de France ne peut passer aux filles.

Il eut lui-même d'autres contestations au sujet de la couronne, à laquelle Jeanne, fille de Louis, prétendoit avoir droit; car je ne parle pas de Jean Ier., dont la reine douairière accoucha, et qui ne vécut que huit jours. Les prétentions de Jeanne ayant été examinées dans une assemblée, il fut décidé que la loi salique exclut les femmes du trône. On n'avoit pas eu occasion depuis Hugues Capet d'agiter de pareilles questions, parce que la couronne avoit toujours passé en ligne directe de père en fils.

Les vassaux abusent du droit de battre monnoie.

L'édit, par lequel Louis Hutin s'étoit attribué à lui seul le droit de battre monnoie, trouva tant de résistance, que ce prince avoit été obligé de se borner à prescrire aux barons le poids, le titre et la marque des espèces qu'ils fabriqueroient; mais bien loin d'observer ses réglemens, ils avoient affoibli les monnoies; ils avoient même contrefait celles du roi, et la fortune des particuliers étoit à la discrétion de ces tyrans aveugles, qui ruinoient leurs sujets sans songer qu'ils se ruinoient eux-mêmes par contre-coup.

Philippe le Long, voulant arrêter ce désordre, envoya des commissaires dans toutes les provinces, pour examiner la conduite des seigneurs, et pour les forcer à se conformer aux réglemens. Le roi d'Angleterre ne fut pas exempt de cette recherche; car on saisit à Bordeaux et dans toute la Guienne ses coins et les espèces qu'il faisoit fabriquer.

Philippe V s'attribue l'inspection sur les monnoies.

Un prince qui commandoit ainsi, n'étoit pas bien loin d'enlever aux barons le droit de battre monnoie; mais, pour y trouver moins d'obstacles, il crut devoir traiter avec les plus puissans. Il acheta donc de Charles, son oncle, comte de Valois, les monnoies de Chartres et d'Anjou; et de Louis de Clermont, seigneur de Bourbon, celles de Clermont et du Bourbonnois. Il projetoit d'établir dans toute la France un seul poids, une seule mesure, une seule monnoie: projets qui s'évanouirent avec lui. Sa mort précipitée

Il achète les monnoies de quelques-uns.

ne lui permit pas d'en essayer l'exécution.

<small>Ses précautions pour accroître son autorité.</small>

Philippe avoit pris des mesures qui le mettoient en état de tout oser. Il avoit rempli le royaume de ses sauve-gardes; il s'étoit attaché des familles roturières, qu'il avoit ennoblies par de simples lettres. Les bourgeois ne pouvoient plus armer que pour lui, parce qu'il leur avoit fait déposer leurs armes dans des arsenaux, et elles ne devoient leur être rendues que pour marcher sous les ordres des capitaines qu'il avoit mis dans les villes principales; enfin, il avoit placé dans chaque bailliage un capitaine général qui, étant à la tête des milices, tenoit les seigneurs dans la soumission. Ce dernier établissement avoit encore l'avantage de diminuer la puissance des baillis qui pouvoient s'être rendus suspects, parce que jusqu'alors ils avoient réuni la justice, les finances et la guerre.

<small>Plusieurs seigneurs veulent leurs monnoies à Charles IV, qui répare les fautes de son père. 1322.</small>

Sous le règne de Charles IV, dit le Bel, qui succéda à Philippe IV, son frère, plusieurs seigneurs vendirent le droit qu'ils avoient de battre monnoie, jugeant que le roi étoit assez puissant pour le leur enlever tôt ou tard : ainsi leur avarice hâta une révolution qui paroissoit avantageuse. Je dis, *qui paroissoit ;* car il eût fallu que les rois n'eussent pas commis eux-mêmes les abus qu'ils reprochoient aux barons. Or Charles le Bel affoiblit les monnoies, pour fournir aux frais de la guerre de Guienne contre le roi d'Angleterre.

Cet expédient si ruineux sera encore une ressource pour ses successeurs ; et vous êtes étonné sans doute de l'aveuglement de tous ces rois. C'est l'effet de leur ignorance, Monseigneur : c'est qu'incapables de connoître par eux-mêmes leurs vrais intérêts, ils se livrent à des ministres, qui, partageant les dépouilles des sujets, ne se mettent pas en peine des pertes que fera bientôt leur maître. C'est assez pour leur justification, qu'ils ne fassent que les fautes qu'on a faites avant eux ; car lorsqu'il s'agit d'administration publique, il semble que l'exemple suffise pour autoriser les abus.

En 1325, Charles le Bel porta ses vues sur l'empire ; mais ses petites intrigues

<small>Charles IV ambitionne l'empire.</small>

furent sans succès : elles me fournissent seulement une transition pour passer aux affaires d'Allemagne et d'Italie.

<small>Troubles à l'occasion de l'élection de deux empereurs, Louis de Bavière et Frédéric d'Autriche.</small>

Après un interrègne d'environ quatorze mois, les électeurs partagés donnèrent, en 1314, deux successeurs à Henri VII, Louis, duc de Bavière, et Frédéric, duc d'Autriche. La guerre que se firent ces deux concurrens agita non seulement toute l'Allemagne, elle alluma encore les factions en Italie ; les Gibelins et le roi de Sicile s'étant déclarés pour Louis, tandis que les Guelfes et le roi de Naples prenoient le parti de Frédéric. Jean XXII, successeur de Clément V, voyoit ces troubles d'Avignon, où il tenoit sa cour. Il ne se déclaroit encore ouvertement pour aucun des deux empereurs ; mais il penchoit pour Frédéric, dont il étoit plus ménagé, et dont les Guelfes avoient épousé les intérêts. Cette guerre dura huit ans, et fut terminée par la défaite de Frédéric qui fut fait prisonnier.

<small>1322. Jean XXII fulmine des bulles contre Louis, que les diètes défendent.</small>

Alors le pape déclara l'empire vacant; somma Louis de se soumettre au saint siége, défendit de reconnoître ce prince pour roi des Romains, et raisonna comme ses prédécesseurs en pareil cas; mais une diète, tenue à Nuremberg, n'eut pas de peine à réfuter des raisonnemens qui devenoient bien foibles, depuis que les lumières commençoient à se répandre. Les Allemands suivirent l'exemple que les Français leur avoient donné; ils appelèrent au futur concile général.

Le pape publia des bulles, fulmina des excommunications; et une nouvelle diète l'accusa de troubler l'empire, d'attenter sur les droits des princes, de piller les églises, et d'enseigner une doctrine hérétique.

Les armes spirituelles n'étant pas suffisantes, Jean leva des troupes avec des indulgences plénières. Elles marchèrent contre les Gibelins; elles furent défaites, et la guerre ne pouvoit plus se continuer sans argent. Le clergé de France en fournit: car le pape, ayant accordé les décimes au roi, obtint la permission de lever une taxe sur les églises; elle fut si exorbitante, qu'elle emporta presque le revenu d'une année de tous les bénéfices. Ce fut dans

Jean lève une armée avec des indulgences et des exactions.

cette conjoncture que Charles, à la sollicitation du pape, négocia inutilement pour se faire élire roi des Romains.

Louis est reçu à Rome aux acclamations du peuple.

Cependant le parti des Gibelins prévaloit en Italie ; les Romains avoient chassé de leur ville les partisans du pape, et Louis V, profitant des circonstances, avoit passé les Alpes. Ayant été couronné à Milan roi d'Italie, il vint à Rome, où il fut reçu, au milieu des acclamations du peuple, et couronné empereur.

1327.

Les Romains lui demandent la permission d'élire un autre pape.

Il y avoit déjà quelque temps que les Romains avoient invité Jean à venir faire sa résidence à Rome, et l'avoient menacé, sur son refus, d'élire un autre pape. Ils demandèrent donc à l'empereur qu'il leur fût permis de procéder à cette élection, et ce prince y consentit sans peine, irrité d'ailleurs contre Jean, qui ne cessoit de publier des bulles, où il le traitoit d'hérétique et d'excommunié.

Nicolas V, antipape.

Il fit une loi, par laquelle le pape qui seroit élu ne pourroit résider ailleurs qu'à Rome, et seroit déchu du pontificat s'il s'éloignoit plus de trois journées, et s'il demeuroit plus de trois mois absent. Ce fut sans doute une condescendance qu'il voulut avoir pour le peuple romain ; car un empereur n'avoit point d'intérêt que les papes résidassent à Rome, et il eût été avantageux pour toute la chrétienté qu'ils n'eussent jamais remis le pied en Italie. Il déposa ensuite dans une assemblée Jacques de Cahors : c'est ainsi qu'il nommoit Jean XXII ; il le condamna même à mort, comme convaincu d'hérésie et de crime de lèze-majesté ; enfin, il fit élire Pierre Rainalluci de Corbario, de l'ordre des frères mineurs. Cet antipape prit le nom de Nicolas V.

Je vais vous arrêter un moment sur les hérésies qu'on attribuoit à Jean XXII ; car elles vous feront connoître la frivolité des questions dont on s'occupoit alors ; mais il faut reprendre les choses de plus haut.

En 1215, le concile de Latran défendit de fonder de nouveaux ordres religieux ; et, dès le quatrième siècle, les abus qui pouvoient naître de leur multitude étoient si connus, que S. Basile, quoique fondateur de monastères, pensoit qu'on ne devoit pas souffrir dans un même lieu deux communautés différentes, ni même deux

Inconvéniens reconnus de la multitude des ordres religieux.

maisons d'une même congrégation. En effet tous les ordres sont autant de petites républiques, qui ayant des intérêts différens, sèment leurs divisions dans l'église et dans l'état; et qui, méconnoissant toute autorité, lorsque leurs prétentions sont menacées, se soulèvent aisément contre les princes, contre les évêques et contre les papes mêmes. Il ne falloit que réfléchir légèrement sur le cœur humain, pour prévoir que ces inconvéniens devoient naître de pareilles institutions, et l'histoire ne prouve que trop qu'on auroit bien prévu. J'y renvoie, et au discours de l'abbé Fleuri sur les ordres religieux.

Institutions des ordres mendians. Malgré la défense du concile de Latran, les communautés religieuses se multiplièrent plus que jamais. Bientôt on vit paroître les frères mendians, nommés frères prêcheurs et frères mineurs; les premiers fondés par S. Dominique, et les seconds par S. François.

Sans préjudice de la sainteté de ces deux fondateurs, on peut se défier de leurs lumières, dit l'abbé Fleuri. Ils crurent que leur règle étoit l'évangile même, parce qu'ils prirent à la lettre ces paroles : *ne possédez ni or, ni argent;* et ils conclurent qu'il falloit être pauvre et mendier. Leurs disciples mêmes s'imaginèrent atteindre à une plus haute perfection, en renonçant au travail que ces saints leur avoient recommandé. Ils voulurent ne vivre que d'aumônes, et ils regardèrent la mendicité comme l'état le plus saint. Ainsi s'établirent des ordres qui devinrent à charge aux peuples déjà trop foulés.

On subtilisa sur cette pauvreté, jusques-là que les frères mineurs pensèrent qu'ils n'avoient pas la propriété de leur pain, lorsqu'ils le mangeoient ou même lorsqu'ils l'avoient mangé. Ils jugèrent que la vie évangélique, que Jésus-Christ et les apôtres avoient suivie, consistoit dans cette désappropriation entière ; en conséquence, ils donnèrent généreusement au saint siége la propriété de toutes les choses qu'ils consommoient par l'usage, sans songer que si les papes acceptoient ce don, ils s'écarteroient eux-mêmes de la vie évangélique. Ils l'acceptèrent cependant, et plusieurs donnèrent des bulles, par lesquelles ils

Subtilités des frères mineurs qui donnent au saint siége la propriété des choses qu'ils consomment.

décidèrent que les frères mineurs n'avoient pas la propriété des choses qu'ils consommoient.

Jean XXII ne veut point de ce te propriété, et condamne les subtilités de ces moines.

On en étoit là lorsque Jean XXII fut élevé au pontificat. Ce pape, ne trouvant aucun profit pour lui dans cette propriété, jugea avec raison qu'il étoit ridicule, en pareil cas, de distinguer la propriété de l'usage; que si ces frères vouloient réellement renoncer à toute propriété, ils seroient obligés d'aller nuds, de n'avoir ni feu ni lieu, de mourir de faim; et que leur intention n'étant pas que le saint siége profitât des choses dont ils usoient eux-mêmes, leur pauvreté absolue n'étoit qu'une illusion; en conséquence, il donna deux décrétales, dans lesquelles il condamna les opinions de ces moines : il décida que ni Jésus-Christ, ni les apôtres n'avoient jamais songé à cette pauvreté chimérique, et que c'étoit une hérésie de soutenir que Jésus-Christ n'avoit pas eu de propriété sur les choses dont il avoit eu l'usage; mais les frères mineurs, s'obstinant dans leurs subtilités, soutinrent que ce qu'ils consommoient ne leur appartenoit pas; que c'étoit la vraie doctrine de l'évangile, et que le pape qui la condamnoit étoit un hérétique.

Ces moines qui ne vouloient point du pain qu'ils mangeoient, avoient formé un grand schisme sur les habits qu'ils usoient, comme s'ils avoient été à eux. Les uns qui, comme plus rigides, se faisoient appeler les frères spirituels, portoient un petit capuchon pointu, une robe étroite et courte et d'une très-grosse étoffe; tandis que les autres, qu'on nommoit frères de communauté, portoient scandaleusement un grand capuchon, une robe large, longue et d'une étoffe moins grossière. Nicolas IV et Clément V tentèrent inutilement de réunir ces moines divisés sur la grande question de la forme, du volume et de la qualité de leur vêtement. Ils ne firent que les aigrir de plus en plus, et les frères spirituels se séparèrent tout-à-fait des autres.

La forme d'un capuchon devient pour ces moines, le sujet d'un schisme.

Ce schisme eût cessé bien vîte, si l'on eût voulu ne pas s'appercevoir comment tous ces moines étoient habillés; car l'attention du public donne de l'importance aux choses les plus frivoles. Je suis étonné que la cour de Rome, avec toute sa politique, n'ait

Jean XXII donne une bulle contre les capuchons pointus.

pas eu occasion de découvrir cette vérité triviale. Les papes ne savoient-ils pas qu'ils n'auroient jamais eu de cour, si on n'avoit jamais donné à eux que l'attention qu'ils méritoient comme chefs de l'église ? Pourquoi donc Nicolas IV et Clément V trait'ent-ils sérieusement une question de cette nature ? Pourquoi Jean XXII, à leur exemple, publie-t-il une bulle contre les frères spirituels ? Pourquoi leur ordonne-t-il de quitter leur capuchon pointu et leur habit court ? Il arriva ce qui devoit arriver : ces frères dirent que leur capuchon et leur habit étoient leur règle ; que leur règle leur tenoit lieu d'évangile ; que, par conséquent, vouloir faire un changement à leur capuchon et à leur habit, c'étoit enseigner une doctrine contraire à la foi, et ils prêchèrent qu'il ne falloit pas obéir au pape.

On brûle ceux qui ne veulent pas renoncer à ces capuchons.

Alors l'affaire devint sérieuse : il eût été indécent que la puissance des papes, si terrible pour les couronnes, se fût émoussée contre des capuchons. L'inquisiteur eut donc ordre de poursuivre les rebelles, et cet inquisiteur étoit un frère de communauté. Quatre frères spirituels furent saisis :

ils persistèrent dans leur désobéissance. Ces malheureux qu'il falloit enfermer aux petites-maisons, c'est-à-dire dans leur couvent, furent condamnés au feu, comme hérétiques, et exécutés à Marseille en 1318.

Martyrs de leur robe, il passèrent pour martyrs de la foi aux yeux de leurs confrères, qui se déchaînèrent sans retenue contre Jean XXII : ils publièrent qu'il n'étoit pas pape, qu'il étoit le précurseur de l'Antechrist, l'Antechrist même ; que l'église de Rome étoit la synagogue de satan ; enfin, ils annoncèrent hautement qu'ils étoient prêts à souffrir la mort pour la défense de ce qu'ils appeloient la vérité, et quelques-uns furent assez fous pour se présenter au martyre. C'est ainsi que les frères mineurs se soulevèrent contre le saint siége, eux qui dans les commencemens en avoient été les plus zélés défenseurs, et avoient soutenu et prêché partout les prétentions des papes. Si la bulle sur les habits n'en aliéna qu'une partie, les décrétales sur la propriété les révoltèrent presque tous. Ils se mirent en Allemagne sous la protection de Louis V, et

Déchaînement des frères mineurs contre Jean XXII.

ce sont eux qui donnèrent à ce prince la liste des erreurs de Jean XXII. Vous pouvez juger par-là ce que c'étoit que ces prétendues hérésies qu'on imputoit à ce pontife. On lui faisoit, par exemple, un crime d'avoir dit que Jésus-Christ a eu quelque chose en propre, et on l'accusoit d'être ennemi de la pauvreté évangélique; mais il n'est pas nécessaire d'entrer dans de plus grands détails à ce sujet.

Le schisme, causé par l'élection d'un antipape, dura peu; car, en 1330, Nicolas, saisi, conduit à Avignon et livré à Jean XXII, reconnut sa faute et se soumit. Quant à la suite des démêlés entre le sacerdoce et l'empire, nous en parlerons après avoir vu ce qui va se passer en France, où Charles le Bel étoit mort au commencement de 1328.

CHAPITRE VI.

De l'état de la France sous les règnes de Philippe de Valois, de Jean II, de Charles V; et de l'Angleterre, sous celui d'Edouard III.

Toute l'Europe est divisée. Il n'y a encore de lois nulle part; il n'y a pas même de puissance capable de faire respecter aucune coutume. Le clergé, la noblesse, le peuple et le souverain, par-tout ennemis, cèdent tour-à-tour aux circonstances; et vous devez prévoir qu'il arrivera encore de grands désordres avant que les états de l'Europe puissent prendre une meilleure forme de gouvernement. *Désordre général en Europe.*

Charles le Bel ayant laissé sa femme enceinte, deux concurrens prétendirent à la régence du royaume. L'un étoit Edouard III, fils et successeur d'Edouard, qui avoit été *A la mort de Charles le Bel, deux concurrens à la couronne de France.*

déposé et qui étoit mort l'année précédente, 1327 ; il se fondoit sur ce qu'étant fils d'Isabelle, fille de Philippe le Bel, il avoit, comme plus proche parent, plus de droit que personne à la couronne de France. L'autre étoit Philippe de Valois, fils de Charles, comte de Valois, frère de Philippe le Bel, et qui, par conséquent, étoit dans un degré plus éloigné, mais qui tiroit son droit par les mâles.

Philippe de Valois est reconnu.

La régence fut donnée à Philippe; et la reine ayant accouché d'une fille, il fut reconnu roi à l'exclusion d'Edouard. La loi salique fut encore citée, comme elle l'avoit été après la mort de Louis Hutin.

La loi salique n'étoit qu'une coutume introduite par les circonstances.

Ce n'est pas qu'il y eût alors une loi écrite, par laquelle les filles fussent formellement exclues du trône, c'est qu'elles n'avoient jamais eu occasion d'y monter. Or, parce que parmi les Français un exemple faisoit loi, ils crurent qu'une chose n'étoit sans exemple que parce que la loi l'avoit défendue.

Cette loi salique n'étoit donc qu'une coutume immémoriale, coutume que la force auroit pu changer si les circonstances l'avoient permis, et il ne falloit qu'un exemple : c'est ce que nous voyons être arrivé dans la succession aux fiefs ; car tantôt les filles y étoient appelées et tantôt elles en étoient exclues.

Philippe le Long et Philippe de Valois ont été assez puissans pour défendre les droits que la coutume leur donnoit. Il en coûtera cher à leurs successeurs pour les conserver ; mais enfin la loi salique ne sera plus sujette à aucune contestation, et ce sera un bonheur pour la France. L'histoire des autres royaumes fait voir que les droits des filles à la couronne sont la source de bien des maux.

Edouard étoit dans sa seizième année. Quoique le parlement eût nommé les régens qui devoient gouverner, Isabelle, sa mère s'étoit saisie de toute l'autorité. Les passions de cette femme avoient été une des principales causes des troubles de l'Angleterre et des malheurs du dernier roi ; elles causèrent encore des désordres jusqu'en 1331 qu'Edouard, ouvrant les yeux sur les crimes de sa mère, la fit enfermer dans le château de Rising. Il

Les troubles continuent en Angleterre, pendant les premières années d'Edouard III.

prit alors les rênes du gouvernement, et il gagna l'affection des peuples qu'Isabelle avoit aliénés.

<small>C'est pourquoi ce prince paroît d'abord renoncer à ses prétentions sur la France.</small>

Edouard, dans les premières années d'un règne aussi troublé, ne pouvant faire valoir les prétentions qu'il formoit sur la France, avoit rendu hommage à Philippe pour la Guienne; et dissimulant ses desseins sans y renoncer, il avoit fait alliance avec le duc de Brabant et avec plusieurs autres seigneurs. En attendant une conjoncture qu'il pût saisir, il arma contre l'Ecosse pour se relever d'un traité honteux que sa mère avoit fait.

<small>Philippe de Valois rend la Navarre à Jeanne, fille de Louis Hutin.</small>

Philippe le Long et Charles le Bel avoient conservé le royaume de Navarre, ou du moins l'avoient gouverné comme régens pendant la minorité de Jeanne, fille de Louis Hutin. Philippe de Valois, dès la première année de son règne, rendit à cette princesse la couronne qui lui appartenoit. Par-là le comte d'Evreux, qui l'avoit épousée, devint roi de Navarre.

<small>Conseil qu'il donne au comte de Flandre.</small>

La même année il prit les armes pour le comte de Flandre contre les Flamands qui s'étoient soulevés. Il les soumit, et après avoir représenté au comte que sa conduite pouvoit avoir donné lieu à la révolte, il lui conseilla de mieux gouverner son peuple. Ces premières démarches annonçoient un prince juste, et prévenoient favorablement pour la suite de son règne.

Vous avez vu comment se sont établis les tribunaux ecclésiastiques, et comment, à l'ombre de l'ignorance et de l'anarchie, le clergé, sous différens prétextes, attirant à lui toutes les causes, usurpoit continuellement sur les juges laïques. Cependant le différend entre Philippe le Bel et Boniface VIII avoit commencé de faire ouvrir les yeux. Puisqu'on avoit osé résister au pape, il n'étoit pas naturel que les magistrats abandonnassent la juridiction temporelle aux évêques. Déjà Philippe le Long avoit donné une ordonnance, par laquelle il excluoit tous les prélats du parlement, disant qu'il se faisoit conscience de les empêcher de vaquer au gouvernement de leur église. Il est vrai que, par une contradiction où les princes tombent quelquefois, il conserva dans son conseil ceux qui s'y trouvoient, et que plusieurs prirent encore

Entreprise des magistrats sur les justices ecclésiastiques.

séance au parlement; mais les magistrats et les baillis, plus conséquens, continuoient de former des entreprises sur les justices ecclésiastiques. On ne parloit que des violences qu'ils commettoient et de leur mépris pour les excommunications que les évêques fulminoient contre eux.

<small>Assemblée de magistrats et d'évêques pour terminer ce différend.</small>

Philippe de Valois, voulant faire cesser ce scandale, convoqua, dès la première année de son règne, les évêques et les officiers de justice, pour entendre les plaintes qui se faisoient de part et d'autre, et terminer, s'il étoit possible, cette grande contestation. Pierre de Cugnières, chevalier et conseiller du roi, exposa dans soixante-six articles, les abus que commettoient les tribunaux ecclésiastiques, et débita sur les deux puissances des lieux communs qui ne prouvoient pas grand-chose. L'archevêque de Sens et l'évêque d'Autun répondirent pour le clergé, après avoir protesté qu'ils ne prétendoient pas soumettre les droits de l'église à aucun tribunal, et qu'ils parleroient seulement pour éclairer la conscience du roi. Ayant ainsi supposé ce qui étoit en question, ils parlèrent long-temps sur ce dont il ne s'agissoit pas, et ils prouvèrent que les deux jurisdictions ne sont pas incompatibles, quoique le point qu'on agitoit, fût de savoir à quel titre ils prétendoient avoir une jurisdiction temporelle. Étoit-ce comme seigneurs? Ils l'avoient de droit dans leurs terres. Étoit-ce comme évêques? Ils l'avoient de fait, puisqu'ils l'exerçoient dans leurs diocèses. Mais la nation leur avoit-elle accordé cette puissance, ou l'avoient-ils usurpée? Étoit-ce un droit qu'il falloit respecter, ou un abus que le souverain devoit réprimer? C'est ce que le clergé n'examinoit pas : il prétendoit que la justice temporelle lui appartenoit de droit divin, comme la jurisdiction spirituelle. Il le prouvoit par des maximes et par des usages que les préjugés ne permettoient presque plus d'examiner ; et il le prouvoit encore par des écrits auxquels l'ignorance avoit donné de la célébrité, et dont elle avoit fait des livres classiques.

Tel est entre autres un ouvrage qui parut vers le milieu du douzième siècle, et qui avoit pour titre : *La concorde des canons discordans*, ou *le décret*. Gratien,

<small>Le décret de Gratien.</small>

religieux bénédictin, auteur de cet ouvrage, l'avoit fait pour établir ou même pour étendre les prétentions de la cour de Rome et des ecclésiastiques. Il vouloit prouver que le pape est au-dessus des canons, que les clercs ne sauroient être soumis au jugement des laïques, etc. Il s'appuyoit sur les fausses décrétales, sur des citations infidelles, sur de mauvais raisonnemens; et il comptoit sans doute encore sur l'ignorance de son siècle, ainsi que sur l'intérêt des ecclésiastiques qui passoient pour savans, et dont le suffrage pouvoit, par conséquent, faire la fortune d'un livre. Il ne se trompoit pas; son décret eut le plus grand succès : il fut enseigné dans les écoles : il fut commenté par des canonistes ; et les papes lui durent une partie de l'autorité qu'ils ont exercée dans le treizième siècle et dans les suivans.

Mauvais raisonnemens des évêques.

L'évêque d'Autun, qui avoit professé le droit à Montpellier, passoit pour un des grands canonistes de l'église. Il avoit sans doute étudié le décret, et il raisonna comme Gratien. Des passages de l'écriture mal interprétés, et la double puissance des prêtres de l'ancienne loi, étoient les principes d'où le clergé concluoit que ses immunités et toute son autorité étoient de droit divin. Une raison de bienséance venoit à l'appui : une grande partie de nos revenus consiste, disoient les prélats, dans les émolumens de nos justices. Nous serions donc ruinés, si l'on nous ôtoit nos tribunaux. Le royaume n'auroit donc plus que de pauvres évêques. Il perdroit donc un de ses plus grands avantages : car peut-on douter que l'éclat d'un clergé riche ne contribue à la splendeur du royaume ? Mais ce raisonnement ne prouvoit pas que les richesses des ecclésiastiques sont de droit divin : il prouvoit seulement que les évêques du quatorzième siècle ne pensoient pas comme les apôtres.

Pour décider cette question, il auroit fallu remonter d'abord aux six premiers siècles de l'église ; on auroit vu quels étoient alors les véritables droits du clergé. En étudiant ensuite les siècles postérieurs, on auroit découvert sans doute des priviléges et des biens qu'il avoit acquis par des voies justes, qui lui appartenoient

Pour terminer ces contestations, il auroit fallu remonter aux six premiers siècles.

moins comme clergé que comme corps de citoyens, et que, par conséquent, il pouvoit conserver. On auroit aussi reconnu des usurpations ou des concessions arrachées à l'ignorance des peuples et des rois.

Les scrupules de Philippe de Valois donnent l'avantage au clergé.

Philippe de Valois ne savoit pas l'histoire. Personne dans ces temps de ténèbres n'étoit en état de l'éclairer. Il fut effrayé : confondant, comme les évêques, les intérêts spirituels de la religion avec les intérêts temporels de ses ministres, il crut qu'on attaquoit la religion même. Accoutumé sans doute à se croire un David, il n'eut pas de peine à penser que les évêques étoient des Moyse, des Aaron, ou des Samuel. Il ne soutint donc pas les magistrats. Il semble pourtant qu'il auroit voulu ne pas décider : il avoit de la peine à donner une réponse positive ; mais enfin le clergé se retira vainqueur.

Mais cette première attaque des magistrats en présage d'autres qui seront plus heureuses.

Cette victoire étoit un foible avantage : elle préparoit, elle annonçoit même une défaite. Les magistrats n'avoient pas porté leurs regards sur les prétentions des prélats pour cesser tout-à-coup les hostilités. Ils

continueront donc leurs entreprises : ils
s'appliqueront à les tenter avec plus de
succès : ils acquerront enfin des lumières :
et cependant le clergé tenant toujours le
langage des siècles d'ignorance, parlera
encore dans des siècles éclairés d'un droit
divin, dont on ne parloit point dans les premiers siècles de l'église.

La France et l'Angleterre furent en paix jusqu'en 1338 ; mais la guerre se préparoit depuis quelques années. Edouard songeoit aux moyens d'augmenter le nombre de ses alliés, lorsque les Flamands soulevés par Jacques d'Artevelle, qu'on dit brasseur de bierre, se déclarèrent pour lui. Ils exigèrent seulement qu'en conséquence de ses prétentions, il prît le titre de roi de France ; jugeant que c'étoit un expédient pour se révolter sans être rebelles.

<small>Édouard III prend le titre de roi de France, et commence la guerre.</small>

Cette guerre, interrompue par quelques trêves, désola toute la France jusqu'à la mort de Philippe, arrivée en 1350. Ce prince, en 1346, perdit la bataille de Créci, quoiqu'il eût près de cent mille hommes, et qu'Edouard n'en eût que quarante mille. Les environs de Paris furent

<small>Il bat les Français à Créci.</small>

ravagés par les Anglais, ainsi que tout le pays depuis l'extrémité de la basse Normandie jusqu'aux frontières de Picardie. Ils ne firent pas de moindres maux dans le Poitou, dans la Saintonge et dans les autres provinces méridionales. On remarque qu'ils avoient de l'artillerie : on en faisoit déjà quelque usage depuis peu d'années.

Les divisions, fomentées par Philippe le Bel sont funestes à Philippe de Valois.

On commence ici à voir sensiblement les effets de cette politique, par laquelle les rois croyoient se rendre puissans en semant la division dans le royaume. Philippe de Valois put connoître toute sa foiblesse, lorsqu'il eut la guerre avec Edouard. Il ne trouva pas dans ses sujets tout cet accord et cette obéissance qui font la force des armées. Il avoit plus de soldats; mais il n'osoit mettre un frein à leur insolence. La noblesse étoit encore plus intraitable, Chacun paroissoit penser à profiter des désordres; et la licence des troupes étoit un nouveau fléau pour le royaume. C'est ainsi que le roi étoit mal servi par ceux mêmes qui lui restoient fidelles. Combien n'eût-il pas été plus puissant si ses prédécesseurs avoient été capables de prendre pour modèle la politique de S. Louis !

Pour fournir aux frais d'une guerre qu'il faisoit mal, et qu'il ne lui étoit peut-être pas possible de bien faire, il accabla le peuple d'impôts : il en mit entre autres un sur le sel ; il fit dire à Edouard, qui joua sur le mot, que Philippe de Valois étoit le véritable auteur de la loi salique.*Philippe de Valois multiplie les impôts.*

L'affoiblissement des monnoies dont ses prédécesseurs lui avoient donné l'exemple, fut encore sa grande ressource. Elles varièrent beaucoup sous son règne. Il s'attribua même à ce sujet le droit le plus arbitraire. *Nous ne pouvons croire*, dit-il, dans une de ses ordonnances, *ne présumer qu'aucun ne puisse, ne doive faire doute, qu'à nous et à notre majesté royale ne appartienne seulement, et pour le tout en notre royaume, tout le métier, le fait, l'état, la provision, et toute l'ordonnance des monnoies ; et de faire monnoyer telles monnoies, et de donner tel cours et pour tel prix, comme il nous plaît et bon nous semble, pour le bien et le profit de nous, de notre dit**Il altère continuellement les monnoies.*

fit trancher la tête, encore sans aucune procédure, à quatre seigneurs qui se trouvèrent avec lui, et le fit ensuite conduire au Châtelet de Paris.

Il est vrai que Jean n'étoit pas assez puissant pour s'assurer de pouvoir punir, sans s'écarter des règles, un criminel tel que le roi de Navarre. Mais quand on ne peut pas se faire craindre, il faut gagner ceux qu'on craint. Les pardons, les surprises, et les voies de fait rendent tout-à-lafois méprisable et odieux. La conduite de Jean donna donc de nouveaux alliés au roi d'Angleterre.

Il convoque les états.
La guerre avoit recommencé en 1355, dans un temps où le mécontentement général pouvoit causer des révoltes, si l'on mettoit de nouveaux impôts, ou si l'on touchoit aux monnoies. Cependant comme l'argent manquoit, le roi convoqua les états généraux, et leur présenta ses besoins.

Il leur fait sous serment, des promesses qu'il ne tient pas.
Ces états, les plus nombreux qu'on eût encore vus, imposèrent une taxe pour entretenir trente mille gendarmes, outre les communes du royaume; mais, à l'exemple du parlement d'Angleterre, ils entreprirent

de régler le gouvernement. Ils arrêtèrent la nature des impôts, leur durée et le prix des espèces. Jean promit tout ce qu'on exigea de lui. Il jura sur-tout, pour lui et pour ses successeurs, de ne donner jamais cours qu'à une monnoie forte, de la conserver sans altération, de faire prêter le même serment à ses fils, à son chancelier, aux gens de son conseil, aux officiers de ses monnoies, en un mot, à tous ceux qui avoient quelque part à l'administration. Il déclara même qu'il priveroit de leurs offices ceux qui lui donneroient des conseils contraires. Cependant, malgré cet engagement solemnel, il affoiblit les monnoies six mois après: ce qui fait voir que lorsque les états faisoient des réglemens, ils ne savoient ou ne pouvoient pas prendre des mesures pour en assurer l'exécution.

Avec une plus sage conduite, la France auroit pu se relever; car l'Angleterre commençoit à se lasser de donner des subsides, et d'ailleurs l'Ecosse faisoit une diversion. Il est vrai qu'Edouard, qui continuoit d'être grand, trouvoit des ressources; il en trouvoit sur-tout dans le prince de Galles, son

Il est fait prisonnier à Poitiers.

fils, plus grand peut-être encore. Il le chargea de la guerre de France, pendant qu'il marchoit lui-même contre les Ecossais.

Jean, à la tête d'une armée quatre fois plus nombreuse, joignit le prince de Galles à Maupertuis, à deux lieues de Poitiers. Il pouvoit envelopper l'ennemi, l'affamer et le forcer à se rendre. Il l'attaqua, et il fut vaincu, fait prisonnier et emmené à Londres.

Charles, dauphin, convoque les états à Paris.

Pendant la prison du roi, Charles, dauphin (1), gouverna d'abord avec le titre de lieutenant du royaume, et ensuite avec celui de régent. Quoiqu'il n'eût encore que dix-neuf ans, il avoit heureusement toute la prudence et toute la modération que demandoient les circonstances où il se trouvoit. Sa première démarche fut de songer à se procurer les secours qui lui étoient né-

---

(1) Le Dauphiné et le comté de Viennois avoient été cédés à Philippe de Valois par Humbert II, dernier prince de la Tour du Pin. C'est à Charles que les fils aînés de France commencèrent à porter le titre de dauphins.

cessaires; et dans cette vue, il assembla les états à Paris.

Ce n'étoit plus le temps où la politique pût tirer quelqu'avantage des divisions. Charles ne pouvoit pas, comme Philippe le Bel, offrir tour-à-tour sa protection aux différens ordres, afin de les gagner séparément, et de les tromper tous ensemble. Les malheurs de la guerre décelèrent tous les vices de cette misérable politique. Charles, sans autorité, se vit dans la dépendance de tous les partis, et se crut trop heureux de trouver un prétexte pour rompre les états. En effet ils ne furent qu'une assemblée de factieux qui, sous prétexte de réformer le gouvernement, excitoient de nouveaux troubles; respectant peu le dauphin qui attendoit tout d'eux, et de qui ils n'attendoient rien.

1356. Il est trop heureux de les pouvoir rompre.

Les états se rassemblèrent encore la même année. Le dauphin les convoqua malgré lui, et ne fut pas le maître de les rompre. Marcel, prévôt des marchands, commandoit dans Paris, et lui faisoit la loi.

Forcé à les rassembler, il ne peut plus les rompre.

1357.

Le désordre régnoit dans la capitale.

Désordres partout.

où le peuple et la noblesse formoient deux partis toujours prêts à se soulever l'un contre l'autre. Les autres villes offroient à-peu-près les mêmes spectacles. Les campagnes étoient remplies de voleurs qui marchoient par troupes sous différens chefs, et qui commettoient toute sorte de brigandages. Enfin les paysans, qui s'étoient d'abord armés pour leur défense, faisoient indistinctement la guerre à tous les partis, exerçoient les plus grandes cruautés, et paroissoient avoir juré d'exterminer la noblesse.

Marcel, qui veut donner la couronne à Charles, roi de Navarre, est tué.

Sur ces entrefaites, le roi de Navarre, échappé de prison, vint à Paris se joindre aux mécontens, et Marcel forma le projet de l'élever sur le trône. Les troubles s'acrurent donc encore : cependant ils finirent à Paris en 1358, le prévôt des marchands, qui en étoit l'auteur, ayant été tué par un bourgeois nommé Maillard.

Trève de deux ans avec Edouard.

On peut conjecturer que la guerre avoit épuisé les ressources du roi d'Angleterre; car, au lieu de profiter de la situation malheureuse de la France, il avoit fait une trève de deux ans, en 1357.

Dans des circonstances aussi critiques, le dauphin eut la sagesse de dissimuler les maux qu'il ne pouvoit empêcher. Il ne précipita rien ; il attendit des conjonctures plus favorables, et il sut les saisir. Lorsque la trève avec l'Angleterre étoit sur sa fin, il fut assez heureux pour faire la paix avec le roi de Navarre qui lui avoit déclaré la guerre d'abord après la mort de Marcel.

Sage conduite du dauphin.

Le roi d'Angleterre arma, et parut en France à la fin d'octobre. Le dauphin, qui n'avoit pas assez de troupes pour tenir la campagne, se contenta de mettre des garnisons dans les places. Il attendoit que l'armée ennemie se consumât d'elle-même. La chose arriva comme il l'avoit prévue. Les Anglais, qui souffroient beaucoup des rigueurs de la saison, souffrirent encore plus de la disette qu'ils trouvèrent dans un pays tout-à-fait ruiné ; et Edouard, qui craignit de trouver de trop grands obstacles à sa retraite, fut contraint d'entrer en négociation. La plupart des historiens attribuent son changement à un orage miraculeux, sans doute avec bien peu de fondement ; en effet, qu'il y ait eu un orage,

La guerre recommence et la même année on négocie.
1359.

qu'un prince en soit effrayé, et qu'il croie que le ciel lui ordonne de cesser la guerre ; tout cela se peut sans un miracle. Mais il seroit bien étonnant que l'intrépide Edouard eût été ce prince-là.

Traité de Brétigni.

1360.

Quoi qu'il en soit, par un traité signé à Brétigni près de Chartres, au mois de mai 1360. on céda au roi d'Angleterre en toute souveraineté, le Poitou, la Saintonge, la Rochelle, l'Agenois, le Périgord, le Limousin, le Querci, le Rouergue, l'Angoumois, les comtés de Bigorre et de Gaure, ceux de Ponthieu et de Guignes, la ville de Montreuil et Calais. De leur côté, Edouard et le prince de Galles renoncèrent à leurs prétentions sur la couronne de France, et à leurs droits sur la Normandie, la Touraine, l'Anjou et le Maine : enfin la rançon du roi Jean fut fixée à trois millions d'écus d'or.

Dans ces temps de calamités, Jean se croise.

Jean étoit délivré ; mais les désordres continuoient dans tout le royaume. Les brigands s'y multiplièrent, et s'y enhardirent à un tel excès, qu'un d'eux osa prendre le titre de roi de France. Sur ces entrefaites on prêcha une croisade pour la

Palestine, et le roi prit la croix des mains du pape. Il ne lui manquoit plus que d'entreprendre cette guerre pour achever la ruine de ses états; et il s'y disposoit, parce qu'il la regardoit comme un moyen propre à purger la France de tous les brigands: il auroit mieux valu ne les avoir pas fait naître, en gouvernant comme il avoit fait.

Cependant on se plaignoit en France et en Angleterre que les articles du traité de Brétigni n'étoient pas exécutés. Jean vouloit néanmoins remplir ses engagemens; et lorsqu'on lui disoit que la nécessité où il avoit été de contracter, les rendoit nuls, il répondit que quand la bonne foi seroit bannie de la terre, elle devroit se trouver encore dans la bouche et dans le cœur des rois. Cette maxime est aussi belle qu'elle est peu suivie; et Jean lui-même avoit violé le serment qu'il avoit fait de ne pas altérer les monnoies. Lorsque les rois ne sont pas justes, ces maximes ne sont que des mots dans leur bouche : Jean parloit comme S. Louis agissoit.

Différends à l'occasion du traité de Brétigni.

La France et l'Angleterre étoient sur le point d'en venir à une rupture, lorsque Jean

Jean passe en Angleterre pour les terminer. Il y meurt.

se rendit à Londres, pour terminer les différends qui s'élevoient. Il y mourut quelques mois après, laissant à Philippe, son quatrième fils, le duché de Bourgogne qu'il avoit réuni à la couronne deux ans auparavant. La suite vous fera voir que cette disposition prépara un nouvel ennemi à la France.

L'esprit des états sous Jean II.

Les états n'ont jamais été plus fréquens que pendant le règne de Jean II : il y en eut de généraux ou de provinciaux presque chaque année. Ils ne ressembloient pas à ce champ de Mars, dont Charlemagne avoit été l'ame. Sans aucune vue du bien public, les Français ne se rassembloient que pour opposer des intérêts particuliers à des intérêts particuliers. Tout dégénéroit en factions, sous un prince foible qui ne savoit ni se passer des états, ni en tirer aucun avantage ; et l'autorité royale, en butte à tous les partis, s'affoiblissoit, en les voyant cependant s'attaquer et se détruire les uns les autres.

Édouard cesse d'être grand.

Telle étoit la situation de la France, lorsque Charles V monta sur le trône : tout y paroissoit désespéré ; mais la conduite du régent vous répond de la sagesse du roi. En effet ce prince ne fera ni les fautes de Philippe de Valois, ni celles de Jean II ; cependant Edouard cessera d'être un grand homme. Il négligera tout-à-fait les soins du gouvernement : il sacrifiera tout à des favoris avides, dont il se laissera obséder : il multipliera les impôts : il aliénera ses peuples. Enfin il ne trouvera plus de secours dans le prince de Galles, dont la santé va s'altérer. Vous prévoyez donc que tout doit changer, et que la France à son tour aura des succès.

Charles donna tous ses soins à bien régler les monnoies. Il se fit une loi de ne les jamais altérer. Il remit l'ordre dans les finances ; et s'il leva des impôts, il prit les mesures les plus sages pour prévenir les murmures du peuple. *Charles V se fait une loi de ne point altérer les monnoies.*

Depuis 1341, la Bretagne étoit déchirée par une guerre civile à laquelle les Anglais et les Français avoient pris part, et qui pouvoit encore les armer de nouveau. Le comte de Blois, à qui Charles donnoit des secours sous main, et le comte de Montfort qui en recevoit d'Edouard, prétendoient *Il assure la paix au dehors.*

l'un et l'autre à ce duché : mais le premier ayant été tué dans un combat, Charles se hâta de donner à Montfort l'investiture de ce fief, craignant que ce seigneur ne voulût reconnoître le roi d'Angleterre pour suzerain, et ne fût l'occasion d'une guerre qu'il vouloit prévenir. Il fit aussi la paix avec le roi de Navarre, et sut s'attacher ce prince qui avoit fait tant de mal à la France, et qui venoit de recommencer la guerre.

Brigands qui infestoient la France.

Dès l'an 1365, Charles n'avoit plus d'ennemis au-dehors, et il ne lui restoit qu'à délivrer le royaume des brigands qui l'infestoient. On prétend qu'il y en avoit plus de trente mille. Ils formoient différens corps qui se réunissoient au besoin, et ils étoient conduits par des chefs expérimentés. Il eût été triste d'être obligé de lever une armée contre cette canaille.

Charles V se propose de les armer pour le comte de Transtamare contre D Pèdre, roi de Castille.

Don Pèdre ou Pierre, surnommé le Cruel, régnoit en Castille ; et Henri, comte de Transtamare, son frère naturel, avoit soulevé la noblesse. Tous deux cherchoient à se faire des alliés, lorsque le pape déclara le roi légitime indigne du trône, et donna la couronne au prince rebelle. Le prince de Galles, qu'Edouard III avoit fait duc de Guienne, la vouloit conserver à don Pèdre, et pouvoit rendre nul le jugement du pape. Il falloit donc d'autres secours au comte de Transtamare. Il les trouva dans Charles V, qui se déclara d'autant plus volontiers pour lui, que le duc de Guienne s'étoit déclaré pour don Pèdre, et qui d'ailleurs voulut saisir l'occasion de délivrer la France des *compagnies :* c'est ainsi qu'on nommoit les troupes de brigands.

Ces malheureux avoient été excommuniés plusieurs fois, et cependant ils n'avoient pas cessé de piller le royaume : on se flattoit qu'ils feroient plus de cas des censures ecclésiastiques, lorsqu'elles pourroient s'allier avec le brigandage. C'est ainsi que pensa Bertrand du Guesclin, qui se chargea de les engager à le suivre en Castille. Il leur offrit l'absolution, et il appuya sur la bonté du pays où il vouloit les conduire. *Si nous vaut mieux ainsi faire,* disoit-il en finissant son discours, *et pour nos ames sauver, que de nous damner*

<small>Bertrand du Guesclin se charge de les conduire.</small>

et de nous donner au diable; car trop avons fait de péchés et de maux, comme chacun peut savoir en droit soi, et tout nous conviendra finir. Vous voyez par-là dans quel esprit on entreprenoit cette guerre, et comment alors le brigandage changeoit de nature d'un côté des Pyrénées à l'autre.

<small>Les Compagnies consentent à suivre du Guesclin.</small> Les brigands voulurent l'absolution, dès qu'on n'exigea plus d'eux qu'ils renonçassent au brigandage, et qu'au contraire on leur proposa de la mériter en le continuant ailleurs qu'en France. Ils remirent donc au roi les forteresses dont ils étoient maîtres, et ils suivirent du Guesclin.

<small>En passant par Avignon elles demandent au pape l'absolution et cent mille francs.</small> Ils prirent leur route par Avignon, afin d'obtenir l'absolution, chemin faisant, et de demander cent mille francs au pape pour achever leur voyage. De ces deux choses, la seconde souffroit seule des difficultés, que du Guesclin leva. Il ne faut pas refuser, disoit-il, ces cent mille francs: nous avons ici des gens qui se passeront sans peine de l'absolution, mais qui ne peuvent pas se passer d'argent: nous les

menons en exil, afin qu'ils ne fassent plus de mal aux chrétiens. Nous ne les pouvons contenir sans argent, et il faut que le saint père nous aide à les rendre plus dociles, et à les conduire hors de ce royaume.

En attendant que le pape voulût compter cent mille francs, pour concourir à rendre ces brigands gens de bien, malgré eux, ils couroient la campagne et ils dévastoient tous les environs d'Avignon, il fallut donc les satisfaire : mais du Guesclin ayant su qu'on avoit levé cette somme sur les habitans, déclara qu'il vouloit qu'elle fût uniquement prise sur les biens du pape, des cardinaux et des autres ecclésiastiques, et il fallut encore obéir. Le pape n'avoit pas prévu qu'il feroit une partie des frais de cette guerre.

Le pape est forcé à compter cent mille francs.

Du Guesclin, qui étoit un grand capitaine, étoit encore un des plus honnêtes hommes de son siècle; on est donc étonné du rôle qu'il joue à la tête de ces brigands; mais il ne songeoit qu'à les conduire hors du royaume, soit pour en purger la France, soit, comme il le dit, pour en faire des gens de bien; et pensant que le pape devoit contribuer à une si bonne œuvre, il l'y força, parce qu'il crut devoir l'y forcer. Où auroit il pris des sentimens plus délicats? La loi du plus fort n'étoit-elle pas de temps immémorial l'unique règle des gens de guerre? Et cette loi n'autorisoit-elle pas à tout, lorsque l'intérêt de la religion paroissoit attaché au succès d'une entreprise?

Henri de Transtamare, proclamé, est défait p.r D. Pèdre.

Le comte de Transtamare fut proclamé roi de Castille; mais le prince de Galles, marchant au secours du roi détrôné, débaucha les compagnies qui vinrent le joindre, et gagna la bataille de Navarette, que Transtamare livra contre l'avis de du Guesclin: ce capitaine y fut même fait prisonnier.

Il le bat à son tour, le fait prisonnier et le poignarde.

Don Pèdre, rétabli sur le trône, ne remplit aucun de ses engagemens, de sorte que le prince de Galles l'abandonna et revint en France, où les compagnies le suivirent. Alors Transtamare releva son parti, vainquit don Pèdre, le fit prisonnier et le poignarda. Cependant le duc de Lancastre, un des fils d'Edouard III, prétendit au royaume de Castille, parce qu'il avoit épousé Constance, fille de don Pèdre. Le roi de Portugal avoit aussi des prétentions qu'il voulut faire valoir. Ceux d'Arragon et de Navarre profitèrent des troubles pour s'emparer de ce qui étoit à leur bienséance, et ce fut là le sujet d'une longue guerre; mais Henri de Transtamare conserva la couronne et la fit passer à ses descendans.

Il conserve la couronne de Castille, malgré plusieurs prétendans.

Quoique les compagnies fussent revenues en France, elles n'étoient plus si redoutables, parce qu'elles étoient diminuées des trois quarts, et parce que Charles V prit les mesures les plus sages pour prévenir les désordres qu'elles pouvoient causer.

Charles V, qui veille à maintenir l'ordre, se fait aimer et respecter.

Charles avoit ramené la tranquillité dans son royaume. Il se trouvoit riche, sans fouler son peuple, par l'ordre qu'il avoit mis dans les finances, et l'on commençoit à respirer sous un roi qui se faisoit aimer et respecter : d'ailleurs la France n'avoit plus d'ennemis redoutables. L'esprit brouillon du roi de Navarre avoit de quoi s'occuper en Castille. Le prince de Galles étoit revenu d'Espagne avec une santé délabrée; et Edouard, livré à l'amour depuis quelques années, étoit tout entier à Alix Perrers, sa maîtresse.

Il sait choisir ceux à qui il donne sa confiance.

Vous pouvez donc prévoir de quel côté seront les avantages, s'il s'élève une nouvelle guerre entre l'Angleterre et la France. Considérons sur-tout que Charles sait choisir ceux qui méritent sa confiance. Il aura de bons ministres, il aura de bons généraux; et toujours maître de lui-même, il ne fera point de démarches qu'il n'ait pris toutes les mesures pour s'assurer du succès. Le traité honteux de Brétigni sera donc effacé s'il se présente une occasion de déclarer la guerre. Le roi l'attendoit : elle se présenta.

Les sujets du prince de Galles portent contre lui leurs plaintes au roi.

La guerre d'Espagne avoit épuisé les finances du prince de Galles. Pour les réparer, il voulut mettre une nouvelle imposition sur ses sujets, et il souleva plusieurs de ses vassaux qui, déclarant cette entreprise contraire à leurs priviléges, présentèrent contre lui leurs plaintes au roi de France.

Il est certain que par le traité de Brétigni, Charles ne pouvoit pas se porter pour juge dans ce différend, parce qu'il avoit renoncé à toute suzeraineté sur les états qu'il avoit cédés au roi d'Angleterre; mais de part et d'autre on se plaignoit que ce traité avoit été violé en plusieurs points, et peut-être avoit-on raison de part et d'autre.

On agita en France si ce traité devoit être considéré comme nul, et le roi fut un an sans paroître se déclarer, parce qu'il ne vouloit se déclarer qu'à propos. Enfin, tout étant préparé, le prince de Galles fut cité pour être jugé à la cour des pairs. Il répondit qu'il viendroit à la tête de soixante mille hommes : sa santé ne lui permit pas de faire une seule campagne.

Charles V cite le prince de Galles à la cour des pairs.

1369.

La guerre commença : elle fut suivie de succès ; et de nouvelles dispositions préparoient de nouveaux avantages, lorsqu'un arrêt de la cour des pairs déclara confisquées et réunies à la couronne toutes les terres qu'Edouard et le prince de Galles possédoient en France.

Un arrêt de cette cour déclare confisquées toutes les terres de ce prince.

Charles n'avoit pas fait une démarche aussi hardie, sans avoir auparavant bien jugé des conjonctures et pris toutes les

Cette démarche est soutenue par des succès.

précautions nécessaires pour la soutenir. Tout lui réussit donc encore, et les conquêtes furent rapides dans plusieurs provinces jusqu'en 1375, qu'on fit une trêve.

Mort du prince de Galles et d'Edouard.

Le prince de Galles étant mort l'année suivante, Edouard songeoit à faire une paix durable lorsqu'il mourut lui-même.

1374.
1377.

Ce roi malheureux fut abandonné de tout le monde dans sa maladie. Alix elle-même, qui écartoit de lui tout secours, lui enleva ce qu'il avoit de plus précieux, et se retira lorsqu'il respiroit encore. Voilà souvent comment les princes sont aimés d'une maîtresse, à laquelle ils sacrifient tout. Cependant on ne peut pas ne pas plaindre l'aveuglement d'Edouard, quand on compare ce qu'il est à la fin de son règne avec ce qu'il avoit été pendant un si grand nombre d'années. Sa valeur, sa prudence, sa grandeur d'ame, sa constance, sa générosité, son humanité, sa bienfaisance, son affabilité paroissoient concourir pour en faire un prince accompli : Alix rendit inutiles tant d'excellentes qualités.

Nouveaux succès de Charles V. Sa mort.

La trêve venoit de finir dans une circonstance d'autant plus favorable à la

France, que l'Angleterre n'avoit pour roi qu'un enfant de onze ans, Richard II, fils du prince de Galles. Charles trouva même encore un secours dans le roi d'Ecosse, qui, quoique son allié, n'avoit pas encore osé se déclarer ouvertement, et qui pour lors fit une diversion. Il mit sur pied lui-même cinq armées. Une fut envoyée en Guienne; une autre en Auvergne; la troisième en Bretagne; la quatrième en Artois; la cinquième fut un corps de réserve prêt à se porter par-tout; et une flotte ravagea les côtes de l'Angleterre. Les Anglais, attaqués de toutes parts, n'éprouvèrent donc plus que des revers. Il ne leur restoit que Calais, Bordeaux et quelques autres places peu importantes lorsque Charles V mourut. La même année étoit mort du Guesclin, après s'être fait la réputation la plus éclatante, et avoir été comblé des graces d'un prince, qui savoit discerner les hommes de talens, et qui ne craignoit pas de les employer.

1330.

Nul roi n'a moins tiré l'épée que Charles, disoit Edouard, et cependant aucun n'a fait de plus grandes choses et ne pouvoit

Sa sagesse.

me donner plus d'embarras. En effet, c'est du fond de son cabinet que Charles étoit l'ame de tous les bras qu'il faisoit mouvoir. Toujours appliqué, quoique d'une santé fort mauvaise, il donnoit ses soins à toutes les parties du gouvernement. Il régloit tout par lui-même, et il préparoit ses entreprises avec une prudence si singulière, qu'il paroissoit envoyer ses généraux à des victoires assurées. Sobre, économe, juste, pieux, il s'intéressoit aux malheureux; il donnoit un libre accès aux hommes de mérite; il aimoit à montrer sa générosité, lorsqu'il s'agissoit de récompenser la vertu. Que vous êtes heureux ! lui disoit un de ses courtisans : je ne le suis, répondit-il, que parce que je puis faire du bien. Vous jugez qu'avec cette façon de penser, il ne faisoit pas consister la politique à semer la division parmi les ordres de l'état. Il défendit au contraire les guerres particulières que les seigneurs se faisoient encore ; il réunit tous ses sujets en les attachant à sa personne; il sut même gagner jusqu'aux compagnies de brigands, qui combattirent pour lui contre les Anglais. C'est

ainsi qu'il tournoit à l'avantage de la France
ce qui, sous un autre prince, en auroit
fait le malheur. Quand on réfléchit sur
cette conduite, on n'est pas étonné, qu'en
1377, il ait eu cinq armées et une flotte,
lui qui, pendant la prison de son père,
ne pouvoit pas mettre une troupe en campagne, et qui, au milieu des tumultes de
Paris, n'avoit pas seulement une garde
pour sa personne : on lui a donné le surnom de Sage. C'est lui qui a fixé la majorité des rois de France à quatorze ans
commencés. Son dessein étoit de prévenir,
autant qu'il est possible, les troubles trop
ordinaires dans les temps de régence.

CHAPITRE VII.

De l'Allemagne depuis le différend de Louis V et de Jean XXII, jusqu'en 1400.

<small>Source des revenus des papes.</small> JEAN XXII, qui mourut en 1334, laissa dans le trésor de l'église d'Avignon la valeur de vingt-cinq millions de florins d'or. Ce fait est rapporté par un historien contemporain, sur le témoignage de son frère qui étoit à portée d'en être instruit. Jean auroit donc amassé cette somme dans le cours de son pontificat, c'est-à-dire, dans l'espace de dix-huit ans; et s'il n'y a pas de l'exagération, on peut juger des revenus que les papes s'étoient faits. Ils exigeoient des tributs de l'Angleterre, de la Suède, du Danemarck, de la Norwège, de la Pologne et de tous les états de la chrétienté: tributs qui étoient toujours bien payés, quand un pontife savoit saisir les circons-

tances, prendre des prétextes pour intéresser la religion à ses entreprises et intimider les peuples par des excommunications. Ils ne trouvoient alors nulle part moins d'obstacles qu'en France; car en accordant les décimes au roi, ils pouvoient mettre impunément telle taxe qu'ils vouloient sur le clergé. Il y avoit encore pour eux une autre source de richesses.

Les papes s'étoient quelquefois réservé la disposition de quelques bénéfices, sous prétexte des troubles qu'occasionnoient les élections, et ces exemples leur firent bientôt un droit d'étendre la réserve sur de nouveaux bénéfices. Clément V usa surtout de ce droit pour donner des évêchés à ses parens : il y fut même autorisé par Philippe le Bel qui, le voyant dans ses intérêts, jugea qu'il disposeroit lui-même des principaux siéges, ou qu'il n'y verroit que des sujets qui lui seroient agréables.

Jean XXII étoit trop entreprenant pour ne pas étendre encore ce droit. Il établit la réserve de toutes les églises collégiales de la chrétienté, disant qu'il le faisoit pour ôter les simonies, d'où cependant, remarque l'abbé Fleuri, il tira un trésor infini. De plus, ajoute le même auteur, en vertu de la réserve, il ne confirma quasi jamais l'élection d'aucun prélat ; mais il promouvoit un évêque à un archevêché, et mettoit à sa place un moindre évêque : de-là, il arrivoit souvent que la vacance d'un archevêché ou d'un patriarchat produisoit six promotions ou davantage, et il en venoit de grandes sommes à la chambre apostolique. Car le pape exigeoit quelquefois la première année du revenu des bénéfices auxquels il nommoit ; et il établissoit des taxes pour les secrétaires qui expédioient les provisions. C'est ainsi que Rome s'est arrogé des annates et autres droits sur les bénéfices.

Ces réserves faisoient peu-à-peu passer d'usage les élections canoniques. Le pape, qui disposoit de tout, pouvoit tout vendre ; et il augmentoit d'autant plus ses revenus, que pour un bénéfice vacant il en conféroit, par le moyen des translations, tout autant qu'il vouloit. Ces raisons, jointes au peu de dépenses que Jean XXII faisoit pour sa personne, font comprendre comment il avoit pu amasser un grand trésor.

Benoit XII, son successeur, parut d'abord disposé à donner l'absolution à Louis V. Cependant il tira cette affaire en longueur dans la crainte de déplaire à Philippe de Valois. Ce prince voulant se venger de l'empereur, qui avoit excité les Flamands à la révolte, exhortoit le pape à ne pas se désister, et le menaçoit même, s'il se rendoit à la demande de Louis. Il reconnoissoit donc l'autorité que les papes s'arrogeoient sur les souverains.

Querelles du sacerdoce et de l'empire, pendant le pontificat de Benoit XII.

Louis, qui avoit été obligé de revenir en Allemagne, et qui n'avoit eu qu'une domination passagère en Italie, où les troubles avoient recommencé, tenoit des diètes qui portoient des décrets contre les bulles de Jean XXII, et qui déclaroient que celui qui a été élu roi des Romains par les princes électeurs, ou par la plus grande partie, même en discorde, n'a pas besoin de l'approbation, de la confirmation, ni du consentement du saint siége pour prendre le titre d'empereur, ou pour prendre l'administration des biens et des droits de l'empire. Cependant il négocioit toujours pour obtenir son absolution lorsque Benoît mourut, laissant les choses dans l'état où il les avoit trouvées.

Clément VI, qui lui succéda, dit que ceux qui avoient occupé le saint siége jusqu'alors, n'avoient pas su être papes. Pour lui, il sut étendre ses droits de réserve, vivre dans le luxe, et soutenir toutes les prétentions de la cour de Rome. Je ne parlerai pas des bulles qu'il publia contre Louis V ; car ce seroit toujours répéter les mêmes choses. Je remarquerai seulement que, marchant sur les traces de Jean XXII, il vint à bout de faire élire roi des Romains, Charles, marquis de Moravie, fils de Jean de Luxembourg, roi de Bohême, et petit-fils de Henri VII. Ce prince avoit promis au pape que s'il étoit élu, il déclareroit nuls tous les actes faits par Louis de Bavière; qu'il ne viendroit à Rome que le jour marqué pour son couronnement, qu'il en sortiroit le jour même et qu'il n'occuperoit aucune des terres qui pouvoient appartenir à l'église de Rome; et que même il n'entreroit sur aucune qu'avec la permission du saint siége.

Pendant que le pape causoit des troubles en Allemagne, la mort de Robert, arrivée en 1343, en préparoit d'autres dans le royaume de Naples. Il avoit marié Jeanne, sa petite-fille et son héritière, au prince André, fils de Charles-Robert, roi de Hongrie, son neveu. Il rendoit, par ce mariage, la couronne aux descendans de son frère aîné, Charles-Martel, et il crut l'assurer dans sa famille. Mais cette précaution, toute sage qu'elle paroisse, produisit un effet tout contraire. Nous en parlerons bientôt. *Alors des troubles se préparoient dans le royaume de Naples.*

Charles de Luxembourg, n'étant soutenu que par un parti très-foible, fut défait, et eût été hors d'état de former de nouvelles tentatives, si Louis V ne fût pas mort la même année. *Après bien des difficultés, Charles IV est reconnu roi des Romains.*

1347.

Cependant les princes qui étoient restés fidelles au dernier empereur, offrirent l'empire à Edouard III, qui le refusa. Ils élurent ensuite Frédéric, marquis de Misnie, et landgrave de Thuringe, qui se désista pour une somme considérable qu'il reçut de Charles. Ils élurent encore Gunther, comte de Schwartzbourg; mais ce prince étant tombé malade peu de temps après, et se sentant près de sa fin, consentit à renoncer à tous ses droits, moyennant vingt-deux mille marcs d'argent. Enfin Charles gagna les électeurs, qui lui étoient opposés, et fut reconnu.

1349.

Cessation des querelles du sacerdoce et de l'empire. Elle est funeste aux papes.

Après avoir employé quelques années à rétablir l'ordre en Allemagne, il obtint d'Innocent VI, successeur de Clément, la permission d'aller à Rome pour être couronné ; et il sortit de cette ville le jour même de son couronnement, comme il l'avoit promis. Cette conduite soumise fit enfin cesser les guerres qui s'étoient élevées entre le sacerdoce et l'empire.

Alors les papes parurent avoir vaincu, et si Clément VI eût été vivant, il se fût sans doute applaudi de sa victoire ; mais l'avantage n'en étoit que momentané, et devoit même accélérer la chûte de l'autorité usurpée par le saint siége.

En effet, cette autorité n'étoit qu'une illusion, que les querelles du sacerdoce et de l'empire avoient entretenue ; parce qu'il est naturel de juger d'une puissance par la puissance qu'elle combat et qu'elle balance.

L'illusion devoit donc cesser avec les querelles. Dès que les papes n'avoient plus un ennemi dans l'empereur, ils perdoient nécessairement de leur considération. L'opinion, qui les avoit fait redouter, s'affoiblissoit insensiblement ; et les yeux, tous les jours moins fascinés, se préparoient peu-à-peu à leur résister, ou même à les braver.

Charles IV, ayant repassé les Alpes, trouva l'Allemagne fort agitée. L'ambition d'une multitude de princes, parmi lesquels les uns vouloient dominer, les autres ne vouloient pas céder, étoit une source intarissable de désordres. La coutume, qui obéit à la force, et qui, par conséquent, change souvent, n'avoit pas pu fixer les rangs parmi ces princes; et il s'étoit établi l'opinion d'une égalité chimérique, opinion que les guerres, auxquelles elle donnoit lieu, sembloient devoir détruire, et que cependant elles ne détruisoient pas. On ne savoit seulement pas quels étoient les princes qui avoient seuls droit de concourir à l'élection du roi des Romains. Tout avoit à cet égard varié suivant les temps, et il n'y avoit rien de déterminé.

Désordres en Allemagne, où tous les droits sont confondus.

Bulle d'or.
1356.

Charles, voulant remédier à ces abus, convoqua une diète. Elle fut composée des électeurs, des comtes, des seigneurs, et des députés des villes libres. C'est-là que fut faite une constitution qu'on nomma *bulle d'or*, et qui fixa le nombre des électeurs à sept, régla leurs fonctions, leurs droits, leurs priviléges, la manière dont l'élection du roi des Romains devoit être faite ; et en général tout ce qu'on jugea nécessaire pour mettre quelqu'ordre dans le gouvernement de l'empire.

Elle est la première loi fondamentale du corps Germanique.

Les temps antérieurs à cette bulle n'offrent que de la confusion. Elle est proprement la première loi fondamentale du corps germanique; et c'est l'époque à laquelle il faut remonter, si l'on veut suivre le gouvernement d'Allemagne dans ses progrès jusqu'à présent : c'est pourquoi je vous la ferai lire. Elle mérite encore d'être lue, parce qu'elle fait connoître l'esprit du temps, les usages et les désordres.

Charles IV sacrifie l'empire à ses intérêts, et le sert sans le savoir.

Voilà tout ce que Charles fit d'avantageux pour l'empire. Il le sacrifia d'ailleurs à son avarice et à l'agrandissement du royaume de Bohême, son patrimoine. Il se mit si peu en peine d'en défendre les droits contre les papes, qu'il parut agir de concert avec eux, pour détruire les prérogatives des empereurs.

Il négligea de même ses droits sur l'Italie; et s'il y passa à la tête d'une armée, ce fut moins pour les faire valoir que pour les vendre aux républiques et aux tyrans qui s'étoient fait des souverainetés. Il en revint avec les trésors qu'il avoit amassés : il en employa une partie à faire élire roi des Romains, son fils, Venceslas; et il mourut peu de temps après.

1376.

1378.

Charles IV en se soumettant aux papes, a contribué, sans le savoir, à leur abaissement : il a, d'un autre côté, travaillé à l'avantage de l'empire, en sacrifiant à son intérêt les droits des empereurs. En effet, n'eût-il pas été à desirer que ses prédécesseurs eussent fait de plus grands sacrifices encore; et que, se bornant à gouverner l'Allemagne, ils eussent renoncé à l'Italie et à l'empire, qui n'étoit qu'un titre de plus?

Venceslas, qui entretien les divisions, est déposé.

Venceslas avare, lâche, crapuleux, s'enivra, vendit les domaines de l'empire,

et ne s'occupa point du gouvernement.
Voyant les villes impériales liguées contre
les princes qui les opprimoient, il crut
qu'il étoit de sa politique de laisser faire
les deux partis. Il fomenta même leurs
divisions, comptant qu'ils se détruiroient
mutuellement, et qu'il en régneroit avec
plus d'autorité. Bientôt il fut obligé de
former une ligue lui-même; il en vit ensuite
naître d'autres, et il finit par être déposé.

Les guerres civiles de ce règne méritent
peu de nous arrêter: elles n'ont point eu
d'influence sur le reste de l'Europe, et il
n'est pas nécessaire d'en savoir les détails
pour continuer d'étudier l'histoire d'Allemagne. Nous voilà donc débarrassés des
empereurs pour quelque temps.

LIVRE SEPTIÈME.

CHAPITRE PREMIER.

De l'église et des principaux états de l'Europe pendant le grand schisme.

Nous arrivons à des temps de troubles. Est-ce que, depuis plusieurs siècles, nous avons vu autre chose, me direz-vous? non, Monseigneur; mais c'est que les troubles vont être encore plus grands. Je ne vous les présenterai pas cependant dans tous les détails; je ne les considérerai que par rapport aux suites qu'ils doivent avoir. Heureusement ils produiront quelque bien, ce qui doit arriver toutes les fois que les désordres sont à leur comble.

<small>Les désordres à leur comble, produisent quelque bien.</small>

Robert, roi de Naples, prince sage et qui avoit rendu ses états florissans, nomma

<small>Clément VI déclare nulles les dispositions de Robert, roi de Naples.</small>

par son testament un conseil de régence, pour gouverner le royaume jusqu'à ce que Jeanne, sa petite-fille, âgée de seize ans, en eût vingt-cinq ; mais Clément VI déclara nulles toutes les dispositions de ce prince ; défendit, sous peine d'excommunication, aux tuteurs d'exercer aucune autorité ; et jugeant que le gouvernement de ce royaume n'appartenoit qu'à lui, pendant la minorité de la reine, il y commit le cardinal Aiméric de Chastelus.

<small>Louis, roi de Hongrie, se refuse aux invitations qui lui sont faites, et fait investir son frère André.</small>

Cependant un moine franciscain, nommé frère Robert, qui avoit été chargé de l'éducation d'André, vouloit usurper lui-même toute l'autorité, et il écartoit ceux qui pouvoient être un obstacle à ses desseins. Bientôt, dans la crainte de succomber sous le parti qui se formoit contre lui, il trahit son maître, et il sollicita Louis, roi de Hongrie et frère aîné d'André, mari de Jeanne, à prendre possession du royaume de Naples, comme plus proche héritier de son grand-père. Contre son attente, Louis refusa ; il négocia même auprès du pape, pour faire donner l'investiture à son frère, non à titre de mari de Jeanne, mais comme héritier de Charles-Martel. La négociation réussit, après avoir souffert cependant bien des difficultés.

Ces contestations divisèrent les deux époux ; chacun prétendit régner de son chef, et il y eut à Naples deux cours et deux souverains. Du côté d'André étoient les Hongrois, qu'on regardoit comme des barbares ; et du côté de Jeanne étoient les prince du sang et les barons du royaume. André fut étranglé dans son palais.

André est étranglé.

1345.

Ce crime, qui en devoit produire d'autres, fut la source des malheurs de Jeanne, et attira sur son royaume une longue suite de calamités. Elle n'avoit alors que dix-huit ans, et si elle a consenti à l'assassinat de son mari, ce qui n'a jamais été prouvé, elle étoit moins coupable que ceux qui l'entouroient, et qui abusèrent de la foiblesse de son âge et de son sexe.

Jeanne I est accusée de ce meurtre.

Comme il étoit de l'intérêt de ses ennemis qu'elle ne fût pas innocente, il lui fut difficile de se justifier. On indisposa les esprits contre elle, et elle se vit menacée des forces du roi de Hongrie, qui marchoit pour venger la mort de son frère.

Elle se retiroit Provence avec Louis de Tarente qu'elle épouse.

Dans cette conjoncture, elle épousa Louis de Tarente, prince du sang et son proche parent; mais ce nouveau roi, qu'on avoit toujours regardé comme ennemi d'André, étoit trop suspect pour gagner l'affection des peuples. A l'approche de Louis de Hongrie, il fallut fuir, et Jeanne se retira dans son comté de Provence, avec son nouvel époux.

Le roi de Hongrie vengea la mort de son frère.

Le roi de Hongrie se vengea sur tous ceux qu'il jugea coupables. Il semble même qu'il n'ait pas eu d'autre objet dans son expédition; car, quatre mois après, il s'en retourna dans ses états, sans avoir pris des mesures pour conserver le royaume de Naples.

VI déclare Jeanne innocente.

Cependant Jeanne plaidoit elle-même sa cause devant le pape, qui la déclara innocente. Ce jugement, et encore plus la haine que les Napolitains avoient conçue contre les Hongrois, disposèrent les esprits à la recevoir ; mais cette reine avoit besoin d'argent. Elle en demandoit au pape, et Clément VI n'en donnoit pas comme des absolutions.

Il achète d'elle Avignon.

Si Avignon appartenoit à Jeanne, les

papes s'en étoient en quelque sorte rendus maîtres par la résidence qu'ils y faisoient depuis long-temps. Cette princesse crut donc faire un bon marché, en offrant de céder tous ses droits de souveraineté sur cette ville, moyennant quatre-vingt mille florins d'or ; et Clément VI n'en crut pas faire un mauvais, en acceptant cette souveraineté pour quatre-vingt mille florins, sur-tout si, comme on le dit, il les promit et ne les paya pas. Le contrat passé fut approuvé et autorisé par Charles IV, qui consentit que les papes tinssent Avignon en franc-alleu. Le consentement de l'empereur étoit nécessaire, parce que le comté de Provence étoit alors un fief de l'Empire.

1345. Jeanne désigne Charles de Duras pour son héritier.

Jeanne, comptant sur l'affection des Napolitains, s'embarqua avec l'argent qu'elle obtint de ses sujets de Provence, et remonta sur le trône après une guerre vive et sanglante. Louis, son mari, mourut en 1362, sans laisser de postérité. Elle épousa, l'année suivante, Jacques d'Arragon, infant de Majorque, dont elle n'eut point d'enfans, et qui mourut en 1365. Alors, renonçant au mariage, elle désigna pour son héritier Charles de Duras, dernier prince de la maison d'Anjou, à Naples.

<small>Elle épouse en quatrième noce, Othon, duc de Brunswick.</small>

Cependant quelques années après, de nouveaux troubles s'étant élevés, Jeanne croyant ne pouvoir soutenir seul le poids du gouvernement, crut devoir se marier pour la quatrième fois, quoiqu'âgée de quarante-six ans, et elle épousa Othon, duc de Brunswick, prince de l'empire. Ce mariage donna de l'inquiétude à Charles de Duras, qui craignit de se voir frustré de la couronne.

<small>État misérable du reste de l'Italie.</small>

Telle étoit la situation des choses dans le royaume de Naples; mais le reste de l'Italie offroit encore de plus grands désordres. Là, une ville obéissoit à un tyran, qui se disoit duc, comte ou marquis; ailleurs, c'étoit une république, remplie de dissentions; de côté et d'autre, on trouvoit des chefs de troupes, dont les armes et le sang se vendoient à l'enchère, et par-tout la campagne étoit infestée de brigands.

<small>Le gouvernement de Rome étoit une anarchie.</small>

L'anarchie étoit encore plus grande dans Rome, où il y avoit peu de forces et beaucoup de prétentions. Le peuple, ne voyant pas qu'il n'avoit de romain que le nom, avoit la manie de prétendre encore à l'empire de l'univers. La populace, la noblesse et les prêtres, toujours divisés, faisoient prendre toujours de nouvelles formes au gouvernement. Des sénateurs, des patrices, des préfets, des consuls et des tribuns se succédoient tour-à-tour, et il n'y avoit proprement ni liberté, ni maître. L'histoire d'un tribun de cette ville vous fera connoître à quel point de délire les esprits s'étoient portés.

En 1357, Nicolas Rienzi, fils d'un meûnier, fait tribun par acclamation du peuple, et chargé seul de toute l'autorité, donna une déclaration où il parloit ainsi : Nous, Nicolas, chevalier candidat du S. Esprit, sévère et clément libérateur de Rome, zélateur de l'Italie, amateur de l'univers, et tribun auguste; voulant imiter la liberté des anciens princes romains, faisons savoir à tous, que le peuple romain a reconnu, de l'avis de tous les sages, qu'il a encore la même autorité, puissance et jurisdiction dans tout l'univers qu'il a eue dès le commencement, et qu'il a révoqué tous les priviléges donnés au préjudice de son autorité. Nous donc, pour ne pas paroître ingrat ou avare du don et de la grace du S. Esprit, et ne pas laisser dépérir plus long-temps les droits du peuple romain et de l'Italie, déclarons et prononçons que la ville de Rome est la capitale du monde et le fondement de toute la religion chrétienne ; que toutes les villes et tous les peuples de l'Italie sont libres et citoyens romains. Nous déclarons aussi que l'Empire et l'élection de l'empereur appartiennent à Rome et à toute l'Italie : dénonçant à tous rois, princes et autres, qui prétendent droit à l'Empire ou à l'élection de l'empereur, qu'ils aient à comparoître devant nous et les autres officiers du pape et du peuple romain, en l'église de S. Jean de Latran, et ce dans la pentecôte prochaine, qui est le terme que nous leur donnons pour tout délai. De plus, nous faisons citer nommément Louis, duc de Bavière, et Charles, roi de Bohême, qui se disent élus empereurs, et les cinq autres électeurs.

Autorité dont il jouit.

D'après cette déclaration, vous jugez que

Nicolas étoit un extravagant. Mais la multitude de Rome partageoit sa folie. Plusieurs peuples d'Italie avoient fait alliance avec lui : et son autorité étoit si reconnue, que Louis de Hongrie cita Jeanne au tribunal de ce visionnaire. Ce tribun soumit tous les nobles de Rome et des environs. Il fit arrêter ceux qui donnoient retraite aux voleurs, et il rétablit au moins la sûreté pour quelque temps.

Chassé de Rome par une faction, il y rentra en 1359, et il y auroit joui de la même puissance, si les Romains n'avoient craint que Clément VI irrité n'eût révoqué la bulle, par laquelle il avoit réduit à la cinquantième année l'indulgence du jubilé, que Boniface VIII avoit établi pour la centième (1). Nicolas ayant eu

Comment il la perd.

―――――――

(1) La bulle que Clément donna pour le jubilé, assuroit sur-le-champ la rémission des péchés, et le ciel à quiconque mourroit en alant à Rome. Voici l'ordre qu'il donnoit aux anges : *Prorsus mandamus angelis paradisi, quatenus animam illius à purgatorio penitus absolutam in paradisi gloriam introducant.*

l'imprudence d'aller en Bohême, il y fut arrêté, et Charles IV l'envoya au pape.

Le jubilé, réduit à la cinquantième année par Clément VI, attire à Rome une multitude de pèlerins.

Le jubilé produisit l'effet pour lequel les Romains l'avoient demandé; c'est-à-dire, qu'il laissa beaucoup d'argent dans leur ville. Les pélerins y vinrent en si grand nombre, que les jours où il y en avoit le moins, on en comptoit deux cents mille, et que d'autres fois on estimoit qu'il y en avoit un million ou davantage.

Cette multitude apporte la disette.

Cette multitude laissa beaucoup d'argent en Italie, et causa aussi beaucoup de disette; parce que le gouvernement n'avoit pas pourvu à la subsistance de tant de bouches. De-là, naquirent de nouveaux désordres; les voleurs se multiplièrent, et il n'y eut plus de sûreté.

Les papes ne conservent presque rien en Italie.

Alors presque toutes les villes de l'église romaine étoient occupées par des tyrans. Lorsqu'en 1353 Innocent VI voulut se faire reconnoître dans les places dont il se croyoit souverain, son légat ne fut reçu que dans Montefiascone et dans Montefalco. Voilà tout ce qui restoit aux papes d'une souveraineté, pour laquelle ils avoient bouleversé toute l'Europe. Innocent rendit la liberté à Nicolas, espérant que ce fanatique feroit rentrer Rome sous sa domination : en effet, Nicolas fut encore tribun ; mais la noblesse ayant soulevé la populace contre lui, il fut mis en pièces.

Rienzi est tué.

Quand on compare la puissance des papes parmi les orages de Rome et de l'Italie, aux richesses dont ils jouissoient tranquillement en France, on n'est pas étonné que, l'ambition d'être souverain à Rome cédant à l'avarice, plusieurs aient préféré le séjour d'Avignon.

Pourquoi les papes préféroient Avignon à Rome.

Cependant les Romains, qui, avec de pareils sentimens, préféroient l'argent à la liberté, invitoient chaque pape à faire sa résidence à Rome. Urbain V, successeur d'Innocent VI, se rendit à leurs instances en 1367; mais en 1370, il revint, sous différens prétextes, à Avignon, où il ne vécut que trois mois. Grégoire XI, qui fut alors élevé sur la chaire de S. Pierre, eut la même complaisance en 1377, et dès l'année suivante, ne s'accommodant pas mieux qu'Urbain d'un séjour où il trouvoit trop de contradictions, il formoit le projet de revenir en France, lorsqu'il mourut. Le

Urbain V et Grégoire XI, invités par les Romains, vont à Rome.

séjour d'Avignon étoit beaucoup plus agréable aux papes, parce qu'ils n'y étoient pas moins desirés et qu'ils y étoient plus maîtres. On avoit même fait en France tout ce qu'on avoit pu, pour y retenir Urbain et Grégoire.

Les Romains veulent un pape italien.

Les Romains, qui vouloient fixer enfin le siége apostolique dans leur ville, demandoient un pape qui fût de Rome, ou du moins d'Italie ; mais parce que, sur seize cardinaux qui composoient le conclave, il n'y eut que quatre italiens, ils ne crurent pas pouvoir obtenir leur demande s'ils ne menaçoient, et ils menacèrent.

Les cardinaux se virent d'élire ... Urbain VI.

Les cardinaux, cédant à la violence, élurent Barthélemi Prignano, napolitain, archevêque de Bari. Ils comptoient que cet archevêque ne se prévaudroit pas de cette élection. Ils écrivirent même en France et ailleurs qu'elle étoit nulle, et que leur dessein étoit d'élire un autre pape. Prignano n'en jugea pas de même : soutenu par le peuple, il se fit reconnoître sous le nom d'Urbain VI, et tous les cardinaux furent dans la nécessité de se soumettre.

Urbain aliéna les cardinaux qu'il devoit ménager. Mal assuré sur le saint siége, il forma le projet de détrôner la reine Jeanne, qu'il avoit indisposée, et il offrit le royaume de Naples à Charles de Duras. Ce prince se refusa à cette première invitation, ne pouvant encore se résoudre à manquer à la reconnoissance et à la justice.

Urbain VI, qui veut se croire pape, aliène les esprits.

Cependant les cardinaux français, s'étant retirés à Anagnia, protestèrent contre l'élection de Prignano, le déclarèrent excommunié, intrus, tyran, et se transportèrent ensuite à Fondi, pour procéder à une nouvelle élection.

Les cardinaux étant à Fondi, Clément VII.

Mais afin de prévenir toute difficulté, ils voulurent engager les cardinaux italiens à se joindre à eux. Dans cette vue, ils promirent à chacun séparément de l'élever sur la chaire de S. Pierre ; trompés par cette espérance, les Italiens se rendirent à Fondi, et furent témoins de l'élection de Robert, fis d'Amédée, comte de Genève, qui se fit nommer Clément VII.

Alors toute la chrétienté se divisa. Clément fut reconnu en France, en Ecosse,

Toute la chrétienté se divise entre les deux papes.

en Lorraine, en Savoye, à Naples, au moins par la reine Jeanne; et l'Espagne, qui lui fut d'abord contraire, se déclara ensuite pour lui. Urbain avoit dans son parti presque toutes les villes de Toscane et de Lombardie, l'Allemagne, la Bohême, la Hongrie, la Pologne, la Prusse, le Danemarck, la Suède, la Norwège et l'Angleterre.

Ils se font la guerre, et Clément VII se retire à Avignon.

Pendant que les deux papes troubloient toute l'église par les excommunications qu'ils fulminoient l'un contre l'autre, l'Italie, où les désordres devoient être plus grands qu'ailleurs, fut le théâtre d'une guerre dans laquelle les Urbanistes eurent tout l'avantage. Clément, quoique protégé par la reine Jeanne, fut obligé de sortir du royaume de Naples, où le peuple étoit pour Urbain. Il établit son siége dans la ville d'Avignon, et il fit d'inutiles efforts pour soutenir le parti qu'il avoit en Italie.

A la sollicitation d'Urbain, Charles de Duras arme contre Jeanne.

Urbain, dont le caractère violent devoit se montrer de plus en plus dans les succès, déposa Jeanne, la déclarant schismatique, hérétique et criminel de lèze-majesté. Il s'étoit enhardi à cette démarche, parce qu'il avoit enfin vaincu les scrupules de Charles de Duras, qui, à la sollicitation de ce pontife, ne craignoit pas de prendre les armes contre sa parente, sa reine et sa bienfaitrice.

Urbain, qui songeoit à l'agrandissement de sa famille, vouloit faire avoir la principauté de Capoue et d'autres terres à son neveu, François Prignano. Ce fut à cette condition qu'il donna l'investiture du royaume de Naples à Charles de Duras ; et pour fournir aux frais de cette guerre, il aliéna une partie des domaines du patrimoine de S. Pierre, et vendit même les calices et les ornemens des églises de Rome.

Ce pape vouloit obtenir des états pour son neveu.

Le parti de Charles ne pouvoit manquer de devenir considérable dans un royaume, où il y avoit toujours eu des troubles, et, par conséquent, toujours des mécontens. Jeanne, se voyant donc trop foible, demanda des secours à la France; et pour en obtenir, elle adopta Louis, duc d'Anjou, frère du dernier roi, Charles V ; mais elle n'en reçut point, et elle fut réduite à se livrer à l'usurpateur.

Jeanne cherchant des secours, adopte Louis d'Anjou.

Charles, maître du royaume, consulta

Charles de Duras la fait périr.

Louis de Hongrie sur la manière dont il devoit traiter la reine. Louis répondit de la faire périr de la mort du roi André ; et ce conseil barbare fut suivi. Ainsi finit cette malheureuse princesse, laissant, par l'inutile adoption de Louis d'Anjou, une nouvelle source de guerre et de calamités.

<small>Charles V n'a pu prévenir les calamités qui menaçoient la minorité de Charles VI.</small>

En France, Charles VI étoit dans sa douzième année, lorsqu'il monta sur le trône, après la mort de Charles V, son père. Le duc de Bourbon, beau-frère du dernier roi, auroit mérité d'avoir la régence; et Charles V la lui eût donnée, s'il n'eût craint d'irriter ses frères, le duc d'Anjou, le duc de Berri et le duc de Bourgogne. Il voulut au moins qu'il eût part au gouvernement ; mais ses mesures ne purent prévenir les maux que devoient causer l'avarice, l'ambition et la mésintelligence de ses frères.

<small>Troubles causés par les oncles de Charles VI.</small>

Pour appuyer leurs prétentions, ces princes firent avancer des troupes qui causèrent de grands désordres aux environs de Paris, parce qu'elles étoient sans discipline; et lorsqu'après avoir fait une espèce d'accord entr'eux, ils les eurent licenciées, elles commirent encore de plus grands désordres, parce qu'on ne les paya pas. La campagne étoit exposée au brigandage des soldats : on se soulevoit dans les villes ; il y avoit sur-tout des séditions à Paris : et les princes, qui se disputoient l'autorité, n'en ayant pas assez pour rétablir l'ordre, rejetoient, les uns sur les autres, des maux dont en effet leur conduite étoit la cause. Le plus coupable étoit sans doute le duc d'Anjou, qui avoit été déclaré régent, quoique le moins digne de commander. Adopté par Jeanne, un peu plus de deux mois avant la mort de Charles V, il vouloit gouverner, ou plutôt sacrifier la France, pour s'assurer la conquête du royaume de Naples. Il enleva le trésor que Charles V. avoit amassé, et qui étoit plus que suffisant pour les besoins de l'état ; et lorsque le peuple, qui ne l'ignoroit pas, refusa les subsides qu'on lui demandoit, il le contraignit à les fournir, en abandonnant la campagne à la discrétion des soldats. Cependant on portoit la guerre en Flandre, et on avoit à se défendre contre de nouveaux efforts de l'Angleterre.

<small>Charles V fit une faute en amassant un trésor.</small>

Lorsqu'un roi a du superflu, il doit l'employer à des travaux utiles, ou soulager son peuple par la diminution des impôts. Son successeur sera assez riche, s'il est économe; et s'il est prodigue, les trésors qu'il trouve le rendront plus prodigue encore. Charles V avoit donc fait une faute.

<small>Louis d'Anjou échoue contre Charles de Duras.</small>

Cet argent, qu'il avoit amassé, fut une perte pour la France, sans être utile à Loüis d'Anjou. Ce prince obtint de Clément VII l'investiture du royaume de Naples, leva des troupes et mourut à Biséglia, après avoir vu son armée se détruire par la disette et par les maladies. Charles de Duras vainquit en temporisant.

<small>Charles le Duras assiège Urbain VI. Cruauté de ce pape.</small>

Pendant cette guerre, Urbain fut tenté d'abandonner les intérêts de Charles, qui ne se pressoit pas de donner la principauté de Capoue à François Prignano; mais ayant eu l'imprudence de passer dans le royaume de Naples, le roi vint au-devant de lui, et le vassal s'assura de la personne de son suzerain, en lui donnant néanmoins de grandes marques de respect. Urbain s'échappa cependant, et se retira dans la ville de Nocéra, se flattant toujours de pouvoir soulever les peuples : il y fut assiégé. Ses excommunications repoussèrent mal les attaques de l'ennemi; il fut même en danger d'être trahi; il le crut au moins, et il fit mettre à la question six cardinaux et l'évêque d'Aquila. Il sortit enfin de Nocéra, traînant après lui ses prisonniers; comme l'évêque d'Aquila fuyoit à son gré trop lentement, il le fit égorger. Il gagna ensuite le rivage avec ses cardinaux chargés de chaînes, et vint à Gênes, où il en fit périr cinq dans les tourmens. Falloit-il donc que Rome chrétienne eût aussi des Nérons!

Louis de Hongrie étoit mort quelques années auparavant, et avoit laissé la couronne à sa fille aînée, que les Hongrois proclamèrent sous le nom de *roi Marie*. C'est un expédient qu'ils imaginèrent pour concilier les droits de cette princesse avec leur répugnance à se soumettre à une femme.

<small>Marie, roi de Hongrie après la mort de Louis, son père.</small>

Mais, comme le roi Marie étoit encore mineur, Elisabeth, sa mère, fut chargée de la régence. Cependant cette princesse ayant donné toute sa confiance à un seigneur, les autres, jaloux de cette préfé-

<small>Des seigneurs offrent la couronne à Charles de Duras.</small>

rence, se soulevèrent et offrirent la couronne à Charles de Duras.

<small>Il est assassiné. Sigismond, époux de Marie, monte sur le trône. 1385.</small>

Charles accepta. Marguerite, sa femme, fit de vains efforts pour l'en dissuader; il partit la même année qu'Urbain s'étoit enfui de Nocéra; il fut couronné et assassiné quelques mois après. Sigismond, qui avoit épousé Marie, monta sur le trône, et régna parmi les troubles. Il étoit fils de l'empereur Charles IV, et, par conséquent, frère de Venceslas.

<small>Ladislas, fils de Charles de Duras, est reconnu par Urbain, et Louis, fils de l'adopté, par Clément.</small>

Marguerite voulant conserver le royaume de Naples à son fils Ladislas, se réconcilia avec Urbain. Ce pape reconnut en effet Ladislas. Ce fut pour Clément VII une raison de ne pas le reconnoître, et il donna l'investiture de ce royaume à Louis, fils de celui que Jeanne avoit adopté. La guerre entre ces deux concurrens dura jusqu'en 1400, que Louis abandonna ses prétentions sur Naples, pour se retirer en Provence.

<small>Le schisme continue après la mort des papes.</small>

Dans cet intervalle moururent les deux papes : Urbain en 1389, et Clément en 1394. On avoit donc eu deux fois occasion de rendre la paix à l'église; mais ni les cardinaux de Rome, ni ceux d'Avignon, ne la voulurent saisir, chacun se flattant sans doute de monter sur la chaire de S. Pierre. Urbain eut pour successeur Boniface IX, et Clément, Benoît XIII.

Cependant le schisme jetoit l'église dans une étrange confusion. On ne savoit à qui obéir de deux papes qui s'excommunioient réciproquement; le clergé, qui se voyoit dépouiller de ses biens, étoit scandalisé de leur avarice : et tout le reste de leur conduite n'édifioit pas davantage le public. Ils mettoient continuellement de nouvelles impositions sur les bénéfices; ils s'en attribuoient la première année du revenu; ils les chargeoient de pensions; ils exigeoient des droits considérables pour la chambre apostolique; enfin ils nommoient à des bénéfices qui n'étoient pas encore vacans, ou plutôt ils les vendoient à ceux qui vouloient d'avance s'en assurer la possession après la mort du bénéficier, et c'est ce qu'on appeloit des *graces expectatives*. C'est ainsi que, pour se faire des créatures, ou pour amasser de l'argent, ces papes disposoient des biens de l'église. Il arrivoit même souvent qu'un même bénéfice étant

Les papes dépouillent à l'envi le clergé.

donné à plusieurs personnes, on prenoit les armes et il restoit au plus fort.

C'est sur-tout dans le royaume de Naples que les abus étoient au comble. Tour-à-tour la proie de deux rois et de deux papes, il étoit déchiré par un double schisme qui ruinoit également les ecclésiastiques et les laïques. Lorsqu'après la mort de Jeanne, Charles de Duras eut fait reconnoître Urbain VI, ce pontife ne se contenta pas de dépouiller les bénéficiers qui s'étoient déclarés pour Clément VII; il les fit encore enfermer dans des cachots, et il exerça sur eux toute sa cruauté.

Ils font un trafic des bénéfices.

Boniface IX, son successeur, fit un trafic scandaleux des biens de l'église. Jean XXII, à l'exemple de Clément V, avoit établi les annates, mais pour un temps limité, et encore avoit-il excepté les évêchés et les abbayes. Boniface IX étendit ce droit sur tous les bénéfices, et l'établit pour toujours. Il vendoit les graces expectatives, et souvent les mêmes à plusieurs personnes, lorsqu'il s'en présentoit qui vouloient les acheter, ne sachant pas qu'elles avoient été vendues. Il y auroit eu au moins quelqu'ordre si la date du jour, où l'expectative avoit été accordée, eût pu régler le droit des contendans ; mais tantôt il vendoit à plusieurs sous la même date, tantôt sous une date postérieure avec la clause de préférence, et quelquefois il révoquoit toutes les expectatives qu'il avoit données, afin de pouvoir les revendre encore.

Il en usoit de même lorsque des bénéfices venoient à vaquer. Ses officiers recevoient l'argent et les suppliques de tous ceux qui les postuloient, donnant à chacun, en échange, la date du jour qu'il s'étoit présenté, et abandonnant un bénéfice à une multitude de prétendans : voilà l'origine d'un bureau qu'on nomme la daterie. Il offre un moyen bien commode d'obtenir des bénéfices ; car il ne faut qu'avoir de l'argent et un bon courrier.

Les jubilés furent encore un objet de trafic pour Boniface. Il accorda à la ville de Cologne une année d'indulgence, sous la même forme que celle de Rome. Il fit

<small>Ils en font un des indulgences, et ne paroissent qu'user de leurs droits.</small>

la même grace à la ville de Magdebourg, et il y en eut encore plusieurs autres en Allemagne, auxquelles il accorda des indulgences pour certains mois de l'année. Dans tous ces lieux, il avoit des collecteurs pour recevoir une partie des offrandes que la superstition y portoit de toutes parts. On s'accoutumoit déjà si fort à tous ces abus qu'on n'en étoit presque plus scandalisé ; on commençoit même à dire que le pape, en vendant les expectatives, les bénéfices et les indulgences, ne faisoit qu'user de ses droits.

Aucune puissance de l'Europe ne pouvoit réprimer ces abus.

Tels étoient les désordres de l'église, et cependant il n'y avoit pas dans toute l'Europe un souverain qui fût capable de les réprimer. On ne pouvoit rien attendre de Venceslas qui régnoit en Allemagne. L'Espagne, depuis Henri de Transtamare, avoit toujours été troublée ; et ses rois, trop occupés chez eux, prenoient peu d'intérêt à ce qui se passoit dans le reste de l'Europe, et ne jouissoient d'aucune considération. La France et l'Angleterre, presque toujours en armes, ou au moment de les reprendre, ne les quittoient que par épuisement ; d'ailleurs la situation de ces deux royaumes étoit déplorable.

Charles VI avoit pris, en 1388, les rênes du gouvernement, et il songeoit à réparer les maux que l'administration des ducs de Berri et de Bourgogne avoient causés, lorsqu'en 1392, il tomba tout-à-coup en démence, pour n'avoir plus que des intervalles de raison. Ses oncles, profitant de cette circonstance, se saisirent une seconde fois de toute l'autorité. Ce règne, qui fut long, n'offrit plus qu'une suite de désordres. Il n'y eut point de plan dans le gouvernement; la cour fut remplie d'intrigues; les peuples furent foulés : ce n'est encore là que la moindre partie des maux qui désolèrent la France.

L'état de la France étoit déplorable sous Charles VI.

1392.

En Angleterre, Richard II, fils d'Edouard III, étoit encore mineur lorsqu'il monta sur le trône, et il avoit aussi trois oncles, à qui le parlement donna la régence. L'administration de ces princes excita bientôt une révolte. Les rebelles s'avancèrent jusqu'à Londres; la populace leur ouvrit les portes ; cette ville offrit l'image d'une place prise d'assaut, et cette

Et celui de l'Angleterre, pendant la minorité de Richard II.

guerre civile ne finit qu'après une grande effusion de sang.

L'état de l'Angleterre n'est pas meilleur lorsque Richard II est majeur.

Richard enfin gouverna lui-même; mais livré à des favoris qui le flattoient, et tout entier à ses plaisirs, pendant que la France et l'Ecosse lui faisoient la guerre, il se rendit méprisable par sa mollesse et aliéna encore la nation, dont il ne respectoit pas les priviléges. Tantôt, par foiblesse, il recevoit la loi de ses parlemens; tantôt, par une mauvaise politique, il en corrompoit les membres; assez aveugle pour se croire plus puissant lorsqu'un parlement révoquoit les actes que d'autres avoient faits contre son autorité; mais il semoit seulement la division dans son royaume, et il animoit pour sa propre perte les factions les unes contre les autres.

Ce prince perd la couronne.

Cependant il régnoit dans une lâche sécurité, lorsqu'en 1399, des mécontens appellent Henri, fils du duc de Lancastre, son oncle. Ce prince, à la tête de plus de soixante mille hommes, se rend bientôt maître du royaume. Richard est déposé dans un parlement; il est forcé d'abdiquer lui-même la couronne; il est enfermé dans une prison et Henri IV usurpe le trône.

Il perd la vie.

Quelques partisans de Richard conjurèrent pour le rétablir, et ils ne firent que hâter sa mort. Le parlement l'avoit condamné à perdre la vie, si quelqu'un armoit en sa faveur. Il mourut en 1408.

Quoique, depuis Charles V, l'Europe fût en quelque sorte sans souverains, il n'étoit pas possible que les papes formassent toujours impunément de nouvelles entreprises. Le clergé qui vouloit jouir de ses richesses devoit enfin se soulever contre leur avarice.

Les exactions des deux papes soulèvent le clergé.

L'université de Paris fit les premières démarches pour rendre la paix à l'église. En 1393, ses députés représentèrent au roi les maux que produisoit le schisme, et ils proposèrent trois moyens pour les faire cesser; le premier étoit une cession que les deux contendans feroient de leurs droits; le second, un compromis par lequel ils s'en remettoient au jugement de personnes nommées à cet effet; et le dernier, un concile général. Charles reçut d'abord favorablement ces remontrances; mais il changea bientôt, et ne voulut plus

Moyens proposés par l'université de Paris pour faire cesser le schisme.

1393.

en entendre parler. L'université, qu'on refusoit d'écouter, dans une cause aussi juste, crut devoir faire cesser ses exercices.

<small>Le clergé de France vit que les deux papes faisoient une cession de leur droit.</small>

Cependant, sur de nouvelles remontrances qu'elle fit, les prélats, assemblés à Paris, par ordre du roi, décidèrent tout d'une voix que la cession étoit l'unique moyen de finir le schisme. La plupart des princes chrétiens, à qui l'on communiqua cette décision, l'approuvèrent comme le parti le plus sage. Il ne s'agissoit donc plus que de persuader les deux papes qui avoient voulu paroître dans le dessein de tout sacrifier au bien de la paix : ni l'un ni l'autre ne voulut céder.

<small>Sur le refus des deux papes, la France se soustrait à l'obéissance de Benoît. 1398.</small>

Alors une nouvelle assemblée, tenue en 1398, jugea que, puisque les deux papes, par leur opiniâtreté, se rendoient coupables du schisme, on devoit se soustraire à l'obéissance de Benoît, comme on l'étoit déjà à celle de Boniface; en conséquence, le roi fit publier la soustraction : ainsi les églises de France se gouvernèrent elles-mêmes. Les bénéfices furent conférés par élection; enfin on ne paya plus d'annates, ni aucun droit au saint siége.

La soustraction étoit certainement le parti le plus raisonnable ; et ce moyen eût réussi, si toute la chrétienté eût suivi l'exemple de la France ; mais les princes d'Allemagne et le roi d'Arragon ne l'approuvoient pas. Le duc d'Orléans, frère de Charles VI, ne cessoit de dire qu'il vaut mieux avoir deux papes que de n'en point avoir. L'université de Toulouse pensoit de même ; et parce qu'il faut que les mauvais raisonnemens prévalent, même sous les princes qui ont des intervalles de raison, le clergé se divisa ; l'université de Paris n'eut plus d'avis ; celle d'Orléans, d'Angers, de Montpellier n'approuvèrent point qu'on fût soustrait, et la soustraction fut levée, à condition néanmoins que Benoît donneroit sa cession, si Boniface donnoit la sienne, ou venoit à mourir.

L'année suivante, celui-ci étant mort, on lui donna pour successeur Innocent VII ; et comme Benoît, malgré sa promesse, n'avoit pas voulu renoncer à la papauté, l'université de Paris fit renouveler la soustraction.

Cependant on continuoit de solliciter les

cession sont abandonnés de leurs cardinaux, qui convoquent un concile à Pise.

deux papes à la cession, c'est-à-dire, Benoît et Grégoire XII, qui venoit de succéder à Innocent VII ; mais ils éludèrent toujours ; leur mauvaise foi ayant aliéné jusqu'à leurs partisans, la plus grande partie de leurs cardinaux les abandonna. Ils les remplacèrent en faisant chacun de nouvelles promotions. Voyant ensuite que les cardinaux, qui les avoient quittés, convoquoient un concile à Pise, ils en convoquèrent un l'un et l'autre ; Benoît, à Perpignan ; et Grégoire, à Udine, dans la province d'Aquilée. Ces trois conciles se tinrent la même année.

1408.

Troubles dans l'empire.

Un autre schisme divisoit alors l'empire ; car Venceslas, quoique déposé, continuoit d'avoir un parti ; il étoit même reconnu par les pères du concile de Pise, tandis que Robert, électeur palatin, qu'on avoit nommé à sa place, avoit pour lui Grégoire XII, qu'il reconnoissoit ; mais il commençoit d'aliéner les Allemands, et il avoit d'autant moins d'autorité, qu'il venoit d'échouer dans la guerre contre Jean Galéas Visconti, à laquelle presque toute l'Europe avoit pris part.

Le concile de Pise fut composé d'un grand nombre d'évêques, d'abbés, de docteurs et des ambassadeurs de presque tous les princes chrétiens. Si vous considérez comment les papes se sont faits pendant plusieurs siècles, vous aurez de la peine à dire comment ils devoient se faire; car vous ne trouverez que des usages qui ont varié suivant les temps : aussi étoit-il difficile de juger de quel côté le droit se trouvoit. Le concile jugea la chose si obscure, qu'il ne la mit seulement pas en question. Il condamna cependant et déposa Grégoire et Benoît, parce qu'ils ne vouloient pas renoncer au pontificat, et qu'ils devenoient les auteurs du schisme par leur obstination.

Le concile de Pise dépose Grégoire et Benoît.

On croit, qu'après ce jugement, il appartenoit au concile seul de procéder à l'élection de celui qui pouvoit occuper canoniquement le saint siége; car enfin les droits des cardinaux, quels qu'ils soient, devoient disparoître devant une église. Cependant les Cardinaux entrés au conclave au nombre de vingt-quatre, élurent Pierre Philarge, frère mineur, qui prit le nom d'Alexandre V.

Les cardinaux de Pise élisent Alexandre V.

Et on eut trois papes.

Alexandre fut reconnu dans presque toute la chrétienté; cependant Benoît étoit encore pape en Arragon, en Castille, en Ecosse; et Grégoire dans le royaume de Naples, dans une partie de l'Italie; et en *Allemagne l'empereur Robert continua d'être pour lui. Il y eut donc trois papes; et ceux qui pensoient comme le duc d'Orléans, devoient être contens.

Abus sous Alexan tre V. à qui succéde Jean XXIII.

La plupart néanmoins des princes et des prélats allemands reconnurent Alexandre, parce qu'il leur accorda toutes sortes de graces et toutes sortes de dispenses contre toutes règles. Ils formoient même une conspiration pour ôter l'empire à Robert, parce que ce prince s'obstinoit à reconnoître encore Grégoire XII ; mais Robert mourut en 1410, et Alexandre V étoit mort quelques jours auparavant. Ce pontife septuagénaire avoit augmenté les désordres, en disposant de tout sans discernement. Les cardinaux du concile de Pise élurent Balthasar Cossa, qui se fit nommer Jean XXIII.

Ce que Jean XXIII avoit été auparavant.

Balthasar, dans sa première jeunesse, quoiqu'il fût déjà clerc, avoit fait le métier de corsaire pendant les guerres de Naples. S'étant ensuite attaché à Grégoire IX, il vendit des bénéfices, des expectatives, des indulgences, et s'enrichit. Enfin le pape, son protecteur, lui donna la légation de Bologne, parce que c'étoit une ville à conquérir. Il la conquit en effet, la gouverna en conquérant, s'en attribua tous les revenus, et chargea le peuple d'impôts, qu'il exigeoit avec la dernière rigueur.

Sous le pontificat d'Alexandre, il avoit contribué à chasser de Rome les troupes de Ladislas, qui s'étoit rendu maître de cette ville. Devenu pape, sans renoncer à sa première profession, il se joignit à Louis II d'Anjou, marcha contre Ladislas, le défit et revint triomphant à Rome. Mais Louis, abandonné de ses troupes qu'il ne pouvoit payer, ayant été contraint de s'en retourner en Provence, Ladislas vint jusqu'aux portes de Rome ; et Jean fut dans la nécessité de faire la paix. Grégoire, qui lui fut sacrifié, se retira dans le château de Rimini, sous la protection de Charles Malatesta. Il n'étoit presque plus reconnu que là, et cependant il publia

Jean, en guerre avec Ladislas, est forcé à la paix.

encore des bulles, avec toutes les prétentions d'un chef de l'église.

Il abandonne Rome au roi de Naples.

L'humiliation de cet antipape fut tout l'avantage que Jean retira de son traité de paix; car bientôt obligé d'abandonner Rome à Ladislas, il s'enfuit en Lombardie.

Il se met sous la protection de Sigismond, et consent à la convocation d'un concile.

Sigismond, roi de Hongrie, prince actif, ferme, courageux, et bien différent de son frère Venceslas, étoit alors empereur. Jean rechercha son alliance contre le roi de Naples, qui étoit leur ennemi commun ; et il convint avec lui de convoquer, pour la réforme de l'église, un concile général, se faisant un mérite d'entrer dans les vues des pères de Pise, qui avoient ordonné qu'il en seroit tenu un dans trois ans, et comptant que la protection de l'empereur devoit l'assurer sur le saint siége.

Sigismond choisit Constance pour le lieu du concile.

Le pape eût bien voulu que le concile se fût tenu dans quelque ville d'Italie, parce qu'il auroit pu s'en rendre maître. Par une raison semblable, Sigismond vouloit qu'il se tînt en Allemagne. Cela étoit même à souhaiter pour la paix, que ce prince désiroit sincèrement, et à laquelle il pouvoit seul travailler avec succès. Il choisit Constance, au grand mécontentement du pape, qui craignant de se rendre suspect, n'osa pas montrer toute sa répugnance.

Le concile étoit convoqué pour le premier novembre 1414, lorsque Ladislas mourut. Jean alors eût voulu ne s'être pas tant avancé, parce qu'il n'avoit plus le même besoin de l'empereur. Il se trouvoit même dans des circonstances favorables, pour se rétablir dans Rome et pour renouveler toutes les prétentions du saint siége sur le royaume de Naples. Le concile devenoit donc aussi inutile à Jean, qu'il pouvoit être utile à l'église. Mais il n'étoit plus temps de reculer, et il fallut partir.

Jean se repent d'avoir consenti à la tenue d'un concile.

Le concile de Constance s'ouvrit le 5 novembre 1414, et ne fut terminé que le 22 avril 1418. Jean eut bientôt lieu de connoître qu'il s'étoit donné des juges. Il couroit des bruits sur son élection, qu'on soupçonnoit de n'avoir pas été faite avec une entière liberté; et on répandoit un mémoire, dans lequel il étoit accusé de

Le concile force Jean à donner sa cession.
1414.

toute sorte de crimes. Les pères supprimèrent ces accusations, pour ne pas déshonorer le saint siége : mais ils jugèrent que Jean devoit, ainsi que Grégoire et Benoît, renoncer au pontificat. Contraint de se soumettre, il donna sa cession et s'enfuit. On le somma inutilement de revenir.

Il le dépose. Sigismond fit mettre au ban de l'empire Frédéric, duc d'Autriche, qui avoit favorisé l'évasion du pape, et fit marcher quarante mille hommes pour se saisir des états de ce prince. Frédéric dès-lors ne songea qu'à se réconcilier avec l'empereur, et Jean se vit bientôt arrêté prisonnier dans Ratolfzell, ville de Suabe, à deux lieues de Constance. Il fut ensuite déposé comme schismatique, simoniaque, scandaleux et dissipateur des biens de l'église.

Élection de Martin V. Grégoire envoya sa démission. Quant à Benoît, il persista dans son opiniâtreté, quoique abandonné des princes et des peuples de son obédience ; il ne fut plus pape qu'à Péniscole, ville du royaume de Valence. On le condamna, et on élut Odon Colonne, qui prit le nom de Martin V.

Cependant le schisme ne finit pas encore. Car Alphonse d'Arragon, mécontent de Martin, revint à Benoît, qui eut un successeur nommé Clément VII. Mais Alphonse s'étant réconcilié avec le pape, Clément, dans la nécessité de céder, se désista de tous ses droits prétendus. Jean étoit mort depuis quelques années.

Fin du schisme.

1429.

L'Angleterre et la France avoient peu contribué à rendre la paix à l'église. Ces deux royaumes déchirés par des guerres intestines, s'armoient encore l'un contre l'autre pour leur ruine réciproque.

La guerre continue entre la France et l'Angleterre.

Nous avons vu qu'à la fin du quatorzième siècle, Henri IV avoit usurpé la couronne sur Richard II : il n'en jouit pas tranquillement. Toujours en danger d'être précipité du trône, à peine avoit-il dissipé une conspiration, qu'il s'en formoit une nouvelle. Pendant qu'il fait la guerre au roi d'Ecosse, pour le forcer à lui rendre hommage, les Gallois se soulèvent ; et bientôt les Français profitant de ces circonstances, lui enlèvent des places dans la Guienne, et font des courses jusques sur les côtes d'Angleterre. Henri

Règne de Henri IV en Angleterre.

cependant n'obtenoit que difficilement des subsides ; trouvant d'autant plus d'oppositions dans les parlemens, qu'il vouloit se rendre absolu, et qu'il aliénoit les esprits par sa cruauté. C'est ainsi qu'il régna jusqu'en 1413, qu'il laissa la couronne à Henri V, son fils.

Sagesse de son fils Henri V.

Henri V, s'éleva tout-à-coup à une puissance à laquelle son père n'avoit pu parvenir : aussi tint-il une conduite bien différente. Il écarta de lui tous ceux qui jusqu'alors n'avoient été que les compagnons de ses plaisirs : il se fit un devoir d'attirer à sa cour des personnes dont les lumières et les vertus étoient reconnues : il en forma son conseil : il donna les charges au mérite : enfin il tint un parlement, non pour faire recevoir ses ordres comme des lois ; mais pour travailler de concert avec la nation, à la réforme des abus. Telles furent ses démarches, dès la première année de son régne. Il n'y eut qu'une seule conspiration contre lui, et bientôt on se soumit à un prince qui vouloit régner pour faire le bonheur de son peuple. Henri eût été plus grand, s'il se fût borné à cet objet : mais son ambition, qui sera funeste à la France, devoit l'être encore à l'Angleterre.

Il faudroit entrer dans bien des détails pour faire voir quels étoient alors les malheurs de la France. Considérons-les dans les causes ; ce sera la voie la plus courte, et la plus instructive.

<small>L'aveuglement des rois de France empêchoit le gouvernement féodal de s'éteindre.</small>

Pendant que les rois détruisoient d'un côté le gouvernement des fiefs, ils le rétablissoient de l'autre, en donnant à leurs cadets de grands domaines avec tous les droits féodaux. Ils auroient acquis de bonne heure une grande puissance, et ils auroient prévenu bien des troubles, si, conservant toutes les terres qu'ils réunissoient à la couronne, ils n'avoient donné pour apanage aux princes du sang que des honneurs et des revenus. Assez aveugles pour tenir une conduite différente, ils démembrèrent continuellement leurs domaines, pour créer de nouveaux vassaux et de nouveaux ennemis. Par un amour mal entendu, ils sembloient vouloir que tous leurs fils fussent des seigneurs puissans : ils ne prévoyoient pas que l'ambition les armeroit les uns contre les autres ; ni que la puissance de tant de princes feroit le malheur des peuples, et tendroit à la ruine de la famille royale. On vit les effets de cette conduite sous Charles VI : alors le royaume fut un théâtre de guerres, de crimes, de calamités; et les princes du sang, sacrifiant à la discorde jusqu'à leurs propres intérêts, mirent eux-mêmes la couronne de France sur une tête étrangère.

<small>Ce fut la cause es calamités de la France.</small> Jean, duc de Berri, Philippe le Hardi, duc de Bourgogne, oncles du roi, et Louis, duc d'Orléans, son frère, s'arrachoient tour-à-tour la régence. Le roi étoit à plaindre ; les peuples étoient malheureux, et les régens, toujours enveloppés dans les piéges qu'ils se tendoient mutuellement, n'étoient que des chefs de factieux, armés pour leur ruine réciproque. La France se divisoit : il se formoit des partis de toutes parts : les factions déchiroient sur-tout la capitale ; elles y dominoient tour-à-tour, et elles commandoient sous le nom d'un souverain qu'elles s'enlevoient l'une à l'autre. Vous pouvez juger des maux qu'elles causoient, si vous considérez que leurs chefs étoient des princes qui avoient

des états et des armées. Philippe le Hardi sur-tout étoit puissant ; car il réunissoit à la Bourgogne les comtés de Flandre, d'Artois, de Rhétel, de Nevers, etc., qu'il tenoit de Marguerite, sa femme, fille unique du comte de Flandre.

Ce n'étoit pas là les seuls ennemis que la France nourrissoit dans son sein. Isabelle de Bavière, femme de Charles VI, avare, ambitieuse, vindicative, dénaturée, fut encore un plus grand fléau. Elle se mêla du gouvernement; elle entra dans toutes les intrigues, et sacrifia le dauphin, son fils, à son ressentiment : Telles furent les causes des malheurs de la France. La démence de Charles VI, qui en fut l'instrument, n'auroit pas été aussi funeste, si les princes du sang eussent eu moins de puissance ou plus de vertu ; mais ils ne connoissoient que la force et les crimes.

Isabelle de Bavière y contribua.

Philippe le Hardi mourut en 1404. Jean, son fils, dit Sans-Peur, également ambitieux, mais plus enhardi au crime, étoit encore plus puissant ; car il avoit de Marguerite de Bavière, sa femme, le Hainaut, la Hollande, la Zélande, etc.

Jean Sans-Peur se rend maître de Paris, et fait assassiner le duc d'Orléans.

Quoiqu'alors en France toute l'autorité fût entre les mains du duc d'Orléans et de la reine Isabelle, ils étoient mal obéis : on crioit hautement contre leur administration ; et le mécontentement du peuple de Paris leur étoit si connu, qu'à l'approche du duc de Bourgogne, ils se retirèrent à Melun. On négocia : Jean Sanspeur feignit de se réconcilier ; et bientôt après il fit assassiner le duc d'Orléans.

Le docteur Jean Petit entreprend de justifier ce crime.

Le roi, n'étant pas assez puissant pour punir le coupable, lui donna des lettres d'abolition : le duc de Bourgogne, maître de Paris, osa non-seulement avouer ce meurtre : il osa encore faire tenir une assemblée, dans laquelle un docteur, nommé Jean Petit, entreprit de le justifier. Dans ces temps malheureux on étoit si fort familiarisé avec les crimes, qu'on trouvoit toujours des raisons et des docteurs pour les excuser. Jean Petit soutint qu'il y a des cas où l'homicide est permis ; il le prouva par douze raisons, en l'honneur des douze apôtres ; et conclut que l'assassinat du duc d'Orléans avoit été une action juste et louable.

Quelque puissant que fût le parti du duc de Bourgogne, Charles, fils aîné du duc d'Orléans, en avoit un considérable, qu'on nommoit la faction des Armagnacs, du nom du comte d'Armagnac, beau-père de Charles. La guerre civile s'alluma donc; elle dura plusieurs années : et le roi entraîné tour-à-tour d'une faction dans une autre, marcha avec le duc de Bourgogne contre le duc d'Orléans, et ensuite avec le duc d'Orléans contre le duc de Bourgogne. *Deux factions déchirent la France.*

Les Armagnacs, qui traînoient Charles VI après eux, eurent des avantages. Le parti des Bourguignons s'affoiblissoit, et Jean Sans-Peur négocioit tout-à-la-fois avec le roi d'Angleterre pour en avoir des secours, et avec le roi de France pour obtenir la paix.

C'étoit les commencemens du règne de Henri V. Ce prince qui réunissoit les vœux de sa nation, pouvoit être assez puissant, pour recouvrer, pendant les troubles de la France, tout ce qu'on avoit enlevé aux Anglais depuis le traité de Brétigni. Il venoit même d'en demander la restitution par ses ambassadeurs ; et on n'ignoroit pas *Henri V voulant profiter des troubles, elles tout la paix.*

qu'il s'étoit mis en état de soutenir par les armes cette première démarche. Il étoit donc à desirer que les princes français suspendissent au moins leurs querelles. Heureusement ils connurent pour cette fois leurs vrais intérêts, et les Armagnacs permirent au roi d'accorder la paix au duc de Bourgogne.

Henri V commence la guerre. La paix avoit été faite à propos : car la même année, Henri descendit en Normandie, assiégea et prit Harfleur. Mais son armée souffrit si fort par les maladies, que, ne se croyant pas en état de faire d'autres entreprises, il marchoit à Calais pour prendre ses quartiers d'hiver, lorsque les Français lui offrirent la bataille dans la plaine d'Azincourt.

Il défait les Français dans la plaine d'Azincourt. Remarquez, Monseigneur, combien le même peuple est quelquefois différent de lui-même; et cherchez-en la cause. Avant Charles V, les Français ne paroissoient devant les Anglais, que pour être défaits. Tout changea, lorsque ce prince fut sur le trône : tout change encore, lorsqu'il n'y est plus, et il en est d'Azincourt, comme de Poitiers et de Créci. Dans cette bataille, les Français encore en plus grand nombre, furent encore vaincus et la déroute fut égale.

Cependant il n'étoit pas aussi aisé de conquérir la France, que d'y remporter des victoires. Henri pouvoit perdre ses premiers avantages, parce que l'Angleterre pouvoit se lasser de donner continuellement des subsides : elle devoit au moins craindre pour sa liberté, si son roi revenoit conquérant d'un grand royaume. Ainsi c'est en Angleterre que Henri trouvoit les plus grands obstacles à la conquête de la France. Quoique son armée fût victorieuse, elle étoit ruinée ; et il fut obligé de repasser la mer.

Dans l'impuissance de soutenir ses premiers succès, il repasse la mer.

Les divisions des princes français étoient sa principale ressource. En effet, il acquit bientôt un allié puissant dans le duc de Bourgogne, qui le reconnut pour roi de France, et qui jura de contribuer de toutes ses forces à le mettre en possession de ce royaume. Ce duc, en effet, ne négligeant rien pour soulever les peuples, prit les armes, sous prétexte de délivrer Charles VI de la captivité où le tenoient ceux qui avoient le gouvernement.

Jean Sans-Peur le reconnoît pour roi de France. 1416.

Isabelle s'unit à Jean Sans-Peur.

Sur ces entrefaites, Isabelle, convaincue d'une intrigue galante, est envoyée à Tours. Le duc de Bourgogne, qu'elle implore, la délivre; et aussitôt elle entreprend de faire valoir une vieille ordonnance, par laquelle le roi l'avoit déclarée régente: unie avec le duc de Bourgogne, elle devint ennemie ouverte de Charles, dauphin; elle étoit d'ailleurs irritée contre ce prince, parce qu'il avoit enlevé pour les besoins de l'état, les trésors qu'elle avoit amassés, et pour se venger, elle juroit la perte de son propre fils.

Le comte d'Armagnac. Henri V, Jean Sans-Peur et Isabelle s'arrogent en même temps toute autorité.

La France avoit alors bien des maîtres, et autant d'ennemis. Le comte d'Armagnac, fait connétable et sur-intendant des finances, étoit à Paris, d'où il gouvernoit sous le nom de Charles VI. Henri V, qui se disoit roi de France, conquéroit ou ravageoit la Normandie; et pendant que Jean Sans-Peur portoit par lui-même ou par ses lieutenans la guerre dans plusieurs provinces, Isabelle, en qualité de régente, cassoit le chancelier, le connétable, le parlement de Paris, et créoit d'autres officiers et d'autres cours souveraines.

Cependant le duc de Bourgogne se rend maître de Paris. Il y fait son entrée avec la reine. Le comte d'Armagnac et tous ses partisans sont massacrés. Le dauphin qui s'échappe, fuit à Melun ; et Charles VI est sous la puissance d'Isabelle qu'il avoit bannie.

Jean et Isabelle sont maîtres de Paris.

Le dauphin, prenant la qualité de lieutenant général, que son père lui avoit donnée l'année précédente, établit sa résidence à Poitiers. Il y créa un parlement, et de-là il parcouroit les provinces où il conservoit quelque autorité. Mais il y avoit presque par-tout des partis contraires.

Le dauphin retiré à Poitiers crée un nouveau parlement.

La confusion, qui régnoit dans le royaume, paroissoit le livrer au roi d'Angleterre, lorsque le duc de Bourgogne ouvrant les yeux sur ses propres intérêts, se réconcilia avec le dauphin, et il fut la victime de sa confiance. Quelque tems après, s'étant rendu à Montereau en Champagne, pour concerter les moyens de repousser les Anglais, il fut assassiné par les gens du dauphin et sous ses yeux. Ce meurtre est raconté si différemment, qu'on ne peut pas assurer que le dauphin en ait été com-

Jean Sans-Peur, qui se réconcilie avec le dauphin, est assassiné.

plice, mais il seroit encore plus difficile de prouver qu'il ne l'a pas été.

Les ennemis du dauphin en sont plus animés contre lui. Il étoit coupable au moins, aux yeux de ses ennemis. Les Bourguignons, maitres dans plusieurs villes, dominoient sur-tout dans Paris. Les principaux officiers de la cour, du parlement et de la ville, qui avoient montré leur dévouement pour le dernier duc de Bourgogne, devoient craindre de voir l'autorité entre les mains d'un prince, contre lequel ils s'étoient ouvertement déclarés. Ils conspirèrent donc la perte du dauphin, et ils s'offrirent à Philippe le Bon, duc de Bourgogne, qui avoit la mort d'un père à venger.

Isabelle lui ôte la couronne pour la mettre sur la tête de Henri V. Tout cela eût produit une guerre civile; et peut-être que Henri V n'eût fait des conquêtes que pour s'épuiser, et pour forcer enfin les Français à se réunir contre l'ennemi commun. Mais Isabelle ne pardonnoit pas à un fils qu'elle avoit outragé, parce qu'elle ne croyoit pas que ce fils fût capable lui-même de lui pardonner. Cette marâtre se ligua tout-à-la-fois avec Philippe et Henri; et abusant d'un roi automate qu'elle faisoit mouvoir, elle enleva la couronne au dauphin, pour la mettre sur la tête du roi d'Angleterre. Charles VI donna à Henri sa fille Marguerite, le déclara son successeur et légitime héritier, à l'exclusion du dauphin et de la famille royale, et le chargea en même temps du gouvernement du royaume. Cet étrange traité fut signé à Troyes, et même approuvé par les états; tant les désordres précédens avoient confondu les droits et les idées. Isabelle qui l'avoit dicté, eut la honte d'y survivre quinze ans, haïe des Français et méprisée des Anglais.

 Henri V et Charles VI moururent dans le cours de l'année 1422, lorsqu'ils faisoient la guerre au Dauphin. Les deux frères du roi d'Angleterre eurent la régence, le duc de Betfort à Paris, et le duc de Glocester à Londres. Leur neveu, Henri VI, enfant de neuf mois, fut proclamé roi dans les deux royaumes : le dauphin, Charles VII, se fit couronner à Poitiers. Pendant les troubles du règne de Charles VI, le parlement, que Philippe le Bel avoit rendu sédentaire, devint perpétuel, parce qu'il se tint de lui-même sans discontinuation.

Mésintelligence entre les régens et Philippe le Bon, duc de Bourgogne. 1424.

La guerre se faisoit avec des avantages alternatifs, mais bien plus grands de la part des Anglais, lorsque la mésintelligence se mit entre le duc de Bourgogne et le duc de Betfort. Elle fut occasionnée par Jacqueline, comtesse de Hainaut et de Hollande, qui, dégoûtée du duc de Brabant son mari, se fit enlever; et qui, ayant fait casser son mariage par l'antipape Benoît XIII, épousa le duc de Glocester, frère du duc de Betfort et régent d'Angleterre. La guerre que le duc de Glocester entreprit pour s'emparer du Hainaut, fut une diversion d'autant plus favorable à la France, que le duc de Bourgogne prit le parti du duc de Brabant, son cousin germain. D'ailleurs le duc de Betfort ne tira plus de secours de l'Angleterre dont les forces étoient portées dans le Hainaut. Enfin la minorité de Henri VI faisoit déjà naître des dissentions, qui préparoient de grands désordres.

Jeanne d'Arc délivre Orléans et fait sacrer Charles VII à Rheims. 1429.

Cependant, Orléans assiégé étoit sur le point de tomber au pouvoir des Anglais, et Charles n'auroit plus eu d'autres ressource, que de se retirer au-delà de la Loire;

lorsque Jeanne d'Arc, connue sous le nom de Pucelle d'Orléans, se dit envoyée de Dieu pour faire lever le siége de cette ville, et pour faire sacrer le roi à Rheims. Elle tint en effet parole, et le roi fut sacré le mois de juillet de la même année. Vous vous souvenez du dieu Neptune, du premier Africain, et de la biche blanche de Sertorius.

Cette héroïne, dont le courage méritoit au moins d'être respecté, tomba quelque temps après entre les mains des Anglais, qui, manquant tout-à-la-fois au bon sens et au droit des gens, la firent brûler comme magicienne. Il est vrai que les Français n'étoient pas moins grossiers : car on avoit attribué la maladie de Charles VI à des sortiléges, et on avoit fait venir un magicien pour le guérir.

Les Anglais brûlent Jeanne d'Arc comme magicienne.

Les circonstances deviendront tous les jours plus favorables pour le roi de France. Le duc de Bourgogne se réconciliera avec lui, et les Anglais perdront le duc de Betfort, seul capable de soutenir la guerre. Quelques années après, le duc de Glocester succombera sous la faction qui

Les troubles d'Angleterre rendront la couronne à Charles VII.

lui est contraire, et sera étranglé dans sa prison. Henri VI, d'une santé et d'un esprit foibles, abandonnera le gouvernement. On ne cessera de crier contre les ministres. Il s'élèvera une longue et sanglante guerre entre les maisons de Lancastre et d'Yorck, qui viennent toutes deux d'Edouard III. Henri passera du trône dans la tour de Londres, et le duc d'Yorck sera couronné. Voilà les principales causes de la révolution, qui rendra la couronne de France à son légitime maître : c'est en Angleterre qu'il faut les chercher. Charles VII reconquerra son royaume, ou pour parler plus exactement, les Anglais le perdront, et ne conserveront que Calais.

1461. Charles mourut en 1461, la même année que Henri fut détrôné. S'il a d'abord été malheureux, il fut ensuite heureux : c'est tout ce qu'on peut dire. En effet, il fut heureux au point, qu'étant plus à ses plaisirs qu'à ses devoirs, il eut pour maîtresse une femme qui s'intéressoit à sa gloire. C'étoit Agnès Sorel ; elle a mérité des éloges, que votre précepteur ne peut ni ne veut lui refuser. Elle eut l'ambition d'être aimée d'un roi, c'est une foiblesse : mais elle ambitionnoit encore plus que son amant fût digne du trône : elle le portoit au grand malgré lui-même, elle lui reprochoit de préférer l'amour à la gloire. Cependant si Agnès eût pensé comme Alix Perrers, que seroit devenu Charles ?

CHAPITRE II.

De ce que le concile de Constance a fait pour l'extirpation des hérésies et des abus de l'église.

<small>Les abus étoient devenus des droits.</small> LES guerres ne sont pas les seuls maux que devoient produire les différends entre le sacerdoce et l'empire : il devoit encore en naître des hérésies. Les papes jouissoient presque sans contestation des droits qu'ils s'étoient faits. L'usage étoit un titre suffisant pour eux. Dans des temps où l'ignorance ne permettoit pas de remonter aux premiers siècles de l'église, on jugeoit du droit par les abus mêmes, dont on voyoit des exemples; et communément on avoit pour toute règle : *Cela s'est fait, donc cela se peut faire encore.*

<small>On ne gardoit aucun ménagement les papes contre le clergé même.</small> Les papes auroient dû user avec ménagement de leur puissance, puisque les fondemens en étoient si peu solides. Ils devoient

craindre de forcer enfin les hommes à chercher des lumières. Comment ont-ils pu penser qu'ils pourroient toujours aller impunément d'usurpation en usurpation ? Etoit-il difficile de prévoir que l'avarice au moins leur opposeroit des obstacles ? Cependant vous avez vu quelles ont été les entreprises de Boniface VIII contre Philippe le Bel, et de Jean XXII contre Louis de Bavière. Il fallut résister alors : il fallut par conséquent s'instruire ; et on tenta de marquer des limites entre les deux puissances.

Les papes ne se contentèrent pas d'avoir forcé les princes à défendre des droits qui avoient été si souvent abandonnés au saint siége : ils aliénèrent encore le clergé, parce que, depuis Clément V, les exactions devinrent toujours plus onéreuses; et ils scandalisèrent, par un trafic honteux des choses les plus saintes, ceux à qui il restoit quelques idées saines. Il devoit donc arriver un temps, où le pape seroit seul contre tous.

Mais on n'étoit pas assez éclairé pour méditer des questions aussi difficiles, enveloppées des ténèbres de tant de siècles, et obscurcies encore par des passions d'autant plus aveugles, qu'elles étoient mues par un plus grand intérêt. On passa donc d'une extrémité à l'autre : pour combattre la puissance usurpée des papes, on contesta l'autorité qui leur appartient légitimement ; et tombant d'erreur en erreur, on attaqua le dogme, parce que les papes le défendoient.

Ouvrages de Marsile de Padoue, et de Jean de Gand. Marsile de Padoue et Jean de Gand, écrivant pour défendre les droits de Louis de Bavière, nièrent la primauté du pape, soutinrent que tous les évêques sont égaux, ont la même autorité, et avancèrent qu'il appartient à l'empereur de corriger, de destituer les papes, et de gouverner l'église pendant la vacance du saint siége. Jean XXII condamna cette doctrine, qui détruit la hiérarchie ecclésiastique, et qui transporte à l'empereur les prérogatives du sacerdoce. Mais il condamna encore cette proposition : *ni le pape, ni l'église ne peut punir de peines coactives, si l'empereur ne lui en donne la permission.* Cependant il est certain que les peines coactives n'appartiennent qu'à la puissance temporelle, et que Jésus-Christ ne les a pas données à l'église.

Plus on contestoit les prétentions des papes, plus ils faisoient d'efforts pour les établir ; et à cet effet ils donnoient continuellement de nouvelles constitutions. Clément V, par exemple, avoit publié un gros recueil de celles qu'il avoit faites : cependant au moment de sa mort, il ordonna de les supprimer, parce qu'il les jugea trop contraires à la simplicité apostolique. Mais ce fut une raison pour son successeur, Jean XXII, de les conserver, car elles l'autorisoient dans toutes ses exactions. Il ordonna donc par une bulle de les enseigner dans toutes les écoles. Il en fit lui-même qu'il disoit utiles et salutaires, *a cagion d'ell' utilita grande, che recavano alla sua corte*, dit Giannone; et parce qu'il les ajoutoit sans ordre aux Clémentines, on les nomma *Extravagantes*. Ces sortes de décrétales se multiplièrent encore dans la suite : elles portoient sur les principes de Gratien, et tendoient à consacrer des abus.

Toutes ces démarches des papes étoient

Les papes donnoient des constitutions pour défendre leurs prétentions ou pour en établir de nouvelles.

Mais plus ils faisoient d'efforts,

bien imprudentes, dans un temps où les souverains portoient impatiemment le despotisme de la cour de Rome, où les peuples se soulevoient contre les richesses et le luxe du clergé, où le clergé lui-même étoit las de se voir continuellement dépouiller par les papes; et où des hommes commençoient à raisonner sur les droits du saint siége. Elles devoient naturellement inviter à combattre des abus, qui croissoient tous les jours; et exposer par conséquent, à porter une main téméraire jusques sur l'autel.

C'est en Angleterre sur-tout, que la domination des papes étoit devenue odieuse.

L'autorité royale n'y étoit pas à l'abri de leurs entreprises. Le peuple murmuroit contre le denier de Saint-Pierre, et les autres impositions de la cour de Rome. Les parlemens se souvenoient que les papes avoient délié les rois du serment d'observer les chartes: ils les regardoient comme les appuis du despotisme. Enfin les grands qui s'étoient emparés des biens des églises auroient desiré de ne plus craindre les censures ecclésiastiques on étoit donc sûr de se faire un grand parti, si on s'élevoit contre les prétentions du pape et du clergé. Il faudroit s'étonner, si, dans de pareilles circonstances, elles n'avoient pas été attaquées, et il seroit encore plus étonnant, qu'on se fût contenu dans de justes bornes.

C'est sur la fin du règne d'Edouard III, *Doctrine de Wiclef.* et quelque temps avant le schisme, que Jean Wiclef, docteur d'Oxford, combattit la jurisdiction des évêques, et l'autorité que les papes s'arrogeoient sur le temporel. Il renchérit sur Marsile de Padoue, sur Jean de Gand, et sur tous ceux qui avoient écrit contre la puissance ecclésiastique.

Considérant les richesses des ecclésiastiques, et les voies par lesquelles ils les avoient acquises, il soutint qu'il est contre l'écriture qu'ils aient des biens temporels; que le prince peut les leur enlever pour des causes légitimes; qu'il doit les employer aux besoins de l'état, plutôt que de mettre des impôts sur le peuple; et qu'il faut ramener le clergé à sa première pauvreté.

Considérant de même les abus qu'il remarquoit dans les ordres religieux: il dit qu'en se faisant moine, on devient moins capable d'observer les commandemens de Dieu; qu'on cesse d'être chrétien, et que les saints ont péché, en instituant des ordres monastiques. Bientôt, ne sachant plus où s'arrêter, il attaqua les dogmes mêmes, et nia la présence réelle dans le sacrement de l'eucharistie. Cependant il étoit si fort soutenu par la noblesse et par le peuple, que les deux premiers conciles qui se tinrent en Angleterre pour examiner sa doctrine, n'osèrent rien prononcer contre lui. Il ne fut condamné que dans un troisième, tenu en 1382 et dans un quatrième en 1396, qui examina les ouvrages de cet hérésiarque, publiés après sa mort. L'un de ces conciles condamna vingt-quatre propositions, dix comme hérétiques, quatorze comme erronées, et l'autre en condamna dix-huit.

Ses sectateurs causent des troubles.

Cependant les Wicléfistes, nommés autrement Lollards, formèrent un parti considérable, qui causa souvent des troubles. Leurs maximes contre les richesses et la puissance des ecclésiastiques ne pouvoient manquer de plaire au peuple. Aussi depuis ce temps la chambre des communes proposa souvent au roi de se saisir des biens du clergé.

Les écrits de Wiclef, ayant été portés en Bohême, eurent bientôt des partisans dans l'université de Prague, que l'empereur Charles IV avoit fondée. Jean Hus fut le premier à se déclarer pour les opinions de cet hérésiarque sur le clergé. Le pape, les cardinaux et les évêques furent les objets de ses déclamations; et Jean XXIII ayant publié en 1412 une croisade contre Ladislas, Jean Hus saisit cette occasion pour écrire et prêcher contre les croisades et contre les indulgences. – Il n'est pas douteux, qu'il n'y eût alors des abus, et qu'il n'en ait relevé plusieurs avec fondement : mais au lieu d'attaquer seulement les vices des ecclésiastiques, leurs usurpations et le mauvais usage qu'ils faisoient de leur puissance, il attaqua les droits mêmes de l'église. Ses excès mêmes lui firent plus de sectateurs, qu'une conduite plus modérée ne lui en auroit fait; parce que depuis long-temps les esprits étoient indisposés contre le clergé. Il entraîna dans son parti le peuple et la noblesse, et il fut le chef d'une secte qui produisit les plus grands désordres.

Le concile de Constance le fait brûler.

Cité par le concile de Constance, qui condamna les erreurs de Wiclef, il s'y rendit, après avoir obtenu de l'empereur Sigismond un sauf-conduit, par lequel il avoit la permission d'y venir librement et de s'en retourner. Cependant quelques jours après son arrivée, il fut mis en prison; et n'ayant pas voulu se soumettre au jugement du concile, il fut condamné au feu, et exécuté avec une mitre de papier, sur laquelle on avoit peint des démons.

Ainsi que Jérôme de Prague, ce qui cause une guerre civile.

Alors son disciple, Jérôme de Prague, qui étoit aussi en prison, abjura ses erreurs : mais bientôt se reprochant sa soumission comme une lâcheté, il se rétracta, et alla au supplice avec la même fermeté que Jean Hus. Cependant la noblesse de Bohême et de Moravie prit les armes, pour venger la mort de ces deux hommes. Les églises furent pillées et détruites : on commit toutes sortes de violences : et cette guerre civile troubla l'Allemagne pendant plusieurs années.

Pourquoi ce concile consent que

Les abus de l'église étoient le grand

objet du concile, et c'étoit aussi le plus difficile, puisqu'il s'agissoit de la réformer dans le chef et dans les membres. L'empereur, les Allemands et les Anglais vouloient commencer par faire à ce sujet les réglemens nécessaires, avant de procéder à l'élection d'un pape, parce qu'ils appréhendoient de trouver dans un pape élu des obstacles à la réforme des cardinaux et de la cour de Rome. Par la même raison, mais sous prétexte que c'est au chef de l'église à la réformer, les cardinaux vouloient commencer par élire un pape. Ce prétexte néanmoins paroît bien frivole. Etoit-il raisonnable de s'en reposer sur le pape, puisqu'il s'agissoit de le réformer lui-même ? D'ailleurs, si le pape étoit obligé d'obéir aux décrets du concile sur la réforme, il est évident que c'étoit au concile à réformer l'église et non pas au pape. Or les pères avoient déclaré, que le concile étant général tenoit immédiatement de Jésus-Christ une puissance à laquelle le pape même étoit obligé d'obéir dans ce qui concerne la foi, l'extirpation du schisme, et la réforme de l'église dans son

l'élection du pape précède la réforme.

chef, et dans ses membres. Après cette déclaration, comment pouvoit-on écouter les cardinaux, qui attribuoient au pape seul le droit de réformer l'église, et qui n'ignoroient pas combien il étoit intéressé à ne pas user d'un pareil droit. Leur avis néanmoins prévalut : c'est que les esprits commençoient à se calmer. Un cri général avoit d'abord demandé qu'on réformât l'église, et le clergé parut lui-même le desirer, parce qu'il ne connoissoit pas d'autre moyen pour se soustraire aux exactions de la cour de Rome, mais il craignoit moins les exactions, depuis qu'il avoit humilié le saint siége, et plusieurs de ses membres craignoient sans doute la réforme.

Il reste les choses à réformer par le pape.

Cependant pour paroître au moins prévenir les inconvéniens qu'on prévoyoit, le concile statua et ordonna, qu'avant sa dissolution, le pape futur, de concert avec les pères, ou avec des députés de chaque nation, nommés à cet effet, réformeroit l'église dans son chef, dans ses membres ainsi que dans la cour de Rome. Il arrêta même les articles qui devoient être l'objet de la réforme. Tels étoient les réserves du siége apostolique, les annates, les collations des bénéfices, les graces expectatives, les appellations en cour de Rome, les simonies, les indulgences, les décimes, etc. Il y avoit dix-huit articles.

Les annates sur-tout furent débattues avec chaleur. D'un côté, toutes les nations s'accordèrent à les proscrire, et de l'autre, les cardinaux, qui les défendoient en appelèrent au pape futur. C'est principalement en France, que les papes étoient en possession de la première année du revenu des bénéfices. Ils s'étoient arrogé ce droit presque sans obstacle, sous des rois qui sembloient partager avec eux les dépouilles du clergé; et ils n'avoient pas trouvé la même facilité en Allemagne, en Angleterre, ni même en Espagne. Ainsi les Français, qui sentoient plus que les autres le poids de cet impôt, traitèrent aussi cette question avec plus de vivacité. Ils soutinrent que les annates ne sont pas dues; ils protestèrent contre l'appel des cardinaux au pape futur; et ils déclarèrent qu'ils poursuivroient la suppression de cet abus, dans

Les annates sont fort debattues.

le concile, et par-tout ailleurs où besoin seroit.

Règlemens des pères de Constance sur la convocation des conciles généraux.

Les pères de Constance, regardant les conciles généraux comme le moyen le plus propre à corriger les abus, et à prévenir ou éteindre les schismes et les hérésies, ordonnèrent qu'il s'en tiendroit un dans cinq ans ; un autre dans sept, à compter de la fin du dernier ; et qu'ensuite il s'en tiendroit toujours à l'avenir de dix en dix ans, dans les lieux que le pape indiqueroit à la fin de chaque concile, du consentement et avec l'approbation du concile même. Ils ordonnèrent ensuite que, pour cette fois seulement, on choisiroit dans chacune des cinq nations, six prélats, ou autres ecclésiastiques distingués, pour procéder avec les cardinaux à l'élection d'un souverain pontife. Par ce dernier décret qui fut observé, le concile paroît avoir reconnu, comme un droit, la possession où étoient les cardinaux d'élire le pape.

Martin V donne peu de soins à la réforme.

Malgré les précautions qu'avoient prises les pères, pour forcer le pape à travailler à la réforme de l'église, Martin V ne réforma ni les cardinaux, ni la cour de

Rome, où étoit la principale source des abus. De dix-huit articles proposés par le concile, il n'y en eut que six sur lesquels il fit quelques réglemens. Il se garda bien sur-tout de rien décider sur les annates. Il ne vouloit pas les supprimer, et il eût trouvé trop d'oppositions, s'il eût porté un décret pour les établir. Cependant il déclara qu'il avoit satisfait à tous les articles ordonnés pour la réforme, et en conséquence il mit fin au concile.

Jean Charlier Gerson, député de l'université de Paris et ambassadeur de France au concile, représenta qu'il y avoit encore plusieurs articles à décider. Egalement célèbre par sa doctrine et par le zèle avec lequel il avoit travaillé à l'extinction du schisme, il jouissoit d'une grande considération dans le concile, et il prononça plusieurs discours sur les réformes à faire. Personne n'avoit encore mieux connu les bornes et les abus de la puissance ecclésiastique.

Jean Charlier Gerson représente inutilement ce qui reste à faire.

Ils s'étoit sur-tout élevé contre la doctrine de Jean Petit, et il en avoit extrait neuf propositions, que la faculté de Paris

Il ne peut pas faire condamner tout ce qu'il y a de dangereux dans la doctrine de Jean Petit.

avoit censurées. Le concile auquel il demandoit un jugement, s'étoit contenté de condamner la proposition générale, *qu'on peut licitement tuer un tyran, et qu'on le doit même.* Encore avoit-il évité de nommer l'auteur de cette doctrine, croyant devoir ménager le duc de Bourgogne qui protégeoit Jean Petit. En vain Gerson sollicita une décision sur chacune des neuf propositions : en vain il appuya sur toutes les raisons qui devoient au moins porter à les examiner : le pape n'eut point d'égard à ses représentations.

<small>Les Polonais ne sont pas plus écoutés, et Martin déclare qu'on ne peut pas appeler du Pape au concile.</small>

Ce fut encore inutilement que les Polonais insistèrent pour obtenir la condamnation d'un livre, dont la doctrine tendoit à causer des troubles en Pologne. Voyant qu'ils n'étoient point écoutés, ils en appelèrent au futur concile; mais ils fournirent seulement à Martin une occasion de déclarer par un décret qu'on ne peut en aucun cas appeler du jugement du pape; prétention tout-à-fait opposée à ce qui avoit été décidé dans le concile de Constance même. Gerson en fit voir la fausseté, et prouva que l'infaillibilité n'appartient qu'à l'église universelle, ou au concile qui la représente. Cet homme célèbre, persécuté par le duc de Bourgogne, ne put revenir à Paris et fut contraint de se retirer en Allemagne.

Après avoir examiné dans le concile de Constance tous les abus, les meilleurs esprits indiquèrent tous les remèdes qu'il convenoit d'y apporter, et on en appliqua fort peu. Il restoit donc encore bien des choses à corriger. Il sembloit qu'en voulant travailler à la réforme de l'église, on n'avoit fait que perpétuer la mémoire des vices dont on se plaignoit. On sera encore long-temps à faire de vains efforts, parce que les papes, bien loin de s'occuper sincèrement de la réforme, chercheront tous les moyens d'éluder les décrets du concile de Constance. Mais au moins on aura plus de lumières pour leur résister; et c'est déjà un grand point d'avoir établi que, quelles que soient les prétentions de la cour de Rome, le pape a un supérieur et un juge.

Cependant il n'en est pas moins arrêté que le pape a un supérieur et un juge.

CHAPITRE III.

De Naples, de l'église et de l'Allemagne, depuis le concile de Constance jusques vers le milieu du quinzième siècle.

<small>Le royaume de Naples à tous les abus du gouvernement féodal.</small>

PENDANT long-temps il n'y eut dans le royaume de Naples que peu de barons, encore moins de comtes, point de marquis; et le titre de duc ne se donnoit guère qu'aux princes du sang. Mais depuis la mort de Jeanne I, les troubles fournirent aux seigneurs, qui avoient des troupes à eux, l'occasion d'usurper dans leurs domaines les droits et les titres qu'ils jugeoient à propos. Il leur fut d'autant plus aisé de se maintenir dans leurs usurpations, que le prétendant au trône mettoit le souverain dans la nécessité de les ménager.

<small>Ladislas accroît ces abus.</small>

Bien loin de remédier à cet abus, Ladislas l'accrut encore. Pour avoir de l'argent, il démembra ses domaines, et vendit à très-bon marché des baronies, des comtés, des marquisats et des duchés; se procurant par ce moyens des ressources momentanées, et se ruinant. D'ailleurs la multiplication des vassaux faisoit prendre de profondes racines au gouvernement féodal. C'étoit donc une source de nouveaux désordres. Oh! certainement il y en avoit déjà assez.

Les guerres, qui duroient depuis si long-temps, avoient ruiné l'agriculture, le commerce, tous les arts; et les Napolitains ne savoient plus que manier les armes : ils étoient tels cependant que les vouloit Ladislas, qui, ambitieux de conquérir l'Italie, eût désiré de n'avoir que des soldats pour sujets. Vous jugez donc que ce prince aura donné tous ses soins à la discipline militaire, et qu'il aura négligé toutes les autres parties du gouvernement. Ce fut en effet sa conduite. Il fit à la vérité des conquêtes : mais il auroit dû prévoir que ses forces, qui pouvoient suffire pour conquérir, étoient trop foibles pour conserver. Il auroit dû comprendre au moins que le gouvernement féodal qu'il affermissoit, étoit un obstacle à son ambition; et qu'un conquérant, qui n'a d'autres

Cependant il veut faire des conquêtes.

troupes que celles de ses vassaux, peut être arrêté au milieu de ses succès.

Sa mort est suivie de grands désordres.

A sa mort les troupes, auxquelles il avoit donné tous ses soins, mirent la plus grande confusion dans le royaume. N'étant plus payées elles se dissipèrent, et se donnèrent aux vassaux, qui eurent de quoi les soudoyer, ou à des princes étrangers. Sa sœur, Jeanne II, qui lui succéda, se vit reine avec peu de revenu, avec peu de soldats, et avec encore moins de conduite. De toutes les conquêtes de son frère, elle ne put conserver qu'Ostie et le château S. Ange de Rome.

Les amours de Jeanne II en occasionnent d'autres.

Il semble que l'amour doive presque toujours être funeste aux têtes couronnées. Car si les femmes sont à redouter pour les princes, les hommes ne le sont pas moins pour les princesses : Jeanne entre autres en est un exemple.

Amoureuse depuis long-temps de Pandolfe Alapo, son maître-d'hôtel, elle le fit son chambellan dès qu'elle fut sur le trône. Pandolfe, à qui ce titre donnoit le soin des finances, fut bientôt le maître de tout, sous une reine qui ne mettoit point de bornes à sa confiance, parce qu'elle n'en savoit pas mettre à ses passions. Les hommes sages blâmoient la conduite indécente de cette princesse : les seigneurs trop âgés pour se flatter de lui plaire, paroissoient penser comme les sages : et les plus jeunes ne désapprouvoient que son choix. Ils aimoient les fêtes qu'elle donnoit souvent à sa cour. Ambitieux d'y briller et d'attirer ses regards, chacun d'eux se faisoit déjà le héros d'un roman, et bâtissoit sa fortune sur les foiblesses de la reine. Cependant les intrigues, la jalousie et les inquiétudes empoisonnoient ces plaisirs scandaleux, et l'on prévoyoit que la ruine prochaine de cette cour corrompue préparoit de grandes calamités au royaume. Déjà Pandolfe, sous prétexte d'une trahison supposée, avoit fait renfermer Sforce qui lui donnoit de l'ombrage, parce qu'il plaisoit trop à la reine. Cette seule démarche pouvoit exciter une guerre civile : car Sforce, déjà puissant par lui-même, intéressoit à son sort tous ceux qui portoient envie à la faveur de son rival, et qui, affectant de tenir un langage de citoyen, disoient combien les talens de ce capitaine étoient nécessaires à l'état. On se plaignoit qu'on eût arrêté si légèrement un homme, qui devoit avoir pour juge la nation entière. En un mot, le murmure étoit général ; et la reine, intimidée des remontrances qu'on lui fit fut contrainte de céder, et de commettre à la connoissance de cette affaire un jurisconsulte qu'on lui nomma.

Pandolfe, devenu l'objet du déchaînement public, songe alors aux moyens d'assoupir cette affaire, et cherche même un appui dans celui dont il avoit médité la perte. Il dissipe adroitement les soupçons de Sforce, il le fait sortir de prison et il lui donna sa sœur en mariage, avec la charge de connétable pour dot. Mais un ennemi qu'il gagne, lui en suscite d'autres.

Jules César de Capoue découvre la conduite de cette reine à Jacques de Bourbon, qui vient pour l'épouser.

Jules-César de Capoue, qui avoit à sa solde une grande partie des troupes de Ladislas, regardant l'union de Pandolfe et de Sforce comme un obstacle à son ambition, médita la ruine de cette espèce de duumvirat. Jacques de Bourbon, comte de la Marche, venoit alors à Naples pour épouser la reine. Ce mariage étoit une fortune pour ce prince, très-éloigné de la couronne de France. C'est même une des raisons pour lesquelles Jeanne l'avoit choisi, comptant qu'il auroit moins de prétentions, et on étoit convenu, que, renonçant à la royauté, il se contenteroit de gouverner le royaume avec le titre de comte.

Jules-César prit sur lui d'aller au-devant du comte de la Marche. Il le salua comme roi, l'informa du mauvais état où étoit le royaume, et ne lui laissa point ignorer la conduite indécente de la reine.

Plusieurs autres barons s'étant empressés à reconnoître aussi pour roi le comte de la Marche, Jeanne dissimula son dépit et donna ordre aux Napolitains de recevoir ce prince comme leur roi. Il ne tarda pas à se saisir de toute l'autorité. Les fêtes du mariage n'étoient pas encore finies, qu'ayant fait arrêter Pandolfe, il lui fit couper la tête, après lui avoir arraché par les tourmens l'aveu de tout ce qu'il vouloit savoir. Il chassa ensuite tous les jeunes courtisans dont la reine avoit formé sa cour; et il la mit elle-même sous la garde d'un vieux françois, qui ne permettoit à personne d'en approcher.

Peut-être que les Napolitains se seroient

intéressés foiblement au sort de la reine, si Jacques ne les eut pas aliénés, en donnant toutes les charges aux Français. Mais la jalousie pour ces étrangers se cachant sous des sentimens de compassion, on regretta bientôt de ne plus voir une princesse, qu'on avoit vue jusqu'alors avec scandale. Plusieurs familles d'ailleurs étoient ruinées par la réforme que le roi avoit faite, et toute la jeunesse soupiroit après ces fêtes, où parmi les plaisirs on travailloit à sa fortune. Il y avoit trois mois que Jeanne ne paroissoit point en public, lorsqu'une multitude de Napolitains vinrent au château, demandèrent à la voir, et dirent qu'ils vouloient qu'elle fût traitée, comme une reine mérite de l'être.

Jules-César, alors un des plus mécontens, parce qu'il n'avoit point eu de part aux graces du roi, forma le projet de la délivrer, se flattant de pouvoir prendre la place de Pandolfe. Il voulut en concerter les moyens avec elle, et la confiance qu'on avoit en lui, lui ayant ouvert l'appartement de la reine, il s'offrit d'ôter la vie au roi.

Jeanne, ne pouvant se fier à son délateur, crut qu'on lui tendoit un piége; et saisissant l'occasion de se faire un mérite auprès de son mari, elle lui découvrit les desseins de Jules-César, et le fit cacher derrière une tapisserie pour en être témoin lui-même. Jules-César fut arrêté et décapité. Tous ces événemens se passèrent en 1425, dans les cinq premiers mois du règne de Jacques.

Ce prince sensible au procédé de la reine, la tint un peu moins resserrée: il lui permit même quelque temps après d'aller dîner dans le jardin d'un Florentin. Dès qu'on sut qu'elle sortoit, la noblesse et le peuple coururent avec empressement sur son passage. Sa contenance triste, ses yeux prêts à se baigner de larmes, ses regards qu'elle abandonnoit avec inquiétude, ou qu'elle retenoit avec crainte, tout intéressoit à sa situation, jusqu'à ses efforts pour cacher sa douleur, qu'elle ne vouloit pas qu'on ignorât.

Elle obtient la permission de sortir.

Les malheureux ont des droits sur le cœur humain. Jeanne qui n'avoit ces droits qu'à ce titre, toucha donc le peuple, qui la suivit en silence jusqu'à la maison du Florentin. Ce n'étoit encore que de la compassion : mais Ottino Carracciolo et Annechino Mormile

Le peuple la délivre. Traité entre Jeanne et Jacques.

excitèrent la noblesse et la bourgeoisie; et s'étant présentés à la tête d'une multitude armée, lorsque la reine s'en retournoit au palais, ils la conduisirent à l'archevêché, parmi les acclamations du peuple. On crioit qu'il falloit aller assiéger le roi dans un château où il s'étoit retiré, lorsque les plus sages, prévoyant que Jeanne s'abandonneroit encore à quelque nouveau favori, et croyant trouver dans le roi un frein aux passions de cette princesse, songèrent aux moyens d'étouffer ce tumulte dans sa naissance. On négocia. Il fut convenu d'un côté, que Jacques conserveroit le titre de roi, avec une pension de quarante mille ducats pour l'entretien de sa maison; et de l'autre, que Jeanne seroit reconnue pour légitime souveraine du royaume : et qu'elle pourroit se choisir une cour convenable à song rang. Le traité fut passé sous la garantie de la ville de Naples.

Jacques est sonnier dans palais.

La nouvelle cour de la reine, comme la première, pleine de galanteries et d'intrigues, fut encore une source de troubles. Pendant que Sergiani Carracciolo, qui consoloit cette princesse de la perte de Pandolfe, écartoit sous divers prétextes tous ceux qui pouvoient trop plaire ; elle s'attachoit par des bienfaits la noblesse et les principaux du peuple. Bientôt le roi Jacques fut à son tour prisonnier dans le palais, et tous les Français furent chassés du royaume.

Cependant on murmuroit contre la conduite de la reine, et on se soulevoit contre Sergiani, lorsque Sforce, qui avoit des raisons particulières d'être mécontent de ce ministre, en demanda l'exil. Il fallut le lui accorder, car il étoit armé ; plusieurs barons l'avoient joint avec leurs troupes, et Naples paroissoit disposé à se déclarer pour lui.

Sforce oblige la reine à exiler son favori, Sergian Carraccioli.

Sur ces entrefaites, Martin V, qui venoit d'être élu dans le concile de Constance, demanda la liberté du roi Jacques, à la sollicitation du roi de France et du duc de Bourgogne. Mais ce roi ne jouissant d'aucune considération, et se lassant de porter la couronne uniquement pour être témoin des désordres de sa femme, s'embarqua secrètement, et revint en France où il se fit moine.

Martin V obtient la liberté de Jacques, qui se retire dans un cloître.

Sergiani reparut alors à Naples avec sa première faveur ; et Sforce qui eut de nouvelles raisons de se plaindre d'un favori, plus

Sforce appelle Louis d'Anjou à la couronne.

déclaré que jamais contre lui, invita Louis d'Anjou, fils de Louis II, qui avoit eu le titre de roi de Naples, à venir prendre possession de ce royaume.

Jeanne adopte Alphonse, roi de Sicile et d'Arragon.

Jeanne appelle à son secours Alphonse, roi de Sicile et d'Arragon, et l'adopte pour l'engager à venir avec toutes ses forces. Ces deux concurrens ruinent à l'envi un royaume, qu'ils veulent se ravir l'un à l'autre. Bientôt la reine elle-même prend des mesures contre Alphonse qui a l'avantage, et auquel elle se repent d'avoir donné trop d'autorité ; ces précautions tournent contre elle et contre son favori : le roi d'Arragon offensé, fait emprisonner Sergiani, qu'il croit la cause du changement de la reine à son égard.

Sforce, vainqueur d'Alphonse, fait adopter Louis d'Anjou.

Sforce vole au secours de Jeanne, qui n'avoit plus de ressource qu'en lui. Vainqueur d'Alphonse, il obtient la liberté de Carracciolo : par ce bienfait il se réconcilie avec ce favori. Tous deux réunis, ils déterminent la reine à donner la préférence à Louis d'Anjou : elle l'adopte, et Alphonse retourne en Espagne.

A sa mort, elle adopte René, frère de Louis.

Louis étant mort, Jeanne qui mourut l'année suivante, institua pour son héritier,

René, frère de Louis. En elle s'est éteinte la première maison d'Anjou, qui a régné à Naples.

1433.

Ce n'étoit pas assez que cette princesse eût donné deux prétendans à ce royaume. Eugène IV successeur de Martin V, rejeta l'un et l'autre, et voulut en donner un troisième; ou du moins il voulut se saisir du gouvernement, en attendant qu'il disposât de la couronne, comme il prétendoit avoir droit d'en disposer. Les Napolitains n'eurent point d'égard à ses prétentions.

Eugène IV prétend disposer du royaume de Naples.

Alphonse se rendra maître du royaume de Naples. René, aussi malheureux que ses prédécesseurs, n'y paroîtra que pour échouer. En s'en retournant par Florence, il y trouvera le pape, qui lui donnera l'investiture. Il reviendra en France avec le titre de roi. Ses droits n'auront fait qu'armer la France et l'Espagne l'une contre l'autre; et dans la suite ils causeront encore de nouvelles guerres.

Les prétentions des deux princes et du pape causeront de nouvelles guerres.

Jeanne II étoit montée sur le trône en 1414, l'année même de l'ouverture du concile de Constance. Alors commençoit cette guerre funeste que Henri V, a faite à

Événemens contemporains au règne de Jeanne.

Charles VI. Ainsi vous connoissez la situation de l'Angleterre et de la France pendant le règne de Jeanne à Naples. Il nous reste à jeter les yeux sur ce qui se passoit encore en Allemagne et dans l'église.

Guerre des Hussites commandés par Jean Ziska.

Je ne suivrai pas les Hussites parmi les ravages qu'ils faisoient en Bohême, en Hongrie, en Sicile, en Moravie, en Autriche, etc. Ces peuples, qu'armoit le fanatisme, étoient d'autant plus redoutables, qu'ils avoient à leur tête un grand capitaine. Jean de Trosnow, chambellan du roi Venceslas, mais plus connu sous le nom de Ziska, qui signifie borgne en bohémien, et qu'on lui donna lorsqu'il eut perdu un œil dans une bataille; Jean Ziska, dis-je, disciplina ces hommes qui s'ameutoient au hasard pour venger la mort de Jean Hus, et il en fit d'excellens soldats.

Victoire de ce général.

Venceslas étant mort sans postérité en 1417, Sigismond, son frère, étoit son héritier; mais Ziska déclara que cet empereur, après avoir consenti au supplice de Jean Hus, étoit indigne de porter la couronne de Bohême, et il soutint cette raison par le succès des armes. Il défit Sigismond en quatre batailles rangées. Ayant ensuite perdu le seul œil qui lui restoit, lorsqu'il observoit une place, il voulut inutilement se démettre du généralat : ses soldats s'y opposèrent. Ainsi forcé de commander, il continua de vaincre, il gagna encore quatre autres grandes batailles.

L'empereur, désespérant de conquérir la Bohême, fit offrir à Ziska le gouvernement de ce royaume, le commandement des armées, les droits et les revenus de la couronne, demandant seulement d'être lui-même reconnu par les peuples pour légitime souverain, et de porter le titre de roi. Le général des Hussites accepta; il eut même assez de crédit dans son parti pour faire agréer ces propositions; mais comme il étoit en chemin pour se rendre auprès de Sigismond, il mourut de la peste en 1424. Ses dernières paroles furent d'ordonner qu'on l'écorcheroit pour faire une caisse de sa peau, assurant que le son de cet instrument militaire mettroit en fuite les ennemis. Il n'en jugeoit pas ainsi sans fondement ; car il pouvoit prévoir que cette caisse étoit bien capable d'entretenir

Après sa mort les Hussites sont encore vainqueurs.

le fanatisme dans l'ame de ses soldats. En effet, les troupes de l'empire qui, depuis long-temps n'osoient plus paroitre devant les Hussites, furent encore vaincus plusieurs fois, quoique ces rebelles se fussent divisés en deux partis : il est vrai qu'ils retrouvèrent encore un grand capitaine dans Procope.

<small>Concile convoqué et aussitôt dissous.</small> L'année 1423 étoit celle que les pères de Constance avoient indiquée, pour tenir un concile général à Pavie. Il s'ouvrit en effet le 22 juin : il fut presque aussitôt transporté à Sienne à cause de la peste, et alors Martin V se hâta de le dissoudre, sous prétexte qu'il y étoit venu peu de prélats. Il est vrai que les troubles qui régnoient par-tout, n'avoient permis qu'à peu d'églises d'y envoyer. Mais la vraie raison de Martin, c'est qu'il craignoit un tribunal, qui se proposoit de réformer l'église dans son chef comme dans ses membres.

Bâle fut choisi pour y tenir dans sept ans un autre concile général. C'étoit éluder le décret du concile de Constance : car certainement l'intention n'avoit pas été de rassembler les évêques, pour les séparer aussitôt. Plusieurs se plaignirent de ce que Martin s'opposoit à la réforme de l'église. Ce fut inutilement : il fallut obéir aux bulles, et l'on se sépara.

Le concile s'ouvrit à Bâle en 1431, lorsque Eugène IV venoit de succéder à Martin. Craignant que le pape n'entreprît de le dissoudre ou de le transférer, il déclara que représentant l'église, il tenoit son pouvoir immédiatement de Jésus-Christ ; que le pape même étoit obligé de lui obéir ; qu'il seroit puni, s'il refusoit de se soumettre, et que tout ce qu'il pourroit faire pour la dissolution du concile, seroit regardé comme nul.

Concile de Bâle, qui déclare que le pape peut le dissoudre. 1431.

Aussitôt parurent une bulle, par laquelle Eugène ordonna la dissolution du concile, et des décrets qui ordonnoient à Eugène la révocation de sa bulle. Cette altercation dura jusqu'en 1434. Cependant le pape qui, dans cet intervalle avoit eu la guerre avec les Colonnes, et avec le duc de Milan, et qui l'année précédente avoit été chassé de Rome par le peuple, craignant d'être encore traité comme con-

Eugène IV donne une bulle qui ordonne la dissolution du concile. Il la révoque.

tumace par le concile, révoqua sa bulle, et le déclara légitimement assemblé.

Le concile entreprend de réformer le chef de l'église.

Alors le concile s'occupa de la réforme de l'église, sur-tout dans son chef. Car il n'oublia pas les abus de la cour de Rome, et entre autres les droits qu'elle s'arrogeoit sur les bénéfices. Il fit plus : il ordonna au pape de comparoître pour répondre aux accusations de simonie, et autres qu'on faisoit contre lui.

Le pape convoque à Ferrare un autre concile, qu'i's transfère à Florence.

Le pape publia une bulle par laquelle il transféroit le concile à Ferrare, si les pères de Bâle continuoient à procéder contre lui. Ils continuèrent cependant; ils le sommèrent même de révoquer cette bulle. Il n'en fit rien, et en 1438 il y eut à Ferrare un second concile, composé de quelques évêques d'Italie, et transféré l'année suivante à Florence.

1438.

Tentative inutile même pour réunir l'église grecque à l'église latine.

Les empereurs Grecs jugeant du présent par le passé, s'imaginoient que les papes pouvoient tout ce qu'ils avoient pu, et que par conséquent, ils disposoient encore des forces de l'Europe. C'est pourquoi dans l'espérance d'obtenir contre les infidelles des secours que les papes ne pouvoient donner, ils négocioient depuis longtemps la réunion de l'église grecque avec l'église latine. Or, le concile de Ferrare paroissant fournir une occasion favorable à ce dessein, Jean Manuel Paléologue, qui régnoit alors, s'y rendit avec le patriarche de Constantinople et d'autres prélats. On disputa beaucoup, il y eut de longues altercations, enfin on crut avoir trouvé des explications propres à concilier les deux églises, et on se sépara avec la confiance d'avoir éteint le schisme. Mais à Constantinople on n'approuva rien de ce que l'empereur et ses prélats avoient fait. On effaça son nom des dyptiques : on se sépara de ceux qui avoient signé l'union, et plusieurs même se rétractèrent.

Cependant les deux conciles s'excommunioient, et protestoient réciproquement contre leurs décrets. Enfin celui de Bâle, alors composé de trente-neuf prélats, et de près de cent ecclésiastiques du second ordre, déposa Eugène comme contumace, simoniaque, parjure, schismatique, hérétique, etc., et élut pour pape, Amédée duc de Savoie, alors retiré sur le bord du

<small>Le concile de Bâle dépose Eugène et élit Félix V.</small>

lac de Genève, dans une solitude où il vivoit en hermite. Amédée prit le nom de Félix V.

La conduite des principales puissances prévient le schisme.

Ainsi par les obstacles que le pape mettoit à la réforme, le concile même devenoit l'occasion d'un schisme, qui menaçoit de diviser encore toute la chrétienté. Ce malheur fut prévenu par la conduite sage des principales puissances de l'Europe.

D'après les délibérations des prélats, assemblés à Bourges, Charles VII déclara qu'il ne reconnoissoit point le concile de Ferrare; qu'il tenoit celui de Bâle comme seul légitimement assemblé, et qu'en même temps il ne vouloit point se départir de l'obéissance due à Eugène, qu'il continuoit de reconnoître pour pape légitime.

Les Allemands, dans plusieurs diètes, prirent aussi le parti de la neutralité; déclarant qu'ils reconnoissoient également Eugène et le concile de Bâle, et qu'ils ne recevoient ni les décrets du concile contre Eugène, ni ceux d'Eugène contre le concile. L'Angleterre tint la même conduite, et ne prit presque point de part à ce schisme, parce qu'elle n'avoit point envoyé de députés à Bâle. L'église d'Ecosse excommunia Félix et le concile qui l'avoit élu. Alphonse d'Arragon, alors en guerre avec René d'Anjou, se conduisoit avec artifice, faisant des propositions aux deux papes, et ne se déclarant point, afin de les mettre l'un et l'autre dans la nécessité de le ménager. Le reste de l'Italie, à l'exception du Piémont et de la Savoie, étoit pour Eugène. La Pologne et la Hongrie, par des motifs particuliers, adhéroient à Félix, ainsi que l'université de Paris et celles d'Allemagne, qui écrivirent beaucoup pour prouver l'autorité du concile de Bâle.

Fin du schisme et des conciles.

Il est vrai que reconnoître le concile de Bâle pour légitime, c'étoit le reconnoître pour juge du pape ; et, par conséquent, il y avoit de la contradiction à ne pas se soumettre au jugement qu'il portoit contre Eugène : mais il valoit mieux se contredire, que de causer un nouveau schisme. Heureusement ceux qui se déclarèrent, formèrent de part et d'autre des partis bien foibles. En vain les deux papes négocièrent dans toutes les cours : la neutralité continua de prévaloir, et les conciles de Bâle et de Florence cessèrent de lassitude en 1443. Aucun des deux n'ayant voulu céder, on se sépara sans avoir rien fait pour rétablir la paix. On arrêta seulement que dans trois ans on tiendroit à Lyon un concile général, et ce concile ne se tint pas. Le schisme dura jusqu'à la mort d'Eugène IV, arrivée en 1467. L'année suivante il fut éteint sous Nicolas V, par les soins des princes chrétiens, et sur-tout de Charles VII, et de l'église de France. Félix, à qui l'on fit des propositions avantageuses, donna sa démission, et elle fut approuvée par quelques prélats, qui étoient à Lausanne avec lui, et qui croyoient y continuer le concile de Bâle.

Pragmatique sanction de Charles VII.

L'église de France fut la seule qui retira quelques avantages des décrets portés dans le concile de Bâle. Les prélats s'étant assemblés à Bourges pour les examiner, les reçurent avec quelques modifications, et supplièrent Charles VII de confirmer par une loi ce qu'ils avoient arrêté. Cette loi leur fut accordée, sous le nom de pragmatique sanction. Elle établit l'autorité du concile général sur le pape : elle lui enleva presque entièrement la possession où il étoit de nommer aux bénéfices, et de juger les causes ecclésiastiques dans le royaume : elle rétablit les élections, telles à-peu-près qu'elles avoient été avant les usurpations de la cour de Rome : enfin elle abolit les graces expectatives, les annates qui furent déclarées simoniaques, et les autres exactions, dont j'ai eu occasion de parler. Tels sont les principaux articles de cette pragmatique.

Pendant les troubles de l'église, la révolte des Hussites continuoit, et ne finit qu'en 1436. Ce ne fut qu'à la faveur des divisions, qui se mirent parmi eux, que Sigismond réussit à se faire reconnoître roi de Bohême. Il rétablit la paix, et négocia même avec succès auprès du concile de Bâle la réconciliation des Hussites avec l'église. *Fin des troubles de Bohême.*

Étant mort en 1437, il eut pour successeur à l'empire Albert II, duc d'Autriche, son gendre et son héritier, et, par consé- *Après Sigismond l'empire passe à la maison d'Autriche.*

quent, roi de Bohême et de Hongrie. Depuis Albert, mort en 1439, l'empire n'est plus sorti de la maison d'Autriche. Frédéric III, son cousin germain, fut elu en 1440, et régna jusqu'à 1493.

CHAPITRE IV.

Fin de l'empire Grec.

Les Français avec leur gouvernement féodal et leur barbarie, car alors ils étoient encore bien barbares, ruinèrent entièrement l'empire Grec. Il fut aussi aisé de le leur enlever, qu'il leur avoit été facile de le conquérir : mais ce n'étoit plus le même empire, qu'on reprenoit sur eux. Très-borné en Asie, il étoit divisé en Europe en une multitude de souverainetés.

Etat de Constantinople, lors qu'en 1261 les Français furent chassés.

Avec beaucoup de courage, les Français travailloient d'autant plus à se détruire réciproquement, qu'ils étoient tout-à-fait sans discipline. Soldats, et rien autre, ils achevèrent la ruine des arts et du commerce. Constantinople appauvrie n'avoit plus de marine, elle n'en pouvoit avoir, et cependant il en falloit une pour défendre ses côtes contre les infidelles. Tels étoient les restes de cet empire, d'où Michel Paléologue chassa les Français en 1261.

Cet empire, divisé est déchiré par les différens partis.

Depuis ce temps, il semble que les désordres croissent, et que les guerres civiles se multiplient, et sont plus cruelles, à mesure que les Turcs font plus de progrès. Bien loin de se réunir contre l'ennemi commun, les diverses factions s'allient tour-à-tour avec les sultans ; et pour se ruiner mutuellement, elles se ruinent toutes ensemble.

Il est troublé par les moines,

Les moines avoient envahi tous les principaux siéges ; ils étoient le seul clergé, depuis que Théodora avoit rétabli le culte des images. Loin du monde par leur institution, ils s'en rapprochèrent par un esprit différent ; et ils le gouvernèrent pour le troubler. Ils entroient dans les conseils du prince, ils se mêloient dans les assemblées, et dans les émeutes du peuple : en un mot, la guerre, la paix, tout se faisoit par eux.

et par l'importance que le gouvernement donne à toutes les questions qu'ils élèvent,

Ils occupoient les Grecs, naturellement sophistes, de mille questions subtiles, qui souvent n'avoient aucun rapport au dogme, et qu'on traitoit cependant comme essentielles. Les empereurs qui devenoient moines, parce qu'ils vivoient parmi des moines, s'occupoient également de ces questions. Plusieurs même se seroient cru coupables, s'ils les avoient négligés, pour donner leurs soins au gouvernement. Ainsi la superstition, contraire à la religion comme à l'état, faisoit naître continuellement de nouvelles disputes, qui produisoient sans cesse des schismes, et animant les sectes les unes contre les autres, il en résultoit des désordres d'autant plus funestes, qu'ils devenoient l'unique objet du gouvernement.

Pendant soixante ans que les Latins ont été maîtres de Constantinople, ils ont élevé une nouvelle barrière entre les deux églises, parce qu'ils ont aliéné les Grecs de plus en plus. Les moines sur-tout, ne vouloient pas entendre parler de la réunion ; ils connoissoient trop la puissance des papes ; et les moines conduisoient le peuple. Aussi les empereurs se sont-ils rendus odieux à leurs sujets, toutes les fois qu'ils ont cherché à s'unir de communion avec les Latins. S'ils y pensoient sincèrement, et pour le bien de la religion, on ne peut trop les louer : mais si c'étoit par politique,

et par les tentatives des empereurs grecs pour se réunir avec l'église latine.

comme on a lieu de le croire, il falloit qu'ils fussent bien aveugles. Quels grands secours pouvoient-ils attendre des princes chrétiens dans le quatorzième siècle et dans le quinzième. Cependant ils venoient s'humilier aux pieds des papes, et ils parcouroient l'Europe, mendiant des secours, qu'on ne pouvoit pas leur donner. Tout annonçoit donc la ruine d'un empire, qui, mal gouverné depuis long-temps, ne pouvoit plus se soutenir par lui-même. Je passe rapidement sur les causes intérieures de sa décadence, parce que vous les verrez ailleurs parfaitement bien développées (1), et je viens aux causes extérieures.

Progrès des Turcs sous Othman et sous Orcan. Lorsque les successeurs de Gengis-kan conquirent la partie de l'Asie mineure, que possédoient les Turcs Seljoucides d'Iconium, plusieurs émirs turcs se retirèrent dans les montagnes, pour ne pas subir le joug des vainqueurs. Parmi ces rochers, ils se préparèrent à devenir eux-mêmes conquérans, en se formant à la tempé-

---

(1) Considérations sur les causes de la grandeur des Romains et de leur décadence.

rance et à la fatigue ; et ils en sortirent au commencement du quatorzième siècle, pour ravager et envahir les provinces orientales de l'empire Grec. Othman, un de ces émirs, est celui qui se distingua le plus, et qui devoit donner son nom à un nouvel empire. Orcan, son fils, qui lui succéda en 1326, fit de nouvelles conquêtes, pendant que Constantinople étoit troublée par l'ambition du gouverneur de Thessalonique : maître de Nicée, il en fit la capitale de ses états, et il se proposoit de passer le Bosphore.

Cantacuzène, qui ayant pris les armes, avoit forcé l'empereur, Jean Paléologue, à le recevoir pour collègue, suspendit les projets d'Orcan, en lui donnant sa fille en mariage. Mais, quelque temps après, connoissant la préférence du peuple pour Jean Paléologue, il abdiqua et se retira dans un monastère. Ainsi il étoit tout-à-la-fois moine et beau-père d'un Turc. Pendant le peu de temps qu'il régna, il donna au moins ses soins au rétablissement de la marine. Il nous a laissé sa vie écrite par lui-même, et quelques autres ouvrages.

Cantacuzène collègue de Jean Paléologue.

Succès d'Orcan en Europe, et d'Amurath.

L'abdication de ce prince fut suivie de quelques troubles; et Orcan, qui n'avoit point fait alliance avec Paléologue, fit passer des troupes en Europe, et se rendit maître de la province de Charipolis. Amurath, son fils, eut encore de plus grands avantages. Il prit Andrinople, Philippopolis, soumit la Macédoine, l'Albanie et toute la Thessalie, à l'exception de Thessalonique. Bajazeth, son fils, surnommé Ilderim ou le Foudre, lui succéda.

Bajazeth I entretient les troubles dans l'empire grec.

Les désordres croissent à Constantinople. Andronic, à qui la passion de régner avoit inspiré l'horrible projet d'égorger son père, Jean Paléologue, s'échappe de sa prison, et s'étant retiré auprès de Bajazeth, il en obtient des secours, avec lesquels il se rend maître de Constantinople. Jean Paléologue et Manuel, son second fils, sont traînés dans la prison où Andronic avoit été enfermé.

1386.

Deux ans et demi après, ces deux princes s'échappent à leur tour. Ils obtiennent aussi de Bajazeth des secours avec lesquels ils recouvrent le trône. Ils s'engagent à l'accompagner dans ses expéditions; et il forcent eux-mêmes les villes de leur dépendance à passer sous la domination des Turcs. L'empire Grec étoit presque réduit à la seule ville de Constantinople, en 1391, que mourut Jean Paléologue.

Manuel, qui étoit alors à la cour de Bajazeth, s'enfuit secrètement, et vient à Constantinople où il est reconnu empereur. Le sultan, qui veut se rendre maître de cette capitale, en ruine les environs et empêche les vivres d'y entrer.

<small>Il assiége Constantinople.</small>

C'étoient les commencemens du règne de Sigismond en Hongrie. Ce prince considérant que les Turcs, maîtres de la Bulgarie et de la Valachie, menaçoient déjà ses états, crut avec raison qu'il étoit de son intérêt d'empêcher l'entière ruine de l'empire Grec. Il avoit pris la forteresse de Raach et il formoit le siége de Nicopoli, lorsque Bajazeth vint au secours de cette place.

<small>Il défait Sigismond à qui les Français ont amené des secours.</small>

Un grand nombre de seigneurs Français avoit amené des troupes à Sigismond, et formoit un corps considérable. Leur bravoure eût été d'un grand secours, s'ils avoient été plus dociles : mais ils dédaignèrent d'écouter les conseils du roi de

Hongrie, qui savoit mieux qu'eux la manière dont il falloit combattre les Turcs. Ils firent donc des prodiges de valeur : et en même temps ils entraînèrent dans leur déroute l'armée entière. C'est la justice que l'histoire rend à leur courage et à leur imprudence.

Bajazeth fit égorger cruellement tous les prisonniers, à l'exception de ceux dont il espéroit une grosse rançon : mais il faut avouer qu'avant la bataille, les Français eux-mêmes, lui avoient donné l'exemple de cette barbarie.

Sigismond devient grand par les revers. Sigismond, qui s'étoit rendu odieux par la sévérité avec laquelle il avoit poursuivi les partisans de Charles de Duras, roi de Sicile, se rendit encore méprisable, en sacrifiant ses devoirs à ses plaisirs, dans un temps où il venoit d'essuyer un échec aussi funeste. Il est un exemple de ce que deviennent les princes, lorsqu'aveuglés par une fausse grandeur, ils se croient tout permis; et lorsque devenus malheureux, ils s'instruisent par les revers. On le voit errer de province en province : il est enfermé dans une prison par ses propres sujets : il recouvre la liberté et la couronne ; il est élevé à l'empire : et il devient grand, parce qu'il sait mieux apprécier ce qu'il est. Vous l'avez vu donner la paix à l'église.

Bajazeth, vainqueur de Sigismond, s'approcha bientôt de Constantinople. Il en ruina la campagne et les fauxbourgs ; n'ayant pu s'en rendre maître, il revint l'année suivante. Il continua de la sorte pendant dix ans, et pressa si fort cette ville, qu'il la réduisit à la dernière extrémité. Il se préparoit à donner l'assaut, lorsque son grand visir lui représenta que la prise de Constantinople armeroit contre lui toute la chrétienté ; et qu'il étoit plus prudent d'offrir la paix à l'empereur, dans une conjoncture où il pouvoit lui faire la loi. Il falloit que ce visir connût bien mal l'état actuel des princes chrétiens, leur impuissance, leurs divisions, et leur ignorance sur leurs vrais intérêts. Bajazeth cependant suivit ce conseil, et il accorda une trêve de dix ans à Manuel ; à condition qu'on lui payeroit un tribut de dix mille pièces d'or, qu'on bâtiroit une mosquée dans Constantinople, et qu'un cadi y ré-

Bajazeth pouvant se rendre maître de Constantinople accorde une trêve de dix ans.

sideroit, pour y être le magistrat des Mahométans.

<small>Il dispose de l'empire grec.</small>

Andronic, frère aîné de Manuel, étant mort, le sultan offrit à Jean Paléologue, fils de ce prince, de soutenir ses droits à l'empire, s'il lui promettoit d'échanger Constantinople contre la Morée. Jean accepta la proposition, monta sur le trône, et refusa de faire l'échange. Quant à Manuel, forcé d'obéir aux ordres de Bajazeth, il abandonna ses états, et vint mendier des secours en Italie, en France, en Angleterre : mais les historiens ne parlent que des réceptions magnifiques qu'on lui fit par-tout.

<small>Il est défait par Tamerlan.</small>

Bajazeth commençoit donc à commander dans Constantinople, il étendoit son empire, et il paroissoit n'avoir que des ennemis peu redoutables, lorsque tout-à-coup il fut arrêté au milieu de ses succès.

Alors un Tartare conquéroit la Perse, l'Inde, la Syrie et plusieurs autres provinces. Tamerlan, c'est ainsi que nous le nommons, sortoit de la Sogdiane, aujourd'hui le pays des Usbecks. Quoique né sans états, ses conquêtes égaloient presque celles de Gengis-kan dont on prétend qu'il descendoit par les femmes. Appelé par les émirs turcs et par Manuel, il envoya des ambassadeurs à Bajazeth, pour lui déclarer la guerre, s'il ne restituoit les pays dont il s'étoit injustement emparé. Au milieu des ravages qu'il faisoit lui-même, il voulut que la justice parût une fois du côté de ses armes. Bajazeth marcha contre ce nouvel ennemi, fut vaincu, fait prisonnier, et mourut bientôt de chagrin dans sa prison. On fait monter le nombre des morts à plus de trois cent quarante mille. Cette grande bataille se donna près de Césarée en 1402.

1402.

Manuel ayant appris la victoire de Tamerlan, revint à Constantinople. L'empereur Jean, qui en fut chassé, obtint dans la suite la ville de Thessalonique, et se fit moine sur la fin de sa vie. Tamerlan, qui tourna ses armes d'un autre côté, mourut peu d'années après dans une grande vieillesse. Enfin les émirs turcs, rétablis dans leurs possessions, déchirèrent l'empire Ottoman, tandis que les fils de Bajazeth, armés les uns contre les autres,

Les desseins des Turcs suspendent la ruine de Constantinople.

en disputoient les restes. Cette guerre dura jusqu'en 1413, que Mahomet, vainqueur de Moyse son frère, raffermit de nouveau la puissance ottomane. Voilà les causes qui suspendirent la ruine de l'empire Grec. Manuel vécut même en paix avec Mahomet, à qui il avoit donné des secours contre Moyse.

Amurath II est sur le point de prendre Constantinople.

La guerre recommença sous Amurath II, fils de Mahomet. Manuel se vit assiégé dans Constantinople, pour avoir voulu semer la division parmi les Turcs. Cette ville fut sur le point d'être prise. Les Grecs qui la défendirent par leur courage,

1422.

dirent qu'ils avoient vu la vierge combattre à leur tête, et qu'elle avoit jeté l'épouvante parmi les Ottomans, qui l'avoient

1425.

vue comme eux. Manuel obtint la paix, et mourut la même année avec l'habit de moine et le nom de Mathieu, qu'il prit deux jours avant sa mort. Jean Paléologue son fils et son successeur, est le même que nous avons vu au concile de Ferrare et de Florence.

Jean Hunniade vainqueur l'Amurath II, délivre

Après la mort d'Albert d'Autriche, empereur et roi de Bohême et de Hongrie, les Hongrois, à l'exclusion du fils posthume de ce prince, avoient donné la couronne à Ladislas, roi de Pologne. Presque aussitôt Ladislas attira les Turcs dans ses nouveaux états, et Belgrade, assiégée, ne fut sauvée que par la valeur et la conduite de Jean Hunniade, gouverneur de Transilvanie. Amurath revint l'année suivante : mais toujours défait par Hunniade, il fut enfin contraint de demander la paix, et on fit une trève de dix ans. Le sultan, qui préféroit la retraite aux grandeurs, abdiqua, et laissa la couronne à son fils Mahomet II.

Belgrade et force le sultan à la paix.

1442.

Les Turcs observoient exactement le traité fait avec Ladislas, et comptant sur la même exactitude de la part des chrétiens, ils avoient dégarni leurs provinces d'Europe, et fait passer en Asie la plus grande partie de leurs forces. Jean Paléologue jugea ce moment favorable pour repousser les infidèles au-delà du Bosphore. Eugène IV en pensa de même, ainsi que le cardinal Julien, légat en Allemagne, célèbre par le zèle avec lequel il avoit poursuivi les Hussites, et par la

Les chrétiens se proposent d'abuser de la bonne foi avec laquelle les Turcs observent le traité.

défaite des armées qu'il avoit conduites contre eux.

Eugène IV et le cardinal Julien ôtent les scrupules. Cependant les Hongrois se faisoient quelque scrupule de rompre une trêve, jurée sur l'évangile. Le cardinal légat les rassura, en leur prouvant qu'ils ne devoient pas se mettre en peine d'observer un traité contraire aux intérêts des princes chrétiens, fait à l'insu du pape, et qui devenoit nul aussitôt que le pape le désapprouvoit. Il prouva même qu'il y auroit de la perfidie à être fidèle à ce traité impie; c'est ainsi qu'il le qualifioit. Il semble que Julien faisoit au moins ces raisonnemens trop tard : car il avoit été présent à ce traité impie, et quoiqu'avec quelque répugnance, il y avoit donné son consentement. Les ordres du pape vinrent à l'appui des raisons du légat : Eugène IV ordonna de rompre la trêve, déclarant Ladislas délié de tout serment; et on reprit les armes.

Amurath II bat les Hongrois dans la Bulgarie. Comme Mahomet étoit jeune encore, les Turcs invitèrent Amurath à reprendre la couronne, pour marcher à leur tête. Ce prince sortit donc de sa solitude, repassa la mer, et défit les Hongrois dans la Bulgarie près de Varne. Ladislas et Julien perdirent la vie. Amurath, après cette victoire, abdiqua pour la seconde fois : mais une nouvelle guerre le força bientôt à reprendre la couronne.

Bajazeth, ayant fait la conquête de l'Albanie, avoit emmené en otage Georges Castriot, fils d'un seigneur du pays. Cet enfant élevé dans la cour ottomane, joignoit à la figure, l'esprit, le courage et l'adresse. Les Janissaires l'estimoient et l'aimoient : ils l'appeloient Scanderberg, d'un nom composé de celui d'Alexandre, et Amurath lui donnoit insensiblement toujours plus de part dans sa confiance.

Sur ces entrefaites, le père de Scanderberg étant mort, ce jeune homme ose former le projet de recouvrer la ville de Croie, qui lui appartenoit. Il arrache au secrétaire du visir un ordre au gouverneur de lui remettre cette place. Il s'échappe, vient à Croie, égorge la garnison ottomane, et met la ville en état de défense. Amurath se présente bientôt devant Croie; deux fois il en forme le siége, et deux fois il est obligé de le lever, et il meurt sans pouvoir s'en rendre maître.

L'empire grec se démembroit pour donner des apanages aux princes du sang.

Jean Paléologue mort en 1445, n'avoit point laissé d'enfant. Ses frères qui avoient troublé l'empire pendant sa vie, continuèrent à le troubler. Enfin Constantin l'emporta sur ses frères Thomas et Démétrius, à qui cependant il fut obligé de céder les états qu'il avoit avant de monter sur le trône. Vous voyez que les Grecs avoient appris des Français à donner des seigneuries aux princes du sang; et que cet usage de démembrer l'empire s'étoit établis précisément dans les temps où les provinces étoient envahies par les Turcs.

Prise de Constantinople par Mahomet II. 1458.

Enfin Constantinople est assiégée par Mahomet II. Constantin Paléologue est tué sur la brèche. La ville est prise d'assaut; et tout ce qui échappe au fer des Ottomans, est réduit en esclavage.

Deux partis, qui s'anathematisoient, divisoient alors la ville.

Les Grecs se défendirent avec la valeur qu'inspire le désespoir. Mais il ne faut pas oublier de remarquer, que dans le temps même que la mort ou l'esclavage les menaçoient, ceux qui vouloient l'union avec l'église latine, et ceux qui ne la vouloient, pas, formoient encore deux partis qui s'anathématisoient, sans considérer que Mahomet alloit bientôt terminer cette question. Telle est la fureur avec laquelle ce peuple s'étoit toujours occupé de ses disputes.

Mahomet fit encore de grandes conquêtes en Europe et en Asie. Cependant ses armes échouèrent toujours contre Scanderberg. Elles échouèrent encore contre les chevaliers de Rhodes, aujourd'hui les chevaliers de Malte, et Hunniade lui fit lever le siége de Belgrade. *Mahomet II est arrêté dans ses conquêtes.*

Mahomet n'ayant pu se rendre maître de l'île de Rhodes, envoya dans la Pouille une armée, qui forma le siége d'Otrante. Cette place fut prise d'assaut en 1480. Mais le sultan étant mort l'année suivante, Ferdinand, fils naturel et successeur d'Alphonse, la recouvra, en accordant aux Turcs une capitulation honorable.

CHAPITRE V.

Considérations sur les peuples de l'Europe depuis la chûte de l'empire d'occident jusqu'à la chûte de l'empire Grec.

<small>Pourquoi l'Europe a tant de peine à se civiliser.</small>
CHAQUE homme, borné à ses propres forces, sent toute sa foiblesse, et ce sentiment le met dans la nécessité de se joindre à d'autres. Les hordes se forment donc ; mais deux choses déterminent à-peu-près le nombre des individus qu'elles doivent contenir : d'un côté il faut que le nombre soit assez grand, pour que chacune trouve dans le sentiment de ses forces, la confiance de résister ou d'attaquer avec avantage ; et de l'autre il faut que suivant les pays, il soit plus ou moins borné, afin que la troupe entière puisse subsister dans les lieux où elle erre. Quand la population trop accrue dérange cette proportion, les révolutions naissent les unes sur les autres, les troupes

se poussent, se divisent, se réunissent, et débordent de toutes parts.

Les hordes n'ont aucune expérience pour se conduire dans des circonstances aussi différentes de celles où elles étoient auparavant : néanmoins elles conservent encore la même confiance ; se conduisant par instinct comme elles se sont toujours conduites, et ne comprenant pas pourquoi elles n'ont plus les mêmes succès. Si au milieu de ces désordres un chef joint à l'instinct un peu plus de réflexion que les autres, il lui sera facile de forcer plusieurs troupes à marcher sous ses ordres, et de devenir un conquérant : mais ces Barbares seront dans les conquêtes où ils se seront fixés, ce qu'ils étoient dans les vastes campagnes où ils erroient : c'est-à-dire, qu'incapables de réfléchir sur la nouveauté de leur situation, ils n'auront encore pour règles que leur instinct : voilà pourquoi depuis la ruine de l'empire d'occident, l'Europe a tant de peine à se civiliser.

Dans la Grèce, les mêmes désordres ont eu des suites bien différentes ; car les peuples las de guerre, songèrent de bonne

La Grèce avoit eu moins d'obstacles à se policer.

heure à se donner des lois : ils en demandèrent, et ils se soumirent au moins sans répugnance à celles qui leur furent offertes: tout occupés des soins d'établir la meilleure forme de gouvernement, ils firent naître plusieurs législateurs; et ils se civilisèrent au point que malgré la multitude des cités différemment gouvernées, ils se regardèrent pendant un temps, comme une société de concitoyens. Or pourquoi les Européens n'ont-ils pas senti, comme les Grecs le besoin des lois ? Il semble que, les désordres croissant à proportion de la grandeur des états, ce besoin devoit être encore plus sensible pour eux.

<small>Les Grecs sentoient le besoin les lois, parce qu'ils étoient pauvres, les Européens ne le sentent pas, parce qu'ils sont riches.</small>

C'est que les Grecs étoient pauvres, et que les Européens étoient riches. Il étoit naturel que les Grecs sans avarice, parce qu'ils étoient sans richesses, préférassent la paix à des guerres destructives; et, qu'au contraire, les Européens que l'usage des richesses avoit rendus avares, préférassent la guerre qui les avoit enrichis, et qui paroissoit pouvoir les enrichir encore. Devenus tout-à-coup riches, parce qu'ils avoient dépouillé les vaincus, il falloit bien que dans l'espérance d'acquérir de nouvelles richesses, ils armassent continuellement, pour se dépouiller tour-à-tour eux-mêmes.

La barbarie qui se répand dans l'Europe, après la ruine de l'empire d'occident, est donc bien différente de celle que nous avons vue en Grèce, parce qu'elle a tous les vices des nations que le luxe a corrompues : tous ces barbares ne se meuvent que par un instinct aveugle, comme des troupeaux de bêtes féroces. L'argent est l'unique proie qui les attire ; et ils se déchirent, pour se l'arracher mutuellement. S'ils forment différentes nations, qui paroissent se gouverner par des coutumes ou par des lois; ces nations ne savent point ce qu'elles se doivent : elles sont encore les unes par rapport aux autres aussi sauvages qu'elles pouvoient l'être, lorsqu'elles étoient des hordes errantes dans les forêts du nord.

La barbarie des nouveaux peuples de l'Europe est bien différente de celle des anciens peuples de la Grèce.

Cet esprit sauvage se perpétue de siècle en siècle : l'avidité l'entretient : une fausse gloire lui fait prendre de nouvelles forces : et les meilleurs esprits sont entraînés par l'instinct barbare, qui arme tous les peu-

Ils conservent long-temps leur caractère sauvage.

ples. Charlemagne, ce grand législateur qui civilisa les Français pour un moment, étoit encore un sauvage par rapport aux Saxons : le plus juste des rois, S. Louis,.. Je n'ose continuer, je respecte en lui une erreur qui ne déshonore que son siècle.

Après Charlemagne ils s'abandonnent à de nouveaux désordres.

La sagesse de Charlemagne passe avec lui. Comme chaque peuple, chaque corps même se croit puissant : la force dans laquelle on met toute sa confiance, devient encore l'unique règle. Bien loin de sentir le besoin des lois, on néglige, on proscrit celles qu'on a, et on craindroit de s'en donner de nouvelles. Ainsi les désordres croissent et se multiplient.

Un instinct brutal sert à en-uitulant toutes leurs entreprises.

Mais ces barbares, plus avides qu'ambitieux, conduiront-ils au moins leurs entreprises avec quelques lumières ? Non, c'est encore l'instinct qui les guide. Armés sans avoir d'objet fixe, ils ne connoissent ni leurs ressources ni celles de leurs ennemis : ils ne méditent point sur les moyens de surmonter des obstacles qu'ils ne prévoient pas : ils ne savent ni temporiser, ni saisir le moment d'agir, ni profiter de leurs avantages pour faire une paix utile : souvent les succès leur deviennent aussi funestes que les revers, et après s'être battus pour se battre, ils quittent les armes par lassitude, pour les reprendre bientôt à contre-temps.

S'ils font des traités, la justice n'en dicte pas les articles : ils ne la connoissent pas : ils cherchent à se surprendre ; le plus foible cède au plus fort : ils ne respectent pas les engagemens les plus sacrés : ils se font une si grande habitude de violer leurs sermens, qu'il leur paroît tout naturel de les violer ; et ils en forment le dessein au moment même qu'ils s'engagent. S'il est honteux de recevoir la loi de son ennemi, s'il est encore plus honteux de manquer à la foi jurée, s'il l'est plus encore d'abuser de la religion pour être parjure, quelle est la nation de l'Europe qui ne s'est pas couverte d'ignominie ?

Injustes et parjures, ils n'ont aucune idée de justice.

Les peuples n'imaginoient donc pas avoir à remplir des devoirs respectifs : mais les citoyens, si l'on peut donner ce nom à ces sauvages fixés en Europe, n'imaginoient pas davantage qu'il fût de leur intérêt de se lier par des obligations réciproques. Le

Ils ne connoissent pas les devoirs de nation à nation, ni même ceux de citoyen à citoyen.

roi, le clergé, la noblesse et le peuple, tous étoient ennemis; et souvent le chef d'une religion de paix, ennemi tour-à-tour des uns et des autres, armoit lui-même toute la chrétienté. Au milieu de ces désordres, chacun usurpe, personne ne connoît ses droits : les prétentions naissent de toutes parts. On cède ce qu'on doit défendre, on défend ce qu'on doit céder, et la confusion vient au point qu'il semble n'y avoir ni état ni religion. C'est qu'il n'y avoit point de mœurs, et malheureusement il étoit difficile qu'il s'en formât.

Quelle sorte d'é-galité contribue au bonheur d'une na-tion.

Toute l'histoire démontre qu'il y a plus de mœurs dans un peuple, à proportion qu'il y a moins d'inégalité parmi les citoyens. La Grèce seule en donne plusieurs exemples; et Lacédémone, où les fortunes étoient égales, conserva ses vertus pendant plusieurs siècles. Ce n'est pas qu'on doive entreprendre d'établir une égalité parfaite dans tous les temps, et, sur-tout, dans les grands empires. Ce projet causeroit de nouveaux troubles ; et à peine seroit-il exécuté, qu'il se détruiroit de lui-même. Mais si chaque citoyen jouit de tout ce qui est nécessaire à sa condition; si au lieu d'être sous la domination absolue d'un autre homme, il n'obéit qu'à des magistrats qui obéissent eux-mêmes aux lois : il y aura dès-lors assez d'égalité parmi eux, puisque les lois commanderont seules, et que sous leur protection, chacun à l'abri de toute injustice, disposera de ce que le sort ou son industrie lui aura donné en partage.

Lors de l'expulsion des Tarquins, il restoit une inégalité odieuse entre les patriciens et les plébéiens. Si elle eût subsisté, Rome eût péri de bonne heure, et son nom peut-être ne fût pas venu jusqu'à nous. Cette inégalité disparut, à mesure que les plébéiens s'élevèrent aux magistratures, et alors les Romains acquirent ces vertus qui les préparoient à la conquête du monde. Cependant les dépouilles des nations ramènent une inégalité encore plus funeste : il n'y a plus que des riches et des pauvres : les mœurs se corrompent, elles entraînent la ruine de la république ; elles se corrompent encore, et l'empire n'est plus.

Il y a une inégalité odieuse qui la ruine.

La plus pernicieuse est celle qui a été produite par le gouvernement féodal et par les ordres religieux.

Mais une inégalité plus grande encore, c'est celle qui s'établit avec le gouvernement féodal. Le peuple entier, quoiqu'asservi, ne l'étoit pas par-tout également. Les seigneurs pouvoient disposer de tout ; ils mettoient leur volonté à la place des lois : mais toujours inégaux entre eux, ils haussoient, ils baissoient tour-à-tour, et mille causes varioient leur situation respective. Le clergé se voyoit au-dessus des seigneurs laïques, ou au-dessous, suivant qu'on méprisoit ou qu'on redoutoit les censures, et qu'on se conduisoit par avarice ou par superstition. Enfin une multitude d'ordres religieux formoient dans l'état des corps inégaux par les richesses ou par la considération dont ils jouissoient. Ils n'appartenoient proprement ni à la classe du clergé, ni à celle de la noblesse, ni à celle du peuple : ils formoient eux-mêmes plusieurs classes différentes, jalouses entre elles, ennemies de toutes les autres, et ambitieuses de s'élever à tout. Ils se mêlent dans les différends qui arment les puissances : ils excitent les peuples à la révolte : souvent mêmes ils troublent le monde par des questions frivoles et ridicules. Lorsqu'il y a tant de classes, et tant d'inégalité parmi elles, faut-il s'étonner, si les intérêts se multiplient et se croisent continuellement? Cependant une nation n'est véritablement civilisée, qu'autant qu'elle forme un corps de citoyens unis par un intérêt commun.

L'idée qu'on se faisoit de la noblesse dans ces temps, prouve encore combien on étoit barbare. Que les magistratures laissent de la considération à ceux qui les ont exercées : que cette considération passe même des pères aux fils; c'est ce qui doit naturellement s'établir, par-tout où il y a des hommes, qui s'intéressent à la patrie. Il y aura donc des familles plus illustres, parce qu'elles auront donné plus de magistrats : mais cette distinction excitera l'émulation, sans altérer l'égalité ; parce que dans ces familles comme dans les autres, on ne naîtra que simple citoyen, et que la naissance ne donnera aucun titre, aucun privilége, aucun droit. Telle a été la noblesse chez les Romains. Les petits-fils d'Auguste même n'étoient que simples particuliers; et ils n'eurent

[marginal note: Il y a une noblesse qui ne détruit pas l'égalité.]

de titre, que lorsqu'on les eut créés princes de la jeunesse. Tibère après son adoption, rentroit dans la classe des citoyens, lorsqu'il n'étoit pas revêtu de la puissance tribunicienne. Claude, quoique parent des empereurs, quoique descendu d'une longue suite d'ayeux et de magistrats, ne fut rien jusqu'au temps où Caligula le fit consul. Mais il est inutile de multiplier les exemples, ce n'est que dans le bas-empire que des titres fastueux, multipliés sans discernement, commencèrent à devenir héréditaires dans quelques familles.

Opinion absurde de nos ancêtres, qui ont imaginé que la terre fait le noble.

Le gouvernement féodal introduisit insensiblement une façon de penser encore plus absurde. Un château fortifié donnoit la noblesse à un brigand auquel il servoit de retraite ; et tant que ce château appartenoit à la même famille, il transmettoit la noblesse des pères aux fils; on naissoit donc noble, parce qu'on naissoit brigand.

Il semble d'abord que les seigneurs auroient dû attacher toute la considération à la profession des armes et aux fonctions de la justice; puisqu'ils ne connoissent eux-mêmes d'autre métier que celui de la guerre, et qu'ils s'étoient arrogé le droit de rendre seuls une espèce de justice à leurs sujets : mais parce qu'ils conservoient leurs terres, dans le temps qu'ils perdoient leur droit de guerre et leurs tribunaux de justice ; il arriva que la terre seule fit le noble, et que les fonctions militaires et civiles ne purent pas donner la noblesse. En vain comptoit-on parmi ses ayeux des officiers-généraux et des magistrats du premier ordre : on étoit roturier si l'on ne venoit pas de quelque seigneur, qui eût au moins été maître d'un château. Les titres de duc, de comte, etc., qui dans les commencemens étoient des titres de magistratures, n'appartinrent plus qu'aux seigneurs qui possédant de grandes terres, étoient regardés comme les premiers de l'état; cependant, par une contradiction ridicule, cette haute noblesse étoit jugée dans les parlemens par des magistrats, qu'elle traitoit de roturiers.

Cette noblesse qu'une famille tient de sa terre, sans avoir jamais rendu aucun service à l'état, est certainement le plus

Cette noblesse est le procédé d'une inégalité odieuse.

absurde de tous les préjugés. Elle est aussi le principe de l'inégalité la plus odieuse : car plus ces nobles inutiles se croient élevés, plus ils mépriseront les ordres inférieurs; et plus ceux-ci se sentent méprisés, plus il concevront de haine contre la noblesse. Vous avez vu les magistrats toujours occupés des moyens d'humilier les nobles, et quelquefois le peuple armé pour les exterminer.

Les peuples qui ont envahi l'occident, deviennent plus féroces qu'ils ne l'étoient.

Si nous considérons les Barbares au moment qu'ils envahirent les provinces de l'empire, nous les trouvons moins sauvages les uns par rapport aux autres : car ils jouissoient tous des mêmes droits, ils étoient égaux, et ils ne connoissoient pas ces différences humiliantes, qui font que dès le berceau les hommes sont de différentes espèces.

Bien loin de s'instruire par l'expérience, ils répètent les mêmes fautes.

Tous ces sauvages sont donc devenus pires, en se fixant. D'abus en abus, de crimes en crimes, ils se font des droits par des forfaits. L'instinct qui les pousse ne leur permet pas de profiter de leurs malheurs. Dans une ignorance profonde du passé, et même du présent, ils font les mêmes fautes, parce qu'ils les ont faites. Combien de rois détrônés en Angleterre !

Cependant ils le sont tous pour avoir tenu la même conduite. Philippe le Bel divise et ruine la France : ses successeurs la divisent et la ruinent. Ils se font faux-monnoyeurs, et ils croient de la meilleure foi du monde user d'un droit qu'on ne peut leur contester. Ils n'ont garde de prendre S. Louis pour modèle : s'ils conservent un souvenir confus de ce roi juste, ils ignorent ce qu'il a fait, et bien loin de marcher dans le chemin qu'il leur a tracé, ils vont au gré de leurs passions, et par conséquent au hasard. La politique si vantée des papes n'est pas plus éclairée. Ils se servent des excommunications, comme tous les animaux se servent des armes que la nature leur a données; encore ne savent-ils pas juger de leurs forces. S'ils ont réussi parce qu'ils ont trouvé peu de résistance, ils tentent de plus grandes entreprises où ils échouent : ils les tentent de nouveau pour échouer encore : celui qui succède, ne sait pas se corriger sur les fausses démarches de celui qui l'a précédé. Ils scandalisent toute la chrétienté, ils la soulèvent contre eux : ils ont un juge dans les conciles, qu'ils sont forcés de convoquer; et ils mendient la protection des souverains, qu'ils regardoient auparavant comme les sujets du saint siége. Le clergé en butte aux papes, aux rois, à la noblesse, aux moines et au peuple, se conduit tout aussi inconsidérément, et ne sait conserver ni ce qu'il usurpe, ni ce qu'il acquiert à juste titre. La noblesse enfin, que l'avidité et la superstition enhardissent, et intimident tour-à-tour, fait tout à contre-temps, et va tomber sous les efforts des magistrats qu'elle méprise. Celui qui considère ces désordres, peut-il s'étonner, si les papes, les rois, le clergé, les suzerains, les seigneurs et tous les peuples sont exposés à des révolutions continuelles? Il faut bien que la fortune varie sans cesse, puisque par-tout on se conduit sans principe, et qu'il n'y a de mœurs nulle part.

Chez toutes les nations les grands sont encore plus féroces que les autres.

Dans ces siècles barbares, les hommes les moins civilisés sont sans doute ceux que nous nommons les grands : ils ont l'ignorance des sauvages, ils en ont la valeur brutale et avide, ils en ont, en un mot, les mœurs, et ils y joignent tous les vices que donnent les richesses jointes à la puissance. Mais on les ruinera, plutôt qu'on ne les civilisera, parce que la confiance qu'ils mettent en leurs forces, ne leur permet pas de sentir le besoin des lois; et que les flatteurs qui les entourent, leur permettent encore moins de sentir le besoin d'acquérir des lumières.

Cependant le commerce enrichit quelques villes d'Italie : un nouveau luxe se répand. Les papes l'apportent en France. Leurs légats le laissent dans toutes les cours; et les peuples deviennent plus polis, sans se civiliser davantage et sans se policer. Tâchons de nous faire des idées exactes.

Un peuple se civilise à mesure qu'il quitte les mœurs qu'il avoit, quand il étoit barbare. Il se police, lorsqu'obéissant à des lois qui préviennent les désordres, il se fait une habitude des vertus sociales. Les Grecs commencèrent à se civiliser avant Lycurgue et Solon, ils se policèrent dans les siècles de ces deux législateurs, et ils se polirent dans celui de Périclès.

Les siècles de l'atticisme, de l'urbanité, de l'élégance, les siècles polis, qu'on regarde comme les plus florissans, sont donc l'époque de la décadence des mœurs et des états. Alors en effet, le luxe règne; la considération ne s'accorde qu'aux richesses : en conséquence, chacun veut se distinguer par la magnificence des habits, des équipages, etc. Parce que les arts et les lettres fleurissent, on a des collections de tableaux, dont on ne connoît pas le prix, et des bibliothèques qu'on ne lit pas : parce qu'il est du bel air de se montrer par-tout, on promène son ennui de maison en maison, pour l'échanger contre celui des autres. La journée se termine par un souper, où les mets sont des poisons apprêtés avec délicatesse; et on bâille parce qu'on ne sait que dire, et qu'on est ennuyé d'entendre. *Hélas! les indigestions sont pour la bonne compagnie*, a dit un grand poëte. Ne présumez-vous pas de-là, que la bonne compagnie fait tristement bonne chère, et que l'ennui contribue beaucoup aux indigestions ? Voilà cependant les hommes des siècles polis : plus ils s'amollissent et se corrompent, plus ils applaudissent à leurs vices. Il n'y a plus de bien public, plus de patrie ; mais seulement des abus qu'on fronde et qu'on défend. La frivolité qui donne le ton à tous, ne permet pas de s'occuper de choses sérieuses. On en parle tout au plus dans la nouveauté ; on s'en ennuie presque aussitôt ; et on passe à des riens, pour se procurer des amusemens qu'on cherche toujours et qu'on trouve rarement.

Quand on ne connoît pas le monde, on l'imagine tout autrement; et on juge, par exemple, que Paris est la ville des plaisirs: mais puisque vous n'êtes pas fait pour y vivre, il faut vous apprendre que vous n'avez rien à regretter.

Lorsque ces temps de corruption sont arrivés, il faut se tenir à l'écart pour être heureux.

A Paris, les hommes les plus heureux ne sont pas enveloppés dans le tourbillon du monde : ils se tiennent à l'écart. Occupés par état ou par goût, ils ne cherchent de délassement que dans une compagnie d'amis choisis, occupés comme eux. Ils ne s'ennuient jamais, quand ils sont ensemble ; parce que leur conversation a toujours un objet. S'ils se taisent, ils ne s'ennuient pas encore, parce qu'ils ne se sont pas imposé la loi de parler, comme font ceux qui n'ont rien à dire. Chacun pense alors à quelque chose, ou à rien s'il veut : mais il est à son aise; et il a le plaisir de sentir que s'il rompt le silence, il sait à qui parler. Un homme désœuvré seroit le fléau d'une pareille société.

Et se faire des amis éclairés et vertueux.

Or vous pouvez trouver ce bonheur à Parme. Faites un choix d'amis véritablement aimables : mais j'ai peur que vous ne saisissiez mal ma pensée. Je n'appelle pas aimable, un homme qui vous plaira par ses flatteries; qui ne vous amusera que par des contes frivoles; qui vous fera rire de quelque courtisan, auquel il donnera des ridicules; qui vous arrachera à vos devoirs pour vous livrer à vos passions; un mauvais plaisant, un bouffon, etc. J'appelle donc véritablement aimable un homme vrai, sincère, discret, éclairé, vertueux, en un mot. Il aimera votre gloire : en se rendant digne de votre amitié, il vous rendra digne de la sienne. Vos devoirs lui seront chers, il vous aidera à les remplir. Si vous avez de pareils amis, vous trouverez le plaisir et dans vos occupations, et dans vos délassemens : si vous en aviez d'autres, vous vous ennuieriez à Paris comme à Parme. Après cet écart qui a soustrait à vos yeux, pendant un moment les peintures hideuses de tant de siècles, je reviens à nos malheureux ancêtres.

Ils n'étoient pas civilisés, puisqu'ils avoient conservé la barbarie de leurs premières mœurs. Ils n'étoient pas policés, puisqu'ils n'avoient pas contracté l'habitude des vertus sociales. Or, si l'atticisme et l'urbanité ont été l'époque de la décadence des grecs et des romains, que sera en Europe l'élégance qui se répand parmi des Barbares ?

Les peuples de l'Europe sont polis avant d'avoir été civilisés et policés.

Vous ne vous y attendez pas : elle sera le salut des Européens. Ces ames féroces, qui ne pouvoient plier sous le joug des lois, plieront enfin sous les vices du luxe : à mesure qu'elles s'amolliront, l'anarchie cessera : des temps plus heureux commenceront ; et il se formera de plus sages gouvernemens. C'est ainsi que l'ordre doit renaître. Vous prévoyez qu'ayant un principe vicieux, il sera toujours vicieux lui-même.

La mollesse prépare de révolutions dans le gouvernement.

La politesse des 12, 13 et 14e. siècles étoit encore bien grossière.

Au reste cette politesse, à laquelle je donne le nom d'élégance, étoit encore bien grossière. Car la chevalerie en étoit l'école ; et les hommes les plus polis des douzième, treizième et quatorzième siècles, étoient ces chevaliers qui, enfermés dans des armures de fer, couroient le monde sous prétexte de redresser les torts. Cette politesse, qui amenoit insensiblement la mollesse des mœurs, étoit de l'élégance pour eux. Aussi vit-on qu'ils commençoient à s'armer par ostentation, et qu'ils ne cherchoient plus les dangers avec le même fanatisme. On voit encore qu'ils se multiplioient, à mesure qu'il étoit moins honteux de fuir le péril, et c'est une nouvelle cause qui préparoit la ruine de la chevalerie. La décadence en est déjà sensible dès la fin du quatorzième siècle.

Lorsque les Grecs et les Romains s'amollissoient, on pouvoit au moins réclamer les anciennes mœurs.

Lorsque les Romains et les Grecs se formoient à cette élégance, qui accompagne le luxe, il restoit encore des vestiges des anciennes mœurs : on se plaignoit des progrès de la corruption : on gémissoit sur les désordres auxquels on n'avoit pas la force de remédier. On réclamoit, quoiqu'inutilement les lois : on parloit de justice, on en conservoit au moins encore quelque idée. Voilà pourquoi, lorsque la Grèce penche vers sa ruine, il s'y forme encore une république, qui intéresse par ses vertus ; et voilà pourquoi les Romains sont encore capables d'être heureux sous des empereurs, tels que les Titus, les Trajans, et les Antonins.

Il n'en étoit pas de même des Européens, qui se sont polis, sans avoir été civilisés. Quelles mœurs pouvoient-ils regretter ? Quelles lois auroient-ils réclamées ? Avoient-ils jamais eu quelque idée de justice ? Il faut donc qu'ils s'abandonnent brutalement à de nouveaux vices sans rien prévoir, sans s'appercevoir même qu'ils deviennent pires. Comment des Philippe Auguste, des S. Louis et des Charles V feroient-ils le bonheur de ces peuples abrutis ? Ils peuvent, tout au plus, diminuer les désordres et produire un bien passager.

Mais les Européens, qui n'ont jamais été vertueux s'abandonnent brutalement à la molesse, sans pouvoir regretter le passé.

Rien n'est plus étrange que la confusion où nous avons vu l'Europe. Quelquefois on ne sait pas ce qui donne des droits au

Confusion où se trouve l'Europe.

trône. Les prérogatives royales n'ont rien de fixe. Souvent on ne peut dire, si la nation qui parle de priviléges est rebelle ou ne l'est pas. Le peuple, la noblesse, le clergé, le souverain pontife n'ont pour droits que des prétentions contestées. Les deux puissances ont-elles des limites? Sont-ce les papes ou les rois qui doivent gouverner l'Europe? A qui appartiennent les biens temporels des églises? Est-ce aux ecclésiastiques? Est-ce à la cour de Rome? Est-ce aux princes? Qui doit nommer aux bénéfices vacans? Quelles conditions rendront canonique l'élection du successeur de S. Pierre? Vous le voyez; telle étoit la confusion, que souvent toutes ces questions n'étoient, ou même ne pouvoient être résolues que par la force; et on ne voyoit que des sujets de guerre, entre l'état et l'église, la nation et le souverain, le clergé, la noblesse et le peuple.

Les peuples deviennent la proie des souverains.

Dans ce désordre, les peuples sont les victimes des querelles des princes. Ce sont autant de proies, qu'ils s'arrachent : ils en disposent comme de leurs bêtes ; ils acquièrent des droits sur eux par des mariages;

ces droits presque toujours équivoques
multiplient les concurrens ; et pour
mettre le comble à cet abus, Jeanne II
adopte deux princes, et tous deux croient,
en vertu de cette adoption, que le royaume
de Naples leur appartient.

Quelle que soit la barbarie de ces siècles, vous y trouverez, Monseigneur, de grandes leçons, si vous savez les étudier. Vous verrez que les hommes ne sont heureux qu'autant qu'ils sont justes; que la justice est l'effet de la tempérance et du travail ; qu'elle ne sauroit se trouver où ces vertus premières ne sont pas ; et que les richesses, bien loin d'être un signe de la prospérité des états, sont l'augure d'une décadence prochaine. En effet l'inégalité odieuse qu'elles amènent, divise nécessairement tous les ordres ; elle les affoiblit, par conséquent, et elle tend même à les ruiner les uns par les autres, si la nation conserve quelque reste de courage. C'est alors le siècle des attentats. On commet hardiment les plus grands crimes, et les succès paroissent justifier les forfaits. Cependant la mollesse, l'oisiveté et les autres vices du

Ces siècles corrompus offrent de grandes leçons aux princes.

luxe énervent insensiblement ces ames féroces. On commence à se piquer de politesse et d'élégance; on rafline sur les choses frivoles; et les mœurs, plus corrompues, paroissent adoucies, parce que les vices qui règnent, sont ceux des ames lâches. Si les Romains et les Grecs n'ont plus eu de patrie, lorsqu'ils ont accordé toute la considération aux richesses, que pouvoient devenir des peuples tout-à-la fois barbares et riches ? Aussi pouvez-vous remarquer que jusqu'au quinzième siècle, les Européens n'ont point connu la liberté, et qu'ils n'ont combattu que pour la licence. Les républiques même, qui se sont formées, en sont une preuve ; et si la Suisse mérite d'être exceptée, c'est que les Suisses étoient pauvres.

Les grands hommes qu'ils ont produits, prouvent qu'un prince peut être grand dans les temps les plus difficiles.

Plus vous réfléchirez sur les mœurs de toute l'Europe, plus vous sentirez combien il étoit difficile d'en gouverner les peuples avec gloire. Vous avez cependant vu de grands princes en Allemagne, en France et en Angleterre. Dans les temps les plus difficiles, un souverain peut donc être grand; il peut donc l'être dans tous les temps. C'est donc bien à tort, qu'il rejeteroit sur la fortune, les revers qui traînent après eux les malheurs de l'état. Le bonheur et la misère des peuples sont entre ses mains. La prospérité ou l'humiliation du royaume est son ouvrage, et la fortune contraire n'est jamais que l'incapacité d'un souverain sans talens et sans vertus.

L'Allemagne et l'Angleterre vous apprendront, qu'en formant des entreprises au dehors, on ruine ses provinces, sans en acquérir de nouvelles, ou que si on en acquiert, on se ruine encore davantage. Car les conquêtes qu'on a faites, sont toujours à faire, et on a d'autant plus de peine à les conserver, qu'on est foible à proportion qu'on occupe plus d'espace. Il n'y aura donc de gloire pour vous, qu'à gouverner le peuple dont vous aurez l'honneur d'être le chef; l'honneur, dis-je, en supposant que vous le gouvernerez avec justice, avec humanité et avec les lumières nécessaires.

Si vous demandez comment les rois sont affermis au dedans et puissans au-dehors,

L'Allemagne et l'Angleterre nous prouvent le danger des entreprises au loin.

Toute l'histoire nous apprend qu'on est foible au dehors lorsqu'on

divise pour être puissant au-dedans.

l'histoire d'Angleterre évoque, pour vous répondre, les manes de ces princes qui ont été obéis, parce qu'ils ont respecté les priviléges de la nation, et de ces princes qui ont été précipités du trône, parce qu'ils ont ambitionné d'être absolus. Philippe le Bel et ses successeurs vous crient : Gardez-vous bien de nous imiter, en divisant les ordres de l'état pour dominer sur tous ; et ne regardez pas comme un moyen de vous enrichir, ces ressources passagères qui ruinent le souverain après avoir ruiné les peuples. Charles V, qui avoit entendu ces cris, sut régner avec gloire dans les temps les plus difficiles : mais le feu des divisions, qui n'étoit qu'amorti, se ralluma sous Charles VI ; et si Charles VII fut heureux, c'est que l'Angleterre fut alors plus divisée que la France. Cependant le royaume se trouva dans un état misérable : épuisé par les guerres, il l'étoit encore par les changemens continuels que Charles VI et Charles VII avoient faits dans les monnoies.

Elle nous fait voir les ruines que produit une

Toutes les cours vous apprendront où conduit une ambition sans règle, lorsque le prince se croit autorisé à tout sur la parole de ses flatteurs. La cour de Rome, sur-tout, vous donnera de grandes leçons à cet égard. Apprenez ce que vous devez à l'état, à la religion, aux ecclésiastiques, à chaque citoyen, à vous-même; mettez chacun à sa place et tenez-vous à la vôtre. Mais quelle est ma place, demanderez-vous ? vous la trouverez facilement, si vous êtes le père de votre peuple.

Ambition sans règles.

En considérant les dissentions du sacerdoce et de l'empire, vous reconnoîtrez les limites des deux puissances. Si vous êtes attentif à ne pas franchir les bornes qui vous sont prescrites, vous en rendrez vos droits plus respectables; votre fermeté, justifiée par la justice, les défendra avec plus de succès, et les ministres de l'église, contenus dans leur devoir, seront forcés à rendre à César ce qui appartient à César, lorsque César rendra lui-même à Dieu ce qui appartient à Dieu.

Les querelles du sacerdoce et de l'empire nous montrent les limites des deux puissances.

En un mot, étudiez les désordres qui ont troublé l'Europe; démêlez-en les causes; prévenez les abus qui peuvent renaître : détruisez ceux qui restent dans vos états.

En considérant les abus qui ne sont plus, o apprend à remédier à ceux qui restent.

Mais usez toujours des ménagemens, que demandent les circonstances ; et songez qu'il faut souvent prendre des précautions, pour s'assurer de faire le bien. C'est ainsi qu'apprenant à régner par les fautes des princes, vous vous rendrez capable d'imiter Charle V, S. Louis, Philippe Auguste et Charlemagne. Que cependant leurs fautes vous instruisent encore !

FIN DU SECOND VOLUME
DE L'HISTOIRE MODERNE.

TABLE DES MATIÈRES.

HISTOIRE MODERNE.

LIVRE CINQUIÈME.

CHAPITRE PREMIER.

De l'Allemagne et de l'Italie jusqu'à Rodolphe de Hasbourg, empereur, et jusqu'à Charles d'Anjou, roi de Sicile, pag. 1.

Henri VI, empereur, acquiert le royaume de Sicile. Sa conduite avec Richard. Philippe est chargé de gouverner l'empire pendant l'enfance de son neveu Frédéric II. Innocent III, qui médite la ruine de la maison de Suabe, fomente des troubles en Sicile. Et ensuite en Allemagne, où il fait élire Othon. Othon fuit en Angleterre. Philippe, qui s'assure l'empire, le reconnoît pour son successeur. Innocent se flatte que le règne d'Othon sera favorable aux prétentions du saint siége. S'étant trompé, il excommunie Othon, et les Allemands élisent Frédéric II. Othon, défait à Bovines, ne peut plus recouvrer l'empire. Pourquoi Frédéric II, dans son couronnement, fait vœu d'aller à la Terre Sainte. Faction des Guelfes et Gibelins. Désordres par-tout. Frédéric II acquiert par un mariage des droits sur le royaume de Jérusalem. Il arrive en Palestine avec deux excommunications de Grégoire IX. Il y avoit eu après la mort de Saladin une quatrième croisade en 1196. Il y en avoit eu une cinquième en 1202. Une partie des croisés s'étoient engagés au service des Vénitiens. Ils avoient ensuite rétabli le jeune Alexis sur le trône de Constantinople. Enfin ils avoient pris Constantinople et partagé l'empire. Une multitude d'enfans s'étoient croisés; et toutes les nations chrétiennes avoient envoyé des armées en Palestine. Frédéric II avoit mené peu de monde en Palestine. Moyens dont il se sert pour se faire obéir. Il recouvre les saints lieux. Le traité qu'il a fait est désapprouvé par le patriarche de Jérusalem. Grégoire qui avoit soulevé toute l'Italie l'excommunie une troisième fois et veut armer contre lui tous les princes chrétiens. Frédéric fait échouer tous les projets de Grégoire. Grégoire est forcé à demander la paix. Jean de Brienne, empereur de Constantinople. Révolte de Henri. Ligue des Lombards. Seconde trève de dix ans avec le sultan d'Egypte. Grégoire prêche une croisade contre Frédéric. Innocent IV, qui avoit été dans les intérêts de Frédéric, l'excommunie lorsqu'il est pape, et allume la guerre de plus en plus. État de l'empire et de l'Italie après la mort de Frédéric. Charles d'Anjou, roi des deux Siciles.

CHAPITRE II.

De la France et de l'Angleterre pendant le règne de Philippe Auguste, pag. 27.

Retour de Richard en Angleterre. Il fait la guerre à Philippe jusqu'à sa mort. Jean Sans-Terre lui succède au préjudice d'Arthur, dont Philippe prend les intérêts. Divorce de Philippe qui fait la paix avec Jean et qui abandonne Arthur. La guerre recommence, et Arthur perd la vie. Jean est accusé de l'avoir fait mourir et ses fiefs sont confisqués. Conquête de Philippe. La cour des pairs, ou le parlement, ne devoit être composée que des vassaux immédiats. Comment les arrière-vassaux y eurent entrée. Le parlement s'occupe des moyens d'abaisser les grands vassaux. Comment il se trouve en possession d'une juridiction qui s'étend tous les jours. Aveuglement des seigneurs français à cette occasion. Les officiers du roi étoient membres du parlement qui jugea Jean Sans-Terre. Ce jugement étoit injuste. Les grands vassaux, contre leurs propres intérêts, l'approuvent, ou du moins n'empêchent pas qu'il soit exécuté. Il n'en eût pas été ainsi si Richard eût été à la place de Jean Sans-Terre. Le gouvernement féodal s'affoiblit parce que les seigneurs vendent à des villes le droit de se défendre. Alors commence le gouvernement municipal. Les villes qui se gouvernent sont un frein au brigandage, et rendent les rois moins dependans de leurs vassaux. De nouvelles communes se forment à l'exemple des premières. Les villes trompées par les seigneurs ne veulent traiter que sous la garantie d'un protecteur puissant. Philippe Auguste devient ce protecteur. Avantages qu'il en retire. Il affermit son autorité parce qu'il n'en abuse pas. Innocent III abuse de la sienne pour armer toute la chrétienté. Il offre l'Angleterre à Philippe. Jean fait hommage au saint siége. Le légat défend à Philippe de penser à l'Angleterre. Bataille de Bovines. Jean est forcé à signer deux chartres. Le pape les déclare nulles; et les Anglais offrent la couronne à Louis. Philippe et Louis sont excommuniés. Les Anglais conservent la couronne à Henri III. Les Albigeois. Raimond, comte de Toulouse, se soumet en apparence. Des conciles donnent ses états à Simon de Montfort, chef des croisés. La grandeur des Capétiens commence à Philippe Auguste.

CHAPITRE III.

De la France sous Louis VIII et sous S. Louis, et de l'Angleterre sous Henri III, pag. 50.

Sacre et couronnement de Louis VIII. Il fait la guerre à Henri III. Il la termine et marche contre les Albigeois. La jurisdiction des appels achève de s'établir. L'assurement s'introduisit. Avec quelle circonspection les rois devoient user de leur autorité. S. Louis avoit toutes les qualités nécessaires aux temps où il régnoit. Blanche a la régence. Elle déconcerte toutes les ligues qui se forment. Fin de la guerre des Albigeois. L'inquisition. Blanche dissipe de nouvelles ligues. Caractère de Henri III. Ses entreprises mal concertées. La régente profite des fautes de ce prince. S. Louis réprime l'abus que les évêques faisoient des censures. Révolte du comte de Bretagne, qui inutilement compte sur Henri III. Traitement que lui fait S. Louis. Ce roi empêche le mariage de l'héritière de Ponthieu avec Henri III. Majorité de Louis. Il soumet Thibault, comte de Champagne. Grégoire offre l'empire au frère de Louis. Refus de Louis. Préjugés du tems. Louis veut inutilement réconcilier le pape et l'empereur. Deux victoires de ce prince dissipent une nouvelle ligue. Il oblige ses vassaux à n'avoir d'autre suzerain que lui. L'abus des censures commençoit à les faire moins respecter. Louis refuse l'asile à Innocent IV. Le roi d'Arragon et les Anglais le lui refusent également. Mot du pape sur ces refus. Il se retire à Lyon. Louis, dans une maladie, demande la croix. Piété de S. Louis. Il est triste qu'il n'ait pas réfléchi sur l'injustice des croisades. Il se préparoit à cette malheureuse expédition lorsqu'Innocent déposoit Frédéric. La taxe qu'il mit à cette occasion sur les ecclésiastiques devoit diminuer leur zèle pour les croisades. Conquêtes des Carismins. Conquêtes de Témougin ou Gengiskan. Un de ses fils avoit détruit l'empire des khalifes et celui des Assassins. Les Carismins chassés par les Mogols, s'étoient rendus maîtres de la Palestine. Prise de Damiette. Malheurs et captivité de S. Louis. Après un peu moins de quatre ans de séjour en Palestine il revient en France. Puissance de S. Louis fondée sur une politique éclairée et sur une justice exacte. Comment les barons avoient ruiné les justices de leurs vassaux. Comment leurs vassaux s'étoient affoiblis par des partages de famille. Tyrannie que les barons exerçoient sur leurs vassaux. Comment les usages qu'ils avoient introduits contribuent à l'accroissement de l'autorité royale. S. Louis affoiblit les barons en encourageant l'usage de partager une baronie entre plusieurs frères. Il donne des lettres de sauve-garde aux opprimés. Il abolit les duels judiciaires. Comment il détourne les seigneurs de s'opposer à cette jurisprudence. Comment on s'accoutume à penser qu'il a le droit de proposer des lois à tout le royaume, et à le regarder comme le protecteur des coutumes. En réprimant les abus et en protégeant les opprimés il accroît sa puissance. Moyens qu'il emploie pour empêcher les guerres particulières des seigneurs. Traité de S. Louis avec le roi d'Aragon. Les barons d'Angleterre règlent la forme du gouvernement. Ils traitent avec S. Louis des provinces qui étoient un sujet de guerre entre les deux couronnes. Troubles en Angleterre. S. Louis est pris pour juge. Entrée des communes au parlement. Fin des troubles d'Angleterre. Sagesse de S. Louis dans le traité qu'il fait avec Henri III. Juridiction des magistrats du roi avant S. Louis. Comment sous S. Louis cette juridiction s'étend sur toutes les provinces. Pragmatique de S. Louis. Dernière croisade.

CHAPITRE IV.

Considérations sur l'état de l'Allemagne, de l'Angleterre, de la France et de l'Italie vers la fin du treizième siècle, pag. 105.

Ignorance et préjugés des barbares qui s'établissent en occident. Désordres qui naissent du gouvernement établi par Charlemagne. L'anarchie commence sous ses successeurs. Les assemblées de la nation cessent en France seulement. Le gouvernement féodal devoit naître en France. Erreur sur l'origine du gouvernement féodal. De France, ce gouvernement passe dans les royaumes voisins. Il étoit moins vicieux en Allemagne qu'en Angleterre. Causes de ses vices en Angleterre. En France, les vices de ce gouvernement sont favorables à l'agrandissement des Capétiens. Ce gouvernement produit les plus grands désordres en Italie. Comment les gouvernemens prennent une meilleure forme. État déplorable de Constantinople.

LIVRE SIXIÈME.

CHAPITRE PREMIER.

De l'Allemagne, de l'Angleterre, de la France et de l'Italie pendant les règnes de Rodolphe de Habsbourg, de Philippe le Hardi et de Charles d'Anjou, pag. 125.

Philippe III succède à S Louis. Édouard I à Henri III. Rodolphe de Habsbourg élu empereur.

Objet de ce chapitre. Rodolphe rétablit la sûreté. Il fait déclarer rebelle Ottocare, roi de Bohême. Fief dont il investit ses fils. Il vend aux Italiens des priviléges et des immunités. Sagesse d'Edouard I. Autorité de Philippe III. Puissance de Charles, roi de Naples. Ses projets et ceux de Jean de Procida. Le pape Nicolas III entre dans les vues de Jean de Procida. Vêpres Siciliennes. Charles abandonne la Sicile à Pierre d'Arragon. Martin IV excommunie Pierre, et donne à Charles de Valois les royaumes de Valence et d'Arragon. Mort de Charles I, roi de Naples; de Pierre d'Arragon; de Philippe le Hardi. Charles II est reconnu roi de Naples.

CHAPITRE II.

Des principaux états de l'Europe pendant le pontificat de Boniface VIII, pag. 136.

Pierre de Mourron, Célestin V, élu pape. Il abdique, et Benoît Caïétan, Boniface VIII, lui succède. Mauvais raisonnement de ceux qui pensoient qu'un pape ne peut pas se démettre. Traitement que Boniface VIII fait à Célestin V. Boniface VIII est trop foible pour les projets qu'il médite. Troubles en Ecosse. Guerre entre la France et l'Angleterre. Boniface se porte pour juge entre le compte de Flandre et Philippe le Bel. Les Colonnes ne lui permettent pas de soutenir cette tentative. Frédéric est couronné roi de Sicile, lorsque Jacques, son frère, cède cette île à Charles le Boiteux. En Allemagne Adolphe est déposé et

Albert d'Autriche est élu. Troubles en Danemarck : en Hongrie. Prétentions de Boniface sur la Hongrie : sur la Pologne : sur l'Ecosse. Il fomente les troubles en Danemarck. Ses prétentions sur l'empire d'Allemagne. Les Colonnes succombent. Bulle *Clericis laïcos*. Ordonnance de Philippe le Bel. Bulle du pape contre cette ordonnance. Cette bulle soulève toute la France contre les entreprises de Boniface. Boniface donne une bulle contradictoire. Il nomme vicaire de l'empire Charles de Valois. Il le reconnoît pour empereur d'Orient. Charles de Valois échoue dans ses projets, et se fait mépriser. Boniface rétracte la bulle contradictoire à la bulle *Clericis laïcos*. Audace insolente de l'évêque de Pamiers. Audace ou délire de Boniface VIII. Les états prennent la défense de Philippe le Bel. Boniface tient un concile contre ce prince. Il cherche un appui dans Albert qu'il reconnoît. Appel en France au futur concile général contre les entreprises de Boniface. Erreur où l'on étoit encore. Boniface fulmine des bulles, est arrêté et meurt. Institution du jubilé.

CHAPITRE III.

Des principaux états de l'Europe depuis la mort de Boniface VIII jusqu'à celle de Philippe le Bel, pag. 164.

Pontificat de Benoît XI. Guerre de Flandre. Élection de Clément V. Extorsions de ce pontife. Clément est fidelle aux promesses qu'il avoit faites à Philippe le Bel. Abolition des Templiers. Lyon est réuni à la couronne. Edouard I obtient de Clément V la permission de violer les chartes et de mettre des décimes sur le clergé. Il a pour successeur Edouard II, son fils, qui meurt en prison. Confédération des Suisses. Henri, comte de Luxembourg, successeur d'Albert. Henri VII passe les Alpes. Il proteste contre les prétentions de Clément. Bulle du pape contre la mémoire de Henri et contre les Vénitiens.

CHAPITRE IV.

Du gouvernement de France sous Philippe le Bel,
pag. 176.

Lumières nécessaires aux magistrats depuis le règne de S. Louis. Ignorance des conseillers jugeurs. Elle force à créer des conseillers rapporteurs. Ceux-ci se rendent maîtres du parlement. L'aveuglement des seigneurs laisse au roi le choix des légistes. Sur quels principes les nouveaux magistrats étendent les prérogatives royales. Puissance législative des empereurs romains. Cette puissance est mieux dans le premier corps de la nation que dans un despote. Raisonnement des gens de robe sur les prérogatives royales. Philippe le Bel n'abuse pas de l'autorité que le parlement lui attribue. Bon effet des fausses maximes du parlement. Mauvaise politique de Philippe le Bel. Usage de l'argent monnoyé. Anciennement la livre d'argent pesoit douze onces. Ce qui assure la valeur des espèces. Fraudes

des souverains qui battoient monnoie. Ces fraudes se sont multipliées sous la seconde race. S. Louis a fait des réglemens pour rétablir les monnoies. Philippe le Bel les altère et les change à plusieurs reprises. Mauvais effet de ces variations. A l'exemple de Philippe le Bel, les vassaux commettent les mêmes abus. Adresse de ce prince pour enlever le droit de battre monnoie. Ses successeurs useront de ce droit pour commettre les mêmes fautes. Philippe le Bel fomente les divisions des trois ordres. Situation embarrassante du clergé. Situation des seigneurs et du tiers-état. Philippe le Bel projete d'assembler les trois ordres, pour vendre sa protection à tous sans l'accorder à aucun. Ce projet lui réussit. La politique de ce prince est injuste et sera funeste à ses successeurs. Réunion faite à la couronne. Cours souveraines rendues sédentaires.

CHAPITRE V.

Des principaux états de l'Europe depuis la mort de Philippe IV, *dit le Bel, jusqu'à celle de Charles* IV, *dit le Bel*, pag. 204.

Mécontentement général, mais sans effet. Pourquoi il a été sans effet. Division qui tend à la ruine des vassaux. Règne de Louis X. A l'exemple de Louis, les seigneurs vendent la liberté de leurs serfs. C'étoit une fausse démarche de leur part. Difficultés qui avoient empêché de donner un successeur à Clément V. Une assemblée déclare que la couronne de France ne peut passer aux filles. Les vassaux abusent du droit de battre monnoie. Philippe V s'attribue l'inspection sur leurs monnoies. Il achète les monnoies de quelques-uns. Ses précautions pour accroître son autorité. Plusieurs seigneurs vendent leurs monnoies à Charles IV, qui répare les fautes de son père. Charles IV ambitionne l'empire. Troubles à l'occasion de l'élection des deux empereurs, Louis de Bavière et Frédéric d'Autriche. Jean XXII fulmine des bulles contre Louis, que les diètes défendent. Jean lève une armée avec des indulgences et des exactions. Louis est reçu à Rome aux acclamations du peuple. Les Romains lui demandent la permission d'élire un autre pape. Nicolas V, antipape. Inconvéniens reconnus de la multitude des ordres religieux. Institutions des ordres mendians. Subtilité des frères mineurs qui donnent au saint siége la propriété des choses qu'ils consument. Jean XXII ne veut point de cette propriété et condamne les subtilités de ces moines. La forme d'un capuchon devient pour ces moines le sujet d'un schisme. Jean XXII donne une bulle contre les capuchons pointus. On brûle ceux qui ne veulent pas renoncer à ces capuchons. Déchaînement des frères mineurs contre Jean XXII.

CHAPITRE VI.

De l'état de la France sous les règnes de Philippe de Valois, de Jean II, de Charles V; et de l'Angleterre, sous celui d'Edouard III, pag. 225.

Désordre général en Europe. A la mort de Charles le Bel deux concurrens à la couronne de

France. Philippe de Valois est reconnu. La loi salique n'étoit qu'une coutume introduite par les circonstances. Avantages de cette loi, lorsqu'elle ne sera plus contestée. Les troubles continuent en Angleterre pendant les premières années d'Édouard III. C'est pourquoi ce prince paroît d'abord renoncer à ses prétentions sur la France. Philippe de Valois rend la Navarre à Jeanne, fille de Louis Hutin. Conseil qu'il donne au comte de Flandre. Entreprise des magistrats sur les justices ecclésiastiques. Assemblée de magistrats et d'évêques pour terminer ce différend. Le décret de Gratien. Mauvais raisonnement des évêques. Pour terminer ces contestations, il auroit fallu remonter aux six premiers siècles. Les scrupules de Philippe de Valois donnent l'avantage au clergé. Mais cette première attaque des magistrats est présage d'autres qui seront plus heureuses. Édouard III prend le titre de roi de France et commence la guerre. Il bat les Français à Créci. Les divisions, fomentées par Philippe le Bel, sont funestes à Philippe de Valois. Philippe de Valois multiplie les impôts. Il altère continuellement les monnoies. Édouard III s'applique à faire cesser les divisions. Sous Jean II, les monnoies varient encore plus que sous Philippe VI. Jean II se rend odieux par des voies de fait et méprisable par sa foiblesse. Il convoque les états. Il leur fait sous serment des promesses qu'il ne tient pas ; il est fait prisonnier à Poitiers. Charles, dauphin, convoque les états à Paris. Il est trop heureux de les pouvoir rompre. Forcé à les rassembler, il ne peut plus les rompre. Désordres par-tout

Marcel, qui veut donnner la couronne à Charles, roi de Navarre, est tué. Trève de deux ans avec Edouard. Sage conduite du dauphin. La guerre recommence et la même année on négocie. Traité de Brétigni. Dans ces tems de calamités, Jean se croise. Différends à l'occasion du traité de Brétigni. Jean passe en Angleterre pour les terminer. Il y meurt. L'esprit des états sous Jean II. Édouard cesse d'être grand. Charles V se fait une loi de ne point altérer les monnoies. Il assure la paix au dehors. Brigands qui infestoient la France. Charles V se propose de les armer pour le comte de Transtamare contre D. Pedre, roi de Castille. Bertrand du Guesclin se charge de les conduire. Les *compagnies* consentent à suivre du Guesclin. En passant par Avignon, elles demandent au pape l'absolution et cent mille francs. Le pape est forcé à compter cent mille francs. Henri de Transtamare, proclamé, est défait par D. Pedre. Il le bat à son tour, le fait prisonnier et le poignarde. Il conserve la couronne de Castille, malgré plusieurs prétendans. Charles V, qui veille à maintenir l'ordre, se fait aimer et respecter. Il fait choisir ceux à qui il donne sa confiance. Les sujets du prince de Galles portent contre lui leurs plaintes au roi. Charles V cite le prince de Galles à la cour des pairs. Un arrêt de cette cour déclare confisquées toutes les terres de ce prince. Cette démarche est soutenue par des succès. Mort du prince de Galles et d'Édouard. Nouveaux succès de Charles V. Sa mort. Sa sagesse.

CHAPITRE VII.

De l'Allemagne depuis le différend de Louis V et Jean XXII jusqu'en 1400, pag. 262.

Source des revenus des papes. Querelles du sacerdoce et de l'empire pendant le pontificat de Benoît XII. Clément VI fait élire roi des Romains Charles, fils du roi de Bohême. Alors les troubles se préparoient dans le royaume de Naples. Après bien des difficultés, Charles IV est reconnu roi des Romains. Cessation des querelles du sacerdoce et de l'empire. Elle est funeste aux papes. Désordres en Allemagne où tous les droits sont confondus. Bulle d'or. Elle est la première loi fondamentale du corps Germanique. Charles IV sacrifie l'empire à ses intérêts et le sert sans le savoir. Venceslas, qui entretient les divisions, est déposé.

LIVRE SEPTIÈME.

CHAPITRE PREMIER.

De l'église et des principaux états de l'Europe pendant le grand schisme, pag. 273.

Les désordres à leur comble, produisent quelque bien. Clément VI déclare nulles les dispositions de Robert roi de Naples. Louis, roi de Hongrie, se refuse aux invitations qui lui sont faites, et fait investir son frère André. André est étranglé. Jeanne I est accusée de ce meurtre. Elle se retire en Provence avec Louis de Tarente qu'elle épouse. Clément VI déclare Jeanne innocente. Il achète d'elle Avignon. Jeanne désigne Charles de Duras pour son héritier. Elle épouse en quatrième noce Othon, duc de Brunswick. Etat misérable du reste de l'Italie. Le gouvernement de Rome étoit une anarchie. Délire du tribun Nicolas Rienzi. Autorité dont il jouit. Comment il la perd. Le jubilé, réduit à la cinquantième année par Clément VI, attire à Rome une multitude de Pelerins. Cette multitude apporte la disette. Les papes ne conservent presque rien en Italie. Rienzi est tué. Pourquoi les papes préféroient Avignon à Rome. Urbain V et Grégoire XI, invités par les Romains vont à Rome. Les Romains veulent un pape Italien. Les cardinaux feignirent d'élire Prignano, Urbain VI. Urbain VI qui veut se croire pape, aliène les esprits. Les cardinaux élisent à Fondi, Clément VII. Toute la chrétienté se divise entre les deux papes. Ils se font la guerre, et Clément VII se retire à Avignon. A la sollicitation d'Urbain, Charles de Duras arme contre Jeanne. Ce pape vouloit obtenir des états pour son neveu. Jeanne cherchant des secours, adopte Louis d'Anjou. Charles de Duras la fait périr. Charles V n'a pu prévenir les calamités, qui menaçoient la minorité de Charles VI. Troubles causés par les oncles de Charles VI. Charles V fit une faute en amassant un trésor. Louis d'Anjou échoue contre Charles de Duras. Charles de Duras assiége Urbain VI. Cruauté de ce pape. Marie roi de Hongrie après la mort de Louis son père. Des seigneurs offrent la couronne à Charles de Duras. Il est assassiné. Sigismond, époux de Marie, monte sur le trône. Ladislas, fils de Charles de Duras, est reconnu par Urbain, et Louis fils de l'adopté, par Clément. Le schisme continue après la mort des papes. Les papes dépouillent à l'envi le clergé. Ils font un trafic des bénéfices. Ils en font un des indulgences, et ne paroissent qu'user de leurs droits. Aucune puissance de l'Europe ne pouvoit réprimer ces abus. L'état de la France étoit déplorable sous Charles VI: Et celui de l'Angleterre pendant la minorité de Richard II. L'état de l'Angleterre n'est pas meilleur lorsque Richard II est majeur. Ce prince perd la couronne. Il perd la vie. Les exactions des deux papes soulevent le clergé. Moyens proposés par l'université de Paris pour faire cesser le schisme. Le clergé de France veut que les deux papes fassent une cession de leurs droits. Sur le refus des deux papes, la France se soustrait à l'obéissance de Benoît. La soustraction n'ayant pas eu une approbation générale, on la lève. On revient à la soustraction. Les deux papes se refusant à la cession, sont abandonnés de leurs cardinaux, qui convoquent un concile à Pise. Troubles dans l'empire. Le concile de Pise dépose Grégoire et Benoît. Les cardinaux de Pise élisent Alexandre V; et on eut trois papes. Abus sous Alexandre V, à qui succède Jean XXIII. Ce que Jean XXIII avoit été auparavant. Jean, en guerre avec Ladislas, est forcé à la paix. Il abandonne Rome au roi de Naples. Il se met sous la protection de Sigismond, et consent à la convocation d'un concile. Sigismond choisit Constance pour le lieu du concile. Jean se repent d'avoir consenti à la tenue d'un concile. Le concile force Jean à donner sa cession. Il le dépose. Élection de Martin V. Fin du schisme. La guerre continuoit entre la France et l'Angleterre. Règne de Henri IV en Angleterre. Sagesse de son fils Henri V. L'aveuglement des rois de France empêchoit le gouvernement féodal de s'éteindre. Ce fut la cause des calamités de la France. Isabelle de Bavière y contribua. Jean Sans-peur se rend maître de Paris, et fait assassiner le duc d'Orléans. Le docteur Jean Petit entreprend de justifier ce crime. Deux factions déchirent la France. Henri V voulant profiter de ces troubles, elles font la paix. Henri V commence la guerre. Il défait les Français dans la plaine d'Azincourt. Dans l'impuissance de soutenir ses premiers succès il repassa la mer. Jean Sans-peur le reconnoît pour roi de France. Isabelle s'unit à Jean Sans-peur. Le comte d'Armagnac, Henri V, Jean Sans-peur et Isabelle s'arrogent en même tems toute autorité. Jean et Isabelle sont maîtres de Paris. Le dauphin, retiré à Poitiers, crée un nouveau parlement. Jean Sans-peur, qui se réconcilie avec le dauphin, est assassiné. Les ennemis du dauphin en seront plus animés contre lui. Isabelle lui ôte la couronne pour la mettre sur la tête de Henri V. Henri VI proclamé dans les deux royaumes. Mésintelligence entre les régens et Philippe le Bon, duc de Bourgogne. Jeanne d'Arc délivre Orléans et fait sacrer Charles VII à Rheims.

Les Anglais brûlent Jeanne d'Arc comme magicienne. Les troubles d'Angleterre rendront la couronne à Charles VII.

CHAPITRE II.

De ce que le concile de Constance a fait pour l'extirpation des hérésies et des abus de l'église, pag. 326.

Les abus étoient devenus des droits. En ne gardant aucun ménagement, les papes soulèvent les princes, les peuples et le clergé même. Pour combattre les abus, on attaque l'autorité légitime des papes et même le dogme. Erreurs de Marsile de Padoue, et de Jean de Gand. Les papes donnoient des constitutions pour défendre leurs prétentions ou pour en établir de nouvelles. Mais plus ils faisoient d'efforts, plus ils invitoient à combattre leurs prétentions. Elles étoient sur-tout odieuses aux Anglais. Doctrine de Wiclef. Ses sectateurs causent des troubles. Jean Hus qui adopte la même doctrine, attaque les droits de l'église, sous prétexte de combattre les abus. Le concile de Constance le fait brûler; ainsi que Jérome de Prague : ce qui cause une guerre civile. Pourquoi ce concile consent que l'élection du pape précède la réforme. Il statue les choses à réformer par le pape. Les annates sont fort débattues. Réglemens des pères de Constance sur la convocation des conciles généraux. Martin V donne peu de soin à la réforme. Jean

Charlier Gerson représente inutilement ce qui reste à faire. Il ne peut pas faire condamner tout ce qu'il y a de dangereux dans la doctrine de Jean Petit. Les Polonais ne sont pas plus écoutés, et Martin déclare qu'on ne peut pas appeler du pape au concile. Cependant il n'en est pas moins arrêté que le pape a un supérieur et un juge.

CHAPITRE III.

De Naples, de l'église et de l'Allemagne, depuis le concile de Constance jusques vers le milieu du quinzième siècle, pag. 342.

Le royaume de Naples a tous les abus du gouvernement féodal. Ladislas accroît ces abus. Cependant il veut faire des conquêtes. Sa mort est suivie de grands désordres. Les amours de Jeanne II en occasionnent d'autres. Jules César de Capoue découvre la conduite de cette reine à Jacques de Bourbon, qui vient pour l'épouser. Jacques la met sous la garde d'un vieux français. Il aliène les Napolitains, qui demandent la liberté de la reine. Jules César offre à Jeanne d'ôter la vie au roi. Jeanne découvre ce dessein à Jacques. Elle obtient la permission de sortir. Le peuple la délivre. Traité entre Jeanne et Jacques. Jacques est prisonnier dans son palais. Sforze oblige la reine à exiler son favori, Sergiani Carracciolo. Martin V obtient la liberté de Jacques, qui se retire dans un cloître. Sforze appelle Louis d'Anjou à la couronne. Jeanne adopte Alphonse, roi de Sicile et d'Arragon. Sforze, vainqueur d'Alphonse, fait adopter Louis d'Anjou. A sa mort, elle adopte René, frère de Louis. Eugène IV prétend disposer du royaume de Naples. Les prétentions des deux princes et des papes causèrent de nouvelles guerres. Événemens contemporains au règne de Jeanne. Guerre des Hussites commandés par Jean-Zisca. Victoire de ce général. Après sa mort, les Hussites sont encore vainqueurs. Concile convoqué et aussitôt dissous. Concile de Bâle, qui déclare que le pape ne peut pas le dissoudre. Eugène IV donne une bulle qui ordonne la dissolution du concile. Il la révoque. Le concile entreprend de réformer le chef de l'église. Le pape convoque à Ferrare un autre concile, qu'il transfère à Florence. On tente inutilement de réunir l'église grecque à l'église latine. Le concile de Bâle dépose Eugène et élit Félix V. La conduite des principales puissances prévient le schisme. Fin du schisme et des conciles. Pragmatique sanction de Charles VII. Fin des troubles de Bohême. Après Sigismond, l'empire passe à la maison d'Autriche.

CHAPITRE IV.

Fin de l'empire Grec, pag. 365.

État de Constantinople, lorsqu'en 1261 les Français en furent chassés. Cet empire divisé, est déchiré par les différens partis. Il est troublé par les moines, et par l'importance que le gouvernement donne à toutes les questions qu'ils élèvent, et par les tentatives des empereurs Grecs pour se réunir avec l'église latine. Progrès des Turcs sous Othman et sous Orcan. Cantacuzène collègue de Jean Paléologue. Succès d'Orcan en Europe, et d'Amurat I. Bajazeth I entretient les troubles dans l'empire Grec. Il assiége Constantinople. Il défait Sigismond à qui les français ont amené des secours. Sigismond devient grand par les revers. Bajazeth pouvant se rendre maître de Constantinople, accorde une trève de dix ans. Il dispose de l'empire Grec. Il est défait par Tamerlan. Les desseins des Turcs suspendent la ruine de Constantinople. Jean Huniade vainqueur d'Amurath II, délivre Belgrade et force le sultan à la paix. Les Chrétiens se proposent d'abuser de la bonne foi avec laquelle les Turcs observent le traité. Eugène IV et le cardinal Julien lèvent les scrupules. Amurath II défait les Hongrois dans la Bulgarie. Il ne peut forcer Scanderberg dans la ville de Croie. L'empire Grec se démembroit pour donner des apanages aux princes du sang. Prise de Constantinople par Mahomet II. Deux partis, qui s'anathématisoient, divisoient alors la ville. Mahomet II est arrêté dans ses conquétes.

CHAPITRE

CHAPITRE V.

Considérations sur les peuples de l'Europe depuis la chûte de l'Empire d'Occident, jusqu'à la chûte de l'Empire Grec, page 382.

Pourquoi l'Europe a tant de peine à se civiliser. La Grèce avoit eu moins de peine à se policer. Les Grecs sentoient le besoin des lois, parce qu'ils étoient pauvres : les Européens ne le sentent pas parce qu'ils sont riches. La barbarie des nouveaux peuples de l'Europe, est bien différente de celle des anciens peuples de la Grèce. Ils conservent long-temps leur caractère sauvage. Après Charlemagne, ils s'abandonnèrent à de nouveaux désordres. Un instinct brutal les conduit dans toutes leurs entreprises. Injustices et parjures, ils n'ont aucune idée de justice. Ils ne connoissent pas les devoirs de nation à nation, ni même ceux de citoyen à citoyen. Quelle sorte d'égalité contribue au bonheur d'une nation. Il y a une égalité odieuse qui la ruine. La plus pernicieuse est celle qui a été produite par le gouvernement féodal et par les ordres religieux. Il y a une noblesse qui se détruit par l'égalité. Opinion absurde de nos ancêtres, qui ont imaginé que la terre fait le noble. Cette noblesse est le principe d'une inégalité odieuse. Les peuples qui ont envahi l'occident, deviennent plus féroces qu'ils ne l'étoient. Bien loin de s'instruire par l'expérience, ils répètent les mêmes fautes. Chez toutes les nations les grands sont encore plus féroces que les autres. Le luxe les polit sans les civiliser, et sans les policer. En quoi diffèrent ces trois expressions. Vices des siècles polis. Lorsque ces temps de corruption sont arrivés, il faut se tenir à l'écart pour être heureux ; et se faire des amis éclairés et vertueux. Les peuples de l'Europe sont polis, avant d'avoir été civilisés et policés. La molesse prépare des révolutions dans le gouvernement. La politesse des 12, 13 et 14e siècles étoit encore bien grossière. Lorsque les Grecs et les Romains s'amolissoient, on pouvoit au moins réclamer les anciennes mœurs. Mais les Européens qui n'ont jamais été vertueux, s'abandonnent brutalement à la molesse, sans pouvoir regretter le passé. Confusion où se trouvoit l'Europe. Les peuples deviennent la proie des souverains. Ces siècles corrompus offrent de grandes leçons aux princes. Les grands hommes qu'ils ont produits, prouvent qu'un prince peut être grand dans les temps les plus difficiles. L'Allemagne et l'Angleterre nous prouvent le danger des entreprises au loin. Toute l'histoire nous apprend qu'on est foible au dehors, lorsqu'on divise, pour être puissant au dedans. Elle nous fait voir les calamités que produit une ambition sans règles. Les querelles du sacerdoce et de l'empire nous montrent les limites des deux puissances. En considérant les abus qui ne sont plus, on apprend à remedier à ceux qui restent.

FIN DE LA TABLE DES MATIÈRES.

www.ingramcontent.com/pod-product-compliance
Lightning Source LLC
Chambersburg PA
CBHW050910230426
43666CB00010B/2098